La plus belle histoire de l'école

Alain Boissinot
Luc Ferry

La plus belle histoire de l'école

Robert
Laffont

Ce livre est édité par Dominique Simonnet

ISBN 978-2-221-19754-7
Dépôt légal : août 2017

Avant-propos

Dans les rues d'Athènes, quelques siècles av. J.-C., un enfant se rend à l'école, accompagné de l'esclave pédagogue qui veille sur lui et fera au besoin fonction de répétiteur. Dans un modeste local qui sert de salle de classe, sa tablette sur les genoux (mais elle n'est encore ni électronique ni connectée), il va apprendre à reconnaître puis à retracer les lettres... Après l'acquisition des premiers rudiments, viendront les exercices du grammairien, l'étude d'Homère et des poètes, les entraînements sportifs de la palestre, puis, pour certains, la rhétorique et la philosophie. Rites immémoriaux, qui se répéteront à travers les temps, et qui raniment en chacun les souvenirs de l'enfance.

C'est pourquoi le regard porté sur l'école est volontiers rétrospectif. Il témoigne d'une tension inhérente au projet éducatif lui-même, une tension que nous retrouverons au long des siècles et qui est plus que jamais présente encore aujourd'hui : il s'agit certes de transmettre un patrimoine, de veiller à la survie d'une tradition, mais tout autant de préparer l'avenir en accompagnant les « progrès de l'esprit humain », comme on dira avec Condorcet au siècle des Lumières.

Même dans le monde antique, pourtant particulièrement attaché au respect de l'ordre du monde et des usages établis, cette ambivalence est sensible : la condamnation de Socrate, accusé de corrompre la jeunesse, marque en 399 av. J.-C., dans une Athènes affaiblie et gagnée par le doute, une victoire des conservateurs sur les audaces de la pensée. En bien des occasions, on retrouvera de tels affrontements, parfois violents, entre traditionalistes et progressistes, entre ceux qui revendiquent leur fidélité au passé et ceux qui portent des volontés de réforme.

Au fil des entretiens qui suivent, nous avons souhaité non seulement raconter cette histoire, depuis l'Antiquité gréco-romaine jusqu'au « système éducatif » contemporain, mais aussi en dégager les principales problématiques tout à la fois pédagogiques, politiques et philosophiques, en insistant au passage sur les pratiques qui ont marqué durablement toute réflexion sur l'école. Quelque trois millénaires, donc, pendant lesquels l'histoire de l'institution scolaire ne peut être disjointe de l'histoire des idées. C'est que l'enseignement ne se réduit pas à des dispositifs et des techniques, mais engage des visions du monde et des valeurs, comme nous le disons souvent aujourd'hui.

L'étymologie nous l'indique : l'école, du grec *skholè*, qui donna en latin *schola*, c'est d'abord un temps délivré de la nécessité du travail productif qui, dans l'Antiquité comme tout au long du Moyen Âge, est abandonné aux esclaves, aux serfs et aux artisans. C'est un moment consacré à l'étude, et à partir de là, le lieu où s'exerce un loisir studieux à l'opposé des activités serviles. Les Latins, de la même façon, distingueront l'*otium*, propice aux activités culturelles de l'homme libre, du *negotium*, temps contraint des affaires. Si l'école est un local et une institution, elle est donc aussi de l'ordre de la pensée et de la création ; c'est d'ailleurs en ce sens que l'on parle de l'école de tel grand artiste, ou de tel philosophe... Elle est le lieu où l'homme « s'élève », dans tous les sens du terme.

Nous avons tenté d'éclairer ces enjeux, institutionnels et politiques, culturels et philosophiques. Par-delà l'évolution des pratiques, il fallait tenter de montrer celle, plus profonde et plus lente, des esprits : une histoire qui, par excellence, relève de la longue durée, des courants profonds qui traversent la société plus que de la surface des événements. Chaque période évoquée dans cet ouvrage embrasse plusieurs siècles, qui correspondent à des configurations intellectuelles différentes et à des moments-clés de l'histoire de l'école. On constatera au demeurant plus d'une fois que si une certaine tradition historiographique privilégiait les ruptures, l'enseignement et l'éducation relèvent plutôt de continuités et de lentes progressions. Il faut se défier d'une lecture myope des événements. Par exemple, il est clair que bien des initiatives de la période révolutionnaire s'amorcent dès la fin de l'Ancien Régime. La construction de l'école primaire est un processus séculaire ; on ne peut saluer la lettre de Jules Ferry aux instituteurs sans évoquer celle de Guizot. Et l'apparent désordre des dernières décennies prend sens si l'on considère globalement la seconde partie du XXe siècle et notamment l'action de la Ve République.

Sauf à idéaliser le passé et à vouloir exorciser un futur qui inquiète, il n'y a aucune raison de penser que cette histoire est achevée. Si l'école est un lieu de mémoire, de permanence, il lui faut aussi être attentive aux (re)naissances. La vraie fidélité à ses ambitions impose aujourd'hui d'inventer des formes inédites. Raconter l'histoire de l'école, ce n'est pas céder à la nostalgie, mais bien plutôt tenter de comprendre les problématiques et les forces toujours agissantes qui amorcent peut-être sous nos yeux une période nouvelle. Le dernier chapitre de cette histoire ne prétend pas conclure : il aimerait plutôt donner l'envie de dépasser les vaines querelles pour engager la politique scolaire sur les voies de l'avenir.

PREMIÈRE PÉRIODE

Le monde gréco-romain

Le modèle aristocratique

CHAPITRE 1

Aux origines antiques

L'école d'Athènes

Pourquoi commencer une histoire de l'enseignement par le monde gréco-romain ? N'est-ce pas là un hommage un peu trop convenu à la noble tradition des lettres classiques ?

Alain Boissinot : C'est un fait incontestable : pendant des siècles, nos pratiques et nos programmes d'enseignement se sont définis en référence à l'Antiquité grecque et romaine. Nous le verrons tout au long de notre parcours : celle-ci, par sa civilisation, sa littérature, sa philosophie, a très longtemps été perçue comme un modèle indépassable. Commencer notre histoire de l'enseignement par le monde grec et romain, bien avant que n'existe ce pays que nous appelons « la France », ce n'est donc pas céder à l'idolâtrie. C'est tenter de comprendre comment la façon dont ont été imaginés alors l'éducation et l'enseignement a pu exercer un tel rayonnement. Et comment celui-ci a pu durer par-delà des transformations aussi profondes que l'effondrement de l'Empire romain ou le développement du christianisme.

L'influence de l'Antiquité est d'autant plus forte qu'elle joue sur plusieurs plans à la fois. C'est d'abord à cette époque que se mettent en place des usages et des pratiques qui ont survécu très longtemps dans notre culture, et qui pour certains se prolongent encore de nos jours. Le collégien ou le lycéen d'aujourd'hui, qui s'entraîne à l'explication de texte (quel que soit le nom que l'on donne maintenant à cet exercice), est très proche du jeune Grec qui commentait Homère sous la conduite du grammairien. Les textes de l'Antiquité, l'iconographie, par exemple les innombrables scènes de la vie quotidienne qui décorent les flancs des vases grecs, illustrent à l'envi ces origines de l'enseignement.

En même temps, les Anciens ont beaucoup débattu de pédagogie : là encore, nous héritons d'eux... Ils ont identifié un certain nombre de problématiques essentielles pour toute réflexion sur l'éducation. Ils ne se sont pas contentés de la transmission spontanée des traditions, ou d'apprentissages techniques réservés à des corps de spécialistes : ils ont vu dans l'enseignement un enjeu majeur pour la collectivité, une question éminemment « politique ». C'est ainsi que l'Antiquité a mis en place les grands traits d'un imaginaire éducatif auquel on n'a cessé de se référer par la suite. Pendant des siècles, tout progrès de la connaissance et de l'éducation sera pensé comme « renaissance ». Et les révolutionnaires de 1789, tout en œuvrant à la construction d'un monde nouveau, seront hantés par leurs lectures de Plutarque et se mesureront sans cesse aux législateurs grecs et aux tribuns latins.

C'est là un trait de ce qu'un grand helléniste allemand, Werner Jaeger, dans un livre initialement paru en 1933, a appelé les nations « hellénocentriques ». Celles-ci se caractérisent par la place centrale donnée à la *paideia*, un mot grec difficile à traduire qui désigne, dit-il, « le processus éducatif qui confère à l'individu sa forme véritable, la nature humaine authentique ». Et de ce fait, selon lui, « il est impossible d'avoir une connaissance ou des projets quelconques en matière d'éducation sans avoir étudié minutieusement et profondément la culture hellénique ».

Mais ce « monde gréco-romain » est un ensemble immense. Dans le temps : plus d'un millénaire d'histoire ! Dans l'espace : tout le bassin méditerranéen ! N'est-ce pas un cadre trop vaste ?

La notion d'Antiquité recouvre bien des différences géographiques et politiques, bien des évolutions. Mais cela n'empêche pas, notamment dans le domaine qui nous intéresse, d'identifier des traits fondamentaux. Le temps de la culture est un temps long, et la diffusion du modèle grec fut exceptionnelle. Il s'est construit, c'est vrai, au long d'un millénaire. La Grèce et la Crète avaient connu une civilisation rayonnante dans la dernière partie du IIe millénaire av. J.-C. Comme il en reste des traces notamment en Crète et à Mycènes, on parle à ce sujet de « période mycénienne ». Pour des raisons mal connues, ce monde mycénien s'effondre au XIIe siècle av. J.-C., et la Grèce entre dans une longue période, qualifiée d'archaïque, sur laquelle nous avons peu de documents... si ce n'est les poèmes homériques. Selon l'historien Moses Finley, l'*Iliade* et l'*Odyssée*, mises par écrit aux alentours du VIe siècle av. J.-C. à partir d'une tradition orale antérieure, porteraient en effet témoignage de ces temps obscurs qui ont suivi l'effondrement du monde mycénien.

C'est à partir du VIIIe siècle av. J.-C. que nous commençons à mieux connaître l'histoire du monde grec, son expansion dans le bassin méditerranéen, puis l'organisation des grandes cités, et notamment d'Athènes. Le rayonnement remarquable de celle-ci, aux Ve et IVe siècles, illustre une période classique qui apparaît comme l'apogée des cités grecques. Les divisions et les guerres qui les opposent entraînent ensuite leur affaiblissement militaire et politique. De nouvelles puissances s'affirment : roi de Macédoine en 336 av. J.-C., Alexandre s'impose à la Grèce et conquiert l'Orient : c'est le début de la période « hellénistique ». Les Romains, ensuite, interviennent de plus en plus dans la vie de la Grèce. La célèbre bataille navale d'Actium voit en 31 av. J.-C. la défaite de Cléopâtre et d'Antoine devant Octave : le centre du pouvoir se déplace pour quatre siècles vers Rome et l'Occident.

Et c'est là qu'intervient une donnée majeure : l'affaiblissement politique d'Athènes et des cités grecques n'empêche en rien leur rayonnement, bien au contraire! Alexandre et ses successeurs amènent avec eux, dans leurs conquêtes d'Égypte et du Moyen-Orient, la langue et la culture des Grecs, et souvent leur mode de vie. Quant aux Romains, depuis la création légendaire de Rome en 753 av. J.-C., ils avaient vécu auprès des cités grecques installées dans le sud de l'Italie et en Sicile et multiplié les échanges avec elles. Les aristocrates romains avaient pris l'habitude de faire leurs études en Grèce et d'en adopter la langue. C'est une puissance largement hellénisée depuis le IIe siècle av. J.-C. qui s'étend vers l'Orient. Le poète latin Horace l'a écrit dans des vers restés célèbres : *Graecia capta ferum victorem cepit et artes intulit agresti Latio*[1*] : « La Grèce conquise a conquis son sauvage vainqueur et apporté la civilisation au barbare Latium. »

Aux débuts de l'ère chrétienne, le modèle grec s'est ainsi imposé à l'ensemble du monde méditerranéen. Et ce modèle, comme nous allons le voir, repose largement sur une certaine conception du rôle de l'éducation et de l'enseignement. Car le projet éducatif, pour les Athéniens tout particulièrement, apparaît consubstantiel au projet politique : la cité est « éducatrice », à l'intérieur comme à l'extérieur. C'est le sens de la formule célèbre que Thucydide, le grand historien de la fin du Ve siècle av. J.-C., prête à Périclès : « En un mot, je l'affirme, notre cité dans son ensemble est l'école de la Grèce... » À la faveur de la construction de l'Empire

* Les notes se trouvent en fin d'ouvrage, p. 451.

romain, elle devient l'école du monde méditerranéen, puis, aux temps du Moyen Âge, de ce que nous appelons l'Europe.

Développer le naturel

La Grèce donne donc le ton. Il est temps de préciser les traits de ce grand modèle éducatif. Quelles en sont les principales caractéristiques ?

Pour entrer dans le sujet, nous pouvons partir d'un texte qui figure dans un célèbre dialogue de Platon, le *Protagoras.* Protagoras est une figure essentielle sur laquelle nous aurons à revenir : un « intellectuel » à succès, et un professeur célèbre dans le monde grec de la seconde partie du Ve siècle av. J.-C., le plus remarquable peut-être de ceux qu'on a appelés les « sophistes ». Dans le dialogue qui porte son nom, Platon imagine que Socrate, entraîné par un ami tout ému d'avoir rencontré une telle vedette, vient interroger Protagoras et lui demande de définir son enseignement. Du coup, Protagoras se lance dans un long développement, à l'occasion duquel il décrit l'éducation grecque de son temps. Son exposé va nous fournir un excellent fil conducteur pour présenter le modèle éducatif de l'Athènes classique. Voici comment Protagoras commence son récit :

> Dès que l'enfant comprend ce qu'on lui dit, au plus tôt sa nourrice, sa mère, son précepteur, son père en personne s'acharnent à cette tâche, de faire que l'enfant devienne le meilleur possible, et cela en prenant occasion de chacun de ses actes ou de chacune de ses paroles pour lui enseigner et lui expliquer que ceci est juste, cela, injuste, ceci beau, cela, vilain, ceci, pieux, cela, impie : « Fais ceci ! Ne fais pas cela ! » Supposons qu'il obéisse de son plein gré ; mais, s'il ne le fait pas, alors, comme une baguette tordue et courbée, ils le redressent en le menaçant et en le frappant. Et quand, après cela, ils l'envoient chez un maître, ce que par-dessus tout, et de beaucoup, ils recommandent à celui-ci, c'est de veiller à la bonne conduite de l'enfant, plutôt qu'à ses progrès pour lire et écrire ou pour jouer de la cithare.

Il s'agit là des premières années de la vie de l'enfant, une période qui va jusqu'à sept ans : de nombreux penseurs grecs, comme Hippocrate, divisaient la vie humaine en cycles de sept ans, selon une conception qui a laissé de multiples traces jusqu'à nos jours. Cette période se déroule sous la responsabilité de la famille : les femmes, pour les premiers temps (Protagoras évoque la mère et son substitut qu'est la nourrice), puis les hommes : le père lui-même ou cette figure paternelle qu'est le précepteur. Ce n'est qu'ensuite que l'enfant sera confié au maître, évoqué à la fin du passage, pour recevoir un enseignement ; l'enfant devient alors un élève.

La préoccupation des parents, dans ces premiers temps de la vie de l'enfant, est éducative. Il s'agit de faire qu'il devienne «le meilleur possible», qu'il se développe conformément au bien, au beau, au juste. L'idéal est qu'il s'épanouisse harmonieusement, comme une tige qui pousse bien droit; l'intervention de l'adulte va consister à corriger d'éventuelles déviations, comme on redresse «une baguette tordue et courbée», en recourant au besoin à des châtiments corporels. Nous aurons à revenir sur cette idée essentielle : l'éducation vise à ce que le « naturel » de l'enfant se déploie au mieux, avant d'entreprendre de lui inculquer des savoirs.

Apprendre par cœur

Même lorsque l'enfant est confié au maître, l'objectif prioritaire est de veiller à sa bonne conduite, avant de lui apprendre les rudiments. Ceux-ci sont évoqués de façon significative : lire d'abord, puis écrire. Par rapport à la trilogie classique de notre école primaire (lire, écrire, compter), le calcul n'apparaît pas; nous aurons aussi à commenter cette distorsion. En revanche Protagoras mentionne la musique, domaine essentiel pour les Grecs qu'il précisera plus loin. Tels sont donc les premiers temps de la vie de l'enfant, qui s'organisent en fait autour du langage : au sein de la famille, il apprend à parler, puis après sept ans sous la conduite d'un premier maître, à lire. Voici la suite du parcours, racontée par Protagoras :

> Quand l'enfant a bien appris à lire et qu'il doit comprendre désormais ce qu'il lit, comme précédemment il comprenait la parole, [le maître] fait faire à ses élèves, assis sur leurs bancs, connaissance avec les poèmes de bons poètes ; il les oblige à les apprendre par cœur, car ils contiennent nombre de maximes utiles à retenir, nombre d'exemples développés ; sans parler des louanges données aux hommes de valeur du passé et de leur glorification, dans le dessein que, par émulation, l'enfant les imite et qu'il ait le désir de leur ressembler.

Il s'agit cette fois de la deuxième étape des enseignements, qui succède aux premiers apprentissages. Le cadre est celui de la classe. Protagoras ne parle plus de l'enfant, au singulier, mais, au pluriel, des élèves, assis sur leurs bancs. Et il indique trois caractéristiques essentielles de cette scolarité « secondaire ». D'abord, elle repose sur la lecture des textes, c'est-à-dire d'un répertoire d'auteurs consacrés au sein duquel les poèmes homériques jouent un rôle essentiel. Cette culture est littéraire, au sens plein du terme, et poétique, puisque alors la poésie est le langage noble en même temps que celui qui se prête le mieux à la mémorisation.

C'est là en effet un deuxième trait notable : la lecture du texte vise son appropriation, il faut « l'apprendre par cœur », de manière à constituer un stock de références qui nourrira ensuite la vie intellectuelle et les échanges sociaux : d'où l'importance des citations d'Homère chez les auteurs grecs. On retrouvera, au Moyen Âge, le même usage des textes sacrés. Et si l'on parle de « religions du Livre » à propos des grands monothéismes, le paganisme grec est aussi une culture du Livre, un livre mémorisé, bien sûr, devenu composante de la pensée, et non un objet de bibliothèque.

Troisième caractéristique : cette étape des apprentissages vise l'éducation autant que l'instruction. En fait, pour les Grecs, cette distinction qui nous est familière n'a guère de sens. Lire les poètes, c'est y trouver des principes de vie et des exemples, c'est progresser par désir d'imiter les grands hommes, constitués en modèles. Il n'y a là guère de place pour ce que nous appellerions aujourd'hui la « formation de l'esprit critique » : l'enseignement recherche l'adhésion, non la prise de distance.

Gymnastique et cithare

Tout est dans Homère, donc ! Mais il y a quand même bien d'autres domaines de l'enseignement ?

En effet, et Protagoras en évoque ensuite deux, dont la place et l'importance pourraient nous surprendre. Il s'agit d'abord de la musique, puis du sport. Écoutons-le :

> C'est au tour, maintenant, des maîtres de cithare, de faire de même dans un domaine différent : de se préoccuper de donner de la modestie à la jeunesse,

d'empêcher qu'elle ne se conduise mal en quoi que ce soit. Indépendamment de cela, ils lui enseignent, quand elle a appris à jouer sur la cithare, des poèmes d'autres bons poètes, des lyriques cette fois ; ils les lui font chanter en s'accompagnant de la cithare, et ils forcent ainsi le rythme et l'harmonie à devenir familiers à l'âme des enfants, afin de rendre ceux-ci plus civilisés, plus heureusement réglés dans leurs mouvements, plus heureusement équilibrés, et, ainsi, capables de se faire apprécier plus tard comme orateurs ou hommes d'action ; car la vie humaine a, tout entière, besoin d'activité bien réglée et de bon équilibre !

Nous sommes ici très loin de la place, bien modeste, que la musique occupe aujourd'hui dans l'enseignement de nos collèges. Associée au chant, la pratique instrumentale permet d'installer dans l'âme « rythme et harmonie ». Nous reviendrons sur cette idée d'équilibre et de règle, essentielle pour les Grecs, et qui doit valoir dans tous les aspects de la vie humaine : c'est pourquoi Protagoras voit dans la musique, non pas un enseignement artistique au sens moderne, mais aussi bien une formation de l'orateur et de l'homme politique, c'est-à-dire de celui qui agit dans la cité. La même logique vaut pour ce que nous appelons l'« éducation physique ». C'est une autre composante majeure de l'éducation. Suivons à nouveau Platon-Protagoras : « C'est chez le maître de gymnastique que l'enfant est en outre envoyé par ses parents, afin qu'il ait un corps en meilleure condition à mettre au service des desseins honorables de son esprit, et que sa misère physique ne le contraigne pas à fuir lâchement les risques de la guerre, ou de tout autre ordre d'activité. Ainsi procèdent au plus haut point les pères qui en ont au plus haut point le moyen. »

La gymnastique relève d'un maître spécifique ; elle est ainsi nommée parce qu'elle se pratique dans un état de nudité plus ou moins intégrale (*gymnos* signifie « nu » en grec), ce qui est déjà un signe de valorisation du corps et de sa beauté plastique. C'est un double équilibre qui est recherché : il faut que le corps soit en bonne condition, et il faut qu'il soit en harmonie avec les desseins de l'esprit. D'autre part, comme la musique, la gymnastique n'est pas une activité gratuite et ludique : elle est mise au service de la formation du citoyen, appelé à défendre sa cité en temps de guerre – ce qui est la situation la plus fréquente des cités grecques, dans la période où s'exprime Protagoras. Les joutes sportives qui sont longuement décrites dans l'*Iliade* ou l'*Odyssée* le montrent bien : le sport hérite d'une formation aristocratique qui entraîne les jeunes gens bien nés aux diverses formes du combat. On songe, de la même façon, au rôle des tournois dans la formation des nobles du Moyen Âge.

Formation littéraire, musicale, sportive, tout concourt donc à l'épanouissement d'un homme qui est en même temps un citoyen.

Oui, l'un ne saurait aller sans l'autre. C'est là qu'aboutit le parcours pédagogique raconté par Protagoras :

> Quand ils se sont séparés des maîtres, la Cité, à son tour, les force à étudier la législation et à vivre conformément à celle-ci, modèle pour leur conduite ; elle veut éviter que, ne prenant conseil que d'eux-mêmes, ils agissent à l'aventure. Eh bien ! il en est ici tout bonnement comme dans le cas du maître de grammaire qui, pour les enfants qui ne savent pas encore écrire, commence par tracer légèrement les lettres au poinçon, puis, cela fait, leur donne la tablette et les oblige à écrire en se guidant sur le tracé des lettres ; de même aussi la Cité a commencé par tracer finement les lois, invention de bons législateurs du passé, et elle oblige à s'y conformer, aussi bien ceux qui ont l'autorité que ceux qui y sont soumis[2].

On ne peut mieux que par ces quelques lignes définir la cohérence profonde du projet que désigne le terme de *paideia.* De l'apprentissage de l'écriture à l'exercice de la fonction civique, la posture est la même. L'enfant apprend à écrire en repassant dans les traces que le maître a dessinées sur une tablette de cire. De la même façon, le citoyen, vivant et agissant selon la loi, reproduit la démarche des grands législateurs du passé, les mythiques Sept Sages dont la liste a pu varier mais parmi lesquels on retrouve, par exemple, l'Athénien Solon. Ces législateurs, ce sont des « constituants ».

Ils ont structuré l'organisation politique de la cité pour en assurer l'équilibre, l'harmonie, dont nous avons vu l'importance à propos de la musique ou de la gymnastique.

Une telle conception de l'éducation implique des conséquences qui vont marquer l'imaginaire éducatif pendant des siècles. On voit d'abord qu'elle est profondément conservatrice. Des initiatives individuelles imprudentes viendraient menacer gravement l'ordre garanti par les lois. Les institutions grecques, d'ailleurs, multiplient en général les précautions pour éviter que l'on ne retouche de façon intempestive l'édifice législatif et la « constitution ». Et à la fin du XVIe siècle, Montaigne, lecteur avisé des Anciens, sera fidèle à leur leçon dans un essai intitulé « De la coutume et de ne changer aisément une loi reçue »... tout en admettant avec pragmatisme que parfois il « vaudrait mieux faire vouloir aux lois ce qu'elles peuvent, puisqu'elles ne peuvent ce qu'elles veulent ».

L'éducation suppose donc le respect de l'autorité intellectuelle, morale, politique, des grands modèles. Elle se nourrit de l'imitation de figures exemplaires. Elle a d'autre part avant tout une finalité civique. Il ne faut pas se tromper sur la notion d'épanouissement, dont nous avons vu l'importance. Il ne saurait s'agir ici d'« affirmer sa différence », comme nous le disons volontiers ! L'équilibre de l'individu comme celui de la cité supposent au contraire une conformité. Bien sûr, cela pose le problème de la liberté individuelle. Nous le verrons, toutes les cités ne l'apprécient pas tout à fait de la même façon, mais il faut en tout cas se méfier des anachronismes : la liberté pour les Grecs ne saurait consister à se mettre à l'écart de l'ordre de la cité. Et l'éducation est bien une formation du citoyen.

CHAPITRE 2

L'invention de l'école

Initiations précoces

Jusque-là, nous avons été conduits à parler à la fois d'éducation et d'enseignement. Comment se déroulent les différentes étapes de la formation d'un petit Grec ?

Alain Boissinot : Il faut évoquer quatre grandes problématiques, qui correspondent aux diverses facettes de l'éducation grecque. Selon les époques, elles ont pu prendre plus ou moins d'importance, et revêtir des aspects différents. Pourtant, les unes comme les autres, elles soulèvent des questions qui sont encore celles qu'on rencontre aujourd'hui quand on réfléchit sur l'éducation.

La première, c'est l'éducation avant l'école. On peut entendre cela de deux façons. Ce dont Protagoras nous parle, dans le premier passage que nous avons cité, c'est de la formation du jeune enfant avant qu'il n'entre à l'école. Mais cette formation reprend bien des traits de ce que fut l'éducation des temps anciens, avant que l'école ne s'organise.

Pendant les premières années de la vie de l'enfant, sa formation s'inscrit dans le cadre familial : les figures féminines d'abord, mère ou nourrice, puis quand il est un peu plus grand les figures masculines, père ou précepteur. On n'a bien sûr pas imaginé d'école maternelle... Il n'y a donc pas d'enseignement à proprement parler, pris en charge par une institution, mais une relation entre un adulte et un enfant, dans une logique d'initiation où le processus d'imitation joue un rôle essentiel. La formation de la personnalité, la « bonne conduite », dit Protagoras, comptent beaucoup plus que l'acquisition des savoirs. Ce n'est qu'ensuite, vers sept ans, que l'école va accueillir les enfants (au pluriel, cette fois) dans le cadre de ce qui est déjà une classe.

Ce modèle de l'initiation, qui perdure à l'époque classique pour les jeunes enfants, et dont il reste bien des traces dans la suite de la formation, c'est celui qui prévalait dans la société aristocratique des temps anciens. On en trouve partout la trace dans le monde homérique, qui repose sur ce que Henri-Irénée Marrou, dans son livre classique sur l'éducation dans l'Antiquité, appelle une « culture chevaleresque ». Luc Ferry en dégagera plus loin toute la portée.

L'éducation du héros homérique repose sur un « tutorat », un « mentorat », pour reprendre le nom de Mentor, dont la déesse Athéna revêt les traits pour conseiller Télémaque, le fils d'Ulysse. C'est ainsi également qu'Achille a été formé par le centaure Chiron, nous raconte l'*Iliade*[3], et par Phénix, qui est envoyé auprès de lui pour tenter d'apaiser sa colère. Phénix rappelle au guerrier comment, au nom de son père Pélée, il a été chargé de le conseiller, dans les deux domaines où doit exceller le héros homérique, celui des délibérations du Conseil, et celui de la prouesse sur le champ de bataille :

> Si vraiment tu te mets en tête de repartir, illustre Achille ; si à tout prix tu te refuses à défendre nos fines nefs contre le feu destructeur, tant la colère a envahi ton âme, comment pourrais-je, moi, rester seul ici, sans toi, mon enfant ? C'est pour toi que m'a fait partir Pélée, le vieux meneur de chars, au moment où, toi-même, il te faisait partir de Phthie, pour rejoindre Agamemnon. Tu n'étais qu'un enfant, et tu ne savais rien encore ni du combat qui n'épargne personne ni des Conseils où se font remarquer les hommes. Et c'est pour tout cela qu'il m'avait dépêché : je devais t'apprendre à être en même temps un bon diseur d'avis, un bon faiseur d'exploits[4].

Homère met ainsi en scène, au sein même de ses poèmes, ce rôle d'éducateur que l'*Iliade* et l'*Odyssée* vont ensuite si longtemps jouer pour les jeunes Grecs : le poète, dit Platon, « pare de gloire des myriades d'exploits des Anciens et ainsi il fait l'éducation de la postérité[5] ».

Concevoir l'éducation comme initiation délivrée par un aîné reconnu pour sa sagesse conduit à valoriser l'image de la vieillesse : on est loin ici du « jeunisme » contemporain. C'est ce qu'illustre parfaitement un ouvrage écrit à la fin du XVIIe siècle à la manière d'Homère, *Les Aventures de Télémaque*. Fénelon a rédigé cet ouvrage, sur lequel nous reviendrons en son temps, pour le jeune duc de Bourgogne dont il était le précepteur. Le livre aura un succès et une influence considérables. Le jeune Télémaque, conseillé par Minerve qui a pris les traits de Mentor, part à la recherche de son père, et sur les traces de celui-ci, aborde dans l'île de Calypso, à qui il raconte ses aventures. Il évoque notamment sa rencontre, en Égypte, avec le sage Termosiris. La façon dont celui-ci incarne l'image idéale du grand âge se passe de commentaire :

> J'aperçus tout à coup un vieillard, qui tenait dans sa main un livre. Ce vieillard avait un grand front chauve et un peu ridé ; une barbe blanche pendait jusqu'à sa ceinture ; sa taille était haute et majestueuse ; son teint était encore frais et vermeil ; ses yeux, vifs et perçants ; sa voix, douce ; ses paroles, simples et aimables. Jamais je n'ai vu un si vénérable vieillard. [...] Le livre qu'il tenait était un recueil d'hymnes en l'honneur des dieux. Il m'aborde avec amitié ; nous nous entretenons. Il racontait si bien les choses passées, qu'on croyait les voir ; mais il les racontait courtement, et jamais ses histoires ne m'ont lassé. Il prévoyait l'avenir par la profonde sagesse qui lui faisait connaître les hommes et les desseins dont ils sont capables. Avec tant de prudence, il était gai, complaisant, et la jeunesse la plus enjouée n'a point autant de grâces qu'en avait cet homme dans une vieillesse si avancée : aussi aimait-il les jeunes gens, quand ils étaient dociles et qu'ils avaient le goût de la vertu.

Le maître et son disciple

Cette représentation de la vieillesse est fort éloignée, en effet, de celle qui prévaut aujourd'hui. Et pourtant il reste des traces, dans notre culture, de la fascination que l'enfant ou l'adolescent peut éprouver à l'égard d'un aîné qui est en même temps un maître. Qui n'a eu l'occasion d'évoquer avec respect et nostalgie un professeur qui a marqué sa vie ?

L'initiation aristocratique correspond en effet à quelque chose de très profond, et ancre l'éducation et l'enseignement dans une relation interindividuelle, qui peut déboucher sur des formes de fascination, voire d'érotisation, plus ou moins sublimée selon les cultures. C'est d'ailleurs dans cette perspective qu'il faut évoquer la question de la pédérastie chez les Grecs. Largement attestée tant par les textes (par exemple *Le Banquet* de Platon) que par les scènes représentées très explicitement sur de nombreuses céramiques, la pédérastie a longtemps embarrassé les commentateurs.

Certains y ont vu une forme de camaraderie guerrière, évoquant, par exemple, le bataillon sacré des Thébains, formé de couples d'amants, à l'époque d'Épaminondas, vainqueur des Spartiates à Leuctres (371 av. J.-C.). Mais les historiens la rapprochent plutôt aujourd'hui des rites de passage, attestés notamment à

Sparte et en Crète, où existait une tradition décrite dans un texte recueilli par Strabon. Dans un milieu aristocratique, s'organise un simulacre de rapt, très codifié (il ne s'agit pas d'un élan amoureux) où l'amant « enlève » le jeune homme, l'emmène quelque temps à la campagne, et au moment du retour à la ville lui remet un équipement militaire : il s'agit clairement d'un rituel initiatique.

C'est dans cette tradition que s'inscrit Platon dans *La République*, défendant la pédérastie comme pédagogie. Elle est un amour éducateur, l'éraste formant l'éromène à la vertu, l'*arétè*. Et c'est cette dimension éducative qui nécessite la différence d'âge entre l'adulte et l'adolescent. Il y a là la plus belle forme d'éducation, dira Xénophon, dont les sympathies pour les mœurs lacédémoniennes sont bien connues. Il s'agit d'une problématique très différente de celle de l'homosexualité. Les Grecs n'ont que mépris pour l'inversion, surtout tarifée. Plus d'une comédie se moque lourdement des homosexuels, ironisant, par exemple, sur les guerriers grecs de la guerre de Troie qui durent se passer de femmes pendant dix ans... et semblant d'ailleurs oublier que la colère d'Achille, à l'origine de l'*Iliade*, est due à un différend avec Agamemnon au sujet de charmantes captives ! C'est qu'en fait, pour les Grecs, il s'agit d'une bisexualité assumée et non exclusive, portant uniquement sur des adolescents (imberbes). Cela n'aurait pas eu de sens pour eux de se revendiquer comme hétéro- ou homosexuels.

Le premier rôle du maître, c'est d'aider le disciple à épanouir ses possibilités. La question de l'instruction et des apprentissages techniques, si importante pour nous, n'est pas ici première. Le but de l'éducation n'est pas d'égaliser les hommes, de corriger la nature, mais de permettre à chacun de manifester les qualités qui sont en puissance en lui, comme le montrera plus loin Luc Ferry. C'est ce qui conduit à introduire une distinction entre l'exercice, qui est noble, et le travail, que l'Antiquité laisse aux esclaves. C'est l'exercice qui permet de déployer l'excellence, en favorisant la nature, non en la corrigeant. L'*arétè*, idéal grec dont on ne rend que très imparfaitement compte en traduisant le terme par « vertu », est une actualisation de bonnes dispositions ; dans *Philoctète*, Sophocle fait dire à Philoctète, reconnaissant la valeur du fils d'Achille, Néoptolème : « J'en conviens, ta vraie nature s'est révélée, mon enfant ; tu n'as point démenti ta race[6]. » C'est pourquoi Protagoras utilise la métaphore de la tige qui doit pousser droit et dont on accompagne la croissance ; c'est seulement si elle est « tordue et courbée » qu'il faut intervenir. Ce n'est que bien plus tard que le christianisme, volontiers obsédé par le péché originel, installera dans nos imaginaires éducatifs une vision tout opposée : « On n'est fort qu'en contrariant la nature. L'arbre naturel n'a pas de beaux fruits. L'arbre produit de beaux fruits dès qu'il est en espalier, c'est-à-dire dès qu'il n'est plus un arbre », écrit Renan[7].

Bien sûr, cette éducation est par définition réservée à une minorité et exclut toute une part de la population : c'est là une donnée qui va caractériser longtemps l'histoire de l'enseignement. Le parcours évoqué par Protagoras se situe au Vᵉ siècle av. J.-C., qui voit l'épanouissement de la démocratie athénienne, non sans turbulences. Pour autant, il ne concerne que les hommes libres : à Athènes, cité la plus peuplée de Grèce, environ 40 000 citoyens adultes au plus, au milieu du siècle, pour une population totale de quelque 220 000 à 300 000 habitants au maximum. Ce nombre d'habitants décroît fortement après l'épidémie de peste de la guerre du Péloponnèse, avant de remonter au IVᵉ siècle av. J.-C. Outre les citoyens, il comprend les femmes, plusieurs dizaines de milliers d'étrangers domiciliés, qu'on appelle les « métèques », et 80 000 à 110 000 esclaves.

À Sparte, société particulièrement hiérarchisée, le nombre de citoyens mâles adultes à la même époque ne dépasse pas 4 000 à 5 000. Il ne faut donc pas se tromper sur la notion de « démocratie » athénienne : les hommes libres, jouissant de leurs droits de citoyens, et concernés par l'enseignement, n'existent que par les esclaves, comme la grandeur d'Athènes au Vᵉ siècle av. J.-C. n'existe que par sa flotte et son empire : il y a un lien nécessaire entre démocratie au sens ancien et esclavage, comme entre démocratie athénienne et impérialisme. En fait, l'éducation relève alors d'une logique qui, pour nous, est fondamentalement aristocratique.

Premières classes

Si l'éducation, au départ, relève du lien privilégié entre l'adulte et son élève, en une relation que prolongera la tradition du préceptorat, on assiste aussi à ce moment-là au développement des écoles ?

Celles-ci apparaissent dès le VIe siècle av. J.-C., selon *Les Nuées* d'Aristophane. Le premier maître est le *grammatiste*, qui enseigne les rudiments. Il accueille les élèves dans une salle ordinaire, qu'on peut à peine appeler une classe. Les enfants sont assis sur leurs bancs, seul le maître ayant une « chaire ». On écrit sur des tablettes posées sur les genoux.

Ces écoles s'adressent à tous les enfants libres, y compris, semble-t-il, à l'occasion les filles. Elles sont privées, le maître étant (modestement) rémunéré par les familles, même si avec le temps se développeront des formes de subventionnement par des mécènes (ce qu'on appelle en grec l'« évergétisme »), voire tardivement par la puissance publique sous l'Empire romain. La fonction d'enseignant, surtout à ce niveau, est peu considérée. On n'a guère d'indications sur le nombre d'élèves de la classe, même si parfois on se plaint, déjà, de classes surchargées. De nombreux documents mettent en évidence le rôle important du pédagogue, serviteur chargé d'accompagner l'enfant, de porter son bagage et aussi au besoin de jouer le rôle de répétiteur. Il compte plus pour l'éducation que le maître qui n'est qu'un technicien : de façon significative, c'est son nom (*pedagogos*, celui qui accompagne l'enfant), et non celui du maître, qui a servi à désigner notre « pédagogie ».

Quel est l'emploi du temps des premiers écoliers ?

La journée commence tôt et au moins au départ la matinée se passe sur un terrain de sport, la palestre, le grammatiste intervenant l'après-midi ; mais il semble que peu à peu la part du sport se soit réduite. Il n'y a pas de vacances ni de journée de repos hebdomadaire : celle-ci participe de la tradition juive et se répand dans l'Empire romain au Ier siècle. Les écoliers n'y perdent pas forcément pour autant : ils profitent de nombreuses fêtes religieuses fériées, dont le nombre ira croissant ! Pour l'époque gallo-romaine, Paul-Marie Duval dénombre 132 jours fériés ou chômés, consacrés à des jeux ou à des fêtes, pour 233 jours de travail.

Le grammatiste assure les premiers apprentissages : lire puis écrire. La lecture est d'abord un déchiffrage, pour lequel on ne se préoccupe pas du sens : on apprend de façon mécanique lettres, syllabes, mots, phrases, textes. Tous ces exercices se font à haute voix : la lecture silencieuse n'apparaîtra que bien plus tard, nous le verrons dans les périodes suivantes. La lecture courante n'est introduite qu'une fois assuré le déchiffrage, comme l'écriture n'est abordée qu'après la lecture.

L'écolier apprend à écrire sur une tablette de bois garnie de cire qui fait penser à nos ardoises, sur des tessons de poterie, voire sur un papyrus. Selon la même progression que pour la lecture, on s'entraîne à écrire lettre, puis syllabe, puis mot et texte, en repassant sur un modèle fait par le maître, à moins que celui-ci ne guide la main de l'élève. Les lettres servent aussi à noter les chiffres, et on apprend les rudiments du calcul en comptant sur les doigts et par gestes codés des doigts et de la main, ce qu'on appelle le « comput digital ».

Cet enseignement, très mécanique, est largement un dressage qui n'hésite pas à recourir au châtiment corporel. Pourtant, même sous cette forme qui ne pouvait guère éveiller l'intérêt des élèves, il répond à un besoin essentiel. La culture grecque, à l'origine, est fondamentalement une culture orale. Les poèmes homériques ont longtemps été récités par les aèdes avant d'être fixés par l'écrit, et nous avons vu le rôle de la mémorisation. La vie publique, les débats de l'Assemblée, supposent la maîtrise de l'expression orale. Et un passage célèbre du *Phèdre* de Platon critique le caractère figé et stérile de l'écrit, qui ruine la mémoire. Faute d'avoir reçu un authentique enseignement, par l'échange oral avec le maître, les hommes, dit Socrate, n'auront plus de véritable instruction.

Malgré cela, les Grecs ont conscience de l'apport de l'écrit. Le moment où les grands législateurs font mettre les lois par écrit est une date essentielle pour l'avènement de la démocratie : gravée dans la pierre, la loi peut être connue de tous au lieu d'être confisquée par les seuls interprètes autorisés. Mais il faut pour cela que les citoyens sachent lire, et que le système d'écriture soit largement accessible. Or les Grecs avaient connu, à la période mycénienne, un premier système d'écriture (le linéaire B), combinant des idéogrammes et une forme de notation syllabique. Nécessitant un apprentissage complexe, il correspondait à une culture fermée et élitiste de scribes, et n'a d'ailleurs été déchiffré que tardivement au XXe siècle. Son usage s'est perdu avec l'effondrement du monde mycénien, et lorsque l'écriture réapparaît en Grèce vers la fin du IXe siècle, il s'agit d'une écriture alphabétique empruntée aux Phéniciens, d'usage plus simple, qui permet une « démocratisation » de l'écrit. Elle participe d'une culture commune qui permet de tendre vers une transparence de la vie publique.

Une fois que l'enfant sait lire, que lui enseigne-t-on alors ?

Lorsque l'enfant sait lire et écrire, le grammatiste cède la place au grammairien (*grammatikos*) qui délivre un enseignement de type « secondaire » fondé sur l'étude des classiques. Au premier rang d'entre eux on trouve Homère (surtout l'*Iliade*), mais aussi Hésiode et les tragiques (principalement Euripide). À l'époque hellénistique, les orateurs attiques, Démosthène au premier rang, ou Isocrate, apparaissent mais relèvent plutôt de l'enseignement supérieur du rhéteur.

L'étude du texte donne lieu à des exercices codifiés qui auront une longue histoire : lecture orale, qui est difficile, puisque les textes se présentent sans ponctuation ni séparation des mots, mémorisation, explication littérale, commentaire de tout ce que raconte le texte et notamment du substrat mythologique, appréciation de type moral. Se met ainsi en place une logique qui marquera durablement nos systèmes d'enseignement. Étudier, ce n'est pas se confronter directement au monde pour le comprendre et éventuellement le transformer : c'est bien plutôt lire et commenter ce que les textes autorisés en disent. Pour utiliser une terminologie moderne, l'explication des textes empêche que ne se développe une « leçon de choses ». Une forme de travail grammatical au sens moderne se développe aussi à partir du Ier siècle av. J.-C. Des travaux de rédaction (à base de transpositions de textes, de paraphrases) relèvent plutôt du rhéteur mais sont parfois anticipés par le grammairien.

De façon significative, le calcul, dont l'école peut proposer quelques bases, n'est même pas évoqué par Protagoras – sans parler des sciences et des techniques, qui, comme ce sera très longtemps le cas, relèvent de l'apprentissage auprès du spécialiste. Il n'y a pas non plus d'éducation religieuse, ni de « théologie », choses étrangères au polythéisme grec : on raconte des histoires au jeune enfant, il découvre la « mythologie » à travers les textes (homériques, tragiques), et à l'occasion des fêtes et de la vie de la cité.

À la mode romaine

Nous avons évoqué jusqu'ici l'enseignement reçu par un jeune Athénien. Mais les Romains, même s'ils ont largement repris le modèle, ont bien dû l'adapter.

En fait, les contenus et l'organisation de l'enseignement sont restés très proches, tant était grand le prestige des Grecs. Même sous l'Empire romain, à un moment où le pouvoir a changé de nature et de capitale, les apprentissages suivent la progression que nous venons de présenter. Les Romains développeront bien certains domaines nouveaux, surtout l'enseignement du droit, mais on est là au niveau de l'enseignement supérieur. L'appropriation par les Romains de l'enseignement grec soulève toutefois deux questions particulièrement intéressantes, parce que nous les retrouverons, toutes choses égales par ailleurs, lorsqu'il s'agira, des siècles plus tard, de développer un enseignement français partiellement libéré de l'hégémonie, cette fois, du... latin !

Le premier enjeu est celui du bilinguisme : l'Empire romain parle latin et grec, et sa partie orientale est complètement hellénisée. Dans la partie occidentale, le latin s'affirme peu à peu, au fur et à mesure que la littérature produit de grandes œuvres latines. Reste que l'enseignement repose sur un système qui se retrouvera, au profit du latin, dans la culture occidentale :

pour beaucoup, la langue légitime de l'enseignement n'est pas la langue maternelle, mais le grec. On confie volontiers l'enfant à un esclave grec, et il apprend à lire et écrire dans les deux langues, souvent en commençant par le grec. Cette problématique du bilinguisme est une donnée majeure des débats sur l'éducation. Après avoir mis des siècles à s'émanciper du latin, la France est aujourd'hui confrontée à la place de l'anglais, notamment dans l'enseignement scientifique supérieur. Beaucoup de pays sont marqués par leur relation avec la langue de l'ancien colonisateur, le français en Afrique par exemple. Ainsi se dessinent des situations dont il faudrait préciser les infinies nuances historiques et politiques, mais qui ont en commun de donner, dans bien des cas, un statut particulier à la langue d'enseignement.

À la question des langues est liée celle du corpus des auteurs de référence, puisque, nous l'avons vu, l'enseignement est avant tout étude des textes. Les classiques grecs restent bien sûr incontournables ; mais quelle place faire, à côté d'eux, aux écrivains latins ? Il y a là le point de départ de « querelles des Anciens et des Modernes » comme celles que connaîtra la France du XVIIe siècle. Des auteurs latins deviennent peu à peu objets d'étude, d'autant plus facilement qu'ils suivent de très près leurs modèles : Térence importe à Rome la comédie grecque, Virgile avec l'*Énéide* écrit une épopée nationale à la manière d'Homère, Cicéron adapte la tradition philosophique et rhétorique... Pour autant, comme l'a dit Jérôme Carcopino, auteur d'un ouvrage classique sur *La Vie quotidienne à Rome* : « Les grammairiens romains ne semblent pas avoir jamais cessé d'appuyer leur enseignement de la littérature latine sur celui de la littérature grecque, à peu près de la même manière que, dans nos collèges de l'Ancien Régime, l'enseignement du français s'est toujours encadré dans celui du latin. »

L'harmonie cosmique

En suivant Protagoras, nous avons été surpris par la place accordée à la musique et à la gymnastique, deux enseignements qui, à tort sans doute, sont de nos jours trop souvent considérés comme mineurs. Comment expliquer leur importance ?

Nous touchons ici à un point capital. Il faut d'abord rappeler que la *mousikè* est bien plus que notre musique. Le terme peut bien sûr renvoyer à la musique instrumentale ou vocale, aux danses, mais beaucoup plus largement il désigne aussi toute culture intellectuelle : c'est l'art des Muses... Souvenons-nous que celles-ci, filles de Zeus et de Mnémosyne (la Mémoire), ou filles d'Harmonie, selon les traditions, président aussi bien à l'astronomie et à l'histoire qu'à ce que nous considérons comme les arts. Mais, dans l'enseignement, la musique tient bien un rôle de premier plan. Si un enseignement du dessin apparaît au IVe siècle av. J.-C., il n'occupe pas une place comparable. Signe de son importance, la musique relève d'un maître spécialisé, le cithariste. Dans le domaine instrumental on utilise en effet l'aulos, sorte de hautbois, mais surtout la lyre, ou cithare. À la lyre sont associés le chant, notamment choral, et la danse, utilisée par exemple pour les chœurs des tragédies.

Si la musique a une telle importance, c'est qu'elle est découverte du rythme et de l'harmonie, sans la maîtrise desquels il n'y a pas d'équilibre possible du monde, donc sans lesquels le monde ne serait pas un *cosmos*, c'est-à-dire un ensemble organisé. Rien n'est plus important que cet ordre, que menace tout dérèglement, tout excès, comme la fameuse *hybris* qui cause la perte des hommes. Platon écrit à ce sujet : « À ce qu'assurent les doctes, le ciel et la terre, les Dieux et les hommes sont liés entre eux par une communauté, faite d'amitié et de bon arrangement, de sagesse et d'esprit de justice, et c'est la raison pour laquelle, à cet univers, ils donnent le nom de *cosmos*, d'arrangement, et non celui de dérangement non plus que de dérèglement[8]. »

On est ici au cœur de cette « Raison grecque » qui, comme le dit Jean-Pierre Vernant, se dégageant des mythes et des cosmogonies anciennes, « cherche à fonder l'ordre du monde sur des rapports de symétrie, d'équilibre, d'égalité entre les divers éléments qui composent le cosmos ».

Et cette idée d'équilibre vaut aussi, on l'a vu, pour le corps. On sait l'importance que les Grecs ont accordée à la pratique sportive...

Oui. D'une certaine façon, le sport et la gymnastique participent, au moins au départ, de la même problématique. Par le sport, on recherche l'équilibre du corps et de l'âme. La *kalokagathia* (le fait d'être à la fois « beau et bon ») associe perfection physique et morale, et les jeux sportifs, exhibant cette perfection, manifestent la beauté des corps. Dans cette culture, le regard de l'autre est en effet un juge essentiel, et non la conscience intime et personnelle, idée anachronique. Sur le plan moral, le critère de l'excellence est la *timè*, la valeur reconnue à l'individu par l'admiration d'autrui. Sur le plan physique, la beauté et la force sont le reflet de cette excellence. C'est sur ces qualités que repose le sentiment de l'honneur, c'est d'elles que peut provenir ce mode de survie dans la mémoire des hommes qu'est la gloire.

Il y a là un idéal dont les penseurs conservateurs regretteront la régression, au fur et à mesure que, semble-t-il, l'éducation deviendra plus « intellectuelle », en même temps que la pratique sportive se dégradera en pur spectacle livré à des professionnels. Il ne faut pas attendre l'Empire romain, qui préférera aux jeux sportifs les spectacles du cirque ou de l'amphithéâtre, pour constater cette évolution : déjà Aristophane en fait un argument contre l'enseignement des sophistes – nous y reviendrons. Inaugurant un genre promis à un grand avenir, le discours nostalgique de l'éducation ancienne, il donne la parole au « Raisonnement Juste » qui explique à un jeune homme qui aurait le bon esprit de suivre les anciens principes :

> Resplendissant, épanoui, tu passeras ton temps dans les gymnases, au lieu de traîner sur la place à jacasser des alambiquages barbelés, comme on fait à présent, et de te laminer la cervelle pour une chinoiserie ergotemberlificotante ! [...] Si tu fais ce que je te dis, en t'appliquant à mes leçons, tu auras toujours : le teint, bien vermeil ; les épaules, larges ; le torse, musclé ; la fesse, dodue ; la verge, menue ; la langue, succincte. Mais si tu adoptes les façons d'à présent, d'abord tu auras : le teint, tout blafard ; les épaules, maigres ; le torse, fluet ; la fesse, chétive ; la verge, pesante ; la langue, pendante ; et la harangue, à n'en plus finir[9] !

Dans l'éducation classique, on pratique la course (dans le stade), les lancers (disque et javelot), le saut en longueur, la lutte (la *palè* donne son nom à la palestre, terrain de lutte), la boxe (et une variété où tous les coups sont permis, le pancrace), tous exercices pratiqués dans la palestre sous la conduite du pédotribe. Celui-ci est un véritable entraîneur et éducateur, qui assure une préparation physique et morale. Les exercices sont rythmés par l'aulète, ce qui montre bien la cohérence de toutes ces activités.

Le sport ainsi conçu, orienté vers la compétition, participe bien sûr de la tradition aristocratique et guerrière, qu'illustrent les joutes longuement décrites dans les poèmes homériques. Une civilisation militaire comme celle de Sparte lui accorde d'ailleurs une importance toute particulière, y compris pour les femmes. Mais on le retrouve aussi bien à Athènes au cœur de l'éphébie, sorte de service civique qui, dès le IVe siècle av. J.-C., vient compléter le parcours de formation. Il est vrai qu'au fil des années les valeurs guerrières semblent avoir reculé. À la période hellénistique, l'éphébie, de moins en moins militaire, mêle, dans les gymnases, des activités sportives et des conférences culturelles.

L'esprit civique, d'abord

La dernière étape du parcours de formation, c'est celle qui se fait par et pour la cité. On a l'impression d'une éducation « tout au long de la vie », comme nous dirions aujourd'hui, et surtout qui engagerait la totalité de la vie.

C'est que, pour les Grecs, tout se tient, comme nous l'avons vu en rencontrant la notion de *cosmos* : l'ordre du monde, celui de la cité, celui de chaque homme... tous se répondent. Il n'y a pas un temps clos de la formation individuelle, mais une implication constante dans l'espace civique. De là vient d'ailleurs la sévérité d'une sanction comme l'exil, puisqu'elle rejette de la cité celui qui en est victime. La relation avec les hommes est donc essentielle, et fonde une forme d'humanisme : la culture se construit dans l'échange avec les autres, plus que dans un face-à-face du sujet avec le monde. C'est ce qui explique la place déterminante du langage et de la rhétorique, art des discours ; il s'agit d'une culture « littéraire », en un sens bien plus profond que celui que nous donnons à ce terme.

Depuis les mythiques Sept Sages, législateurs de la Grèce, la politique consiste à organiser le monde des hommes, à faire de la cité (*polis*) un *cosmos*. C'est le rôle de la loi (*nomos*) qui doit instaurer un juste partage (la racine grecque du mot est la même que celle du verbe qui signifie « partager », « répartir »). L'organisation correcte réalise l'idéal de l'*eunomie*. Dans le cadre de cette *eunomie*, la justice (*dikè*) consiste, comme l'a dit Jean-Pierre Vernant, à assurer « la répartition équitable des charges, des honneurs, du pouvoir entre les individus et les factions qui composent le corps social ».

Dans ce processus, la cité, surtout si elle se veut démocratique, est à la fois formée et formatrice. La participation des citoyens aux jurys des tribunaux et à l'Assemblée (*ecclésia*, assemblée du peuple, et *boulè*, sorte de grand conseil), souvent obligatoire, voire rétribuée, les conduit à un haut niveau de réflexion en même temps qu'elle exige une certaine culture générale. Chaque individu est consubstantiel à la cité : depuis Solon, le droit athénien prévoit significativement que n'importe quel citoyen peut dénoncer un tort en justice sans en être personnellement victime.

Cette solidarité civique qu'imposent les cités grecques a pu être rapprochée des évolutions militaires. Le combat homérique, de nature aristocratique, est décrit comme une succession d'affrontements individuels qui opposent les héros. Par la suite, en même temps que s'organisent les cités, dans le cours du VIIe siècle av. J.-C. apparaît la phalange, bloc de soldats (les hoplites) lourdement armés et soudés les uns aux autres. L'efficacité de la phalange vient de sa cohésion : il n'est plus question de quitter son rang, fût-ce pour accomplir des prouesses !

Épanouissement de l'individu ou formation d'un citoyen docile ? Quel « projet éducatif » nourrit-on alors ?

Assurément, on ne peut se dispenser d'une réflexion sur la nature de la justice, de l'*eunomie*, et de l'égalité qu'elle cherche à réaliser. Deux approches s'opposent en effet à l'orée de l'âge classique, ouvrant un débat promis à un grand avenir dans la pensée politique. L'ordre visé doit-il consister à respecter de justes proportions entre les citoyens, compte tenu des différences de nature et de fonctions qui les distinguent (ce que les Grecs appellent « égalité géométrique ») ? Ou faut-il rechercher entre tous une égalité réelle, une équivalence (« égalité arithmétique ») ? Cette deuxième option, plus radicalement « démocratique » que la précédente, correspond à un idéal d'*isonomie*, et non plus seulement d'*eunomie*, qui inspirera des réformes politiques importantes dans l'Athènes du début du Ve siècle av. J.-C. Dans cette perspective, comme l'a montré Jean-Pierre Vernant, « le monde social prend la forme d'un *cosmos* circulaire et centré, où chaque citoyen, parce qu'il est semblable à tous les autres, aura à parcourir l'ensemble du circuit, occupant et cédant successivement, suivant l'ordre du temps, toutes les positions symétriques qui composent l'espace civique ».

Une telle ambition n'est bien sûr pas neutre en matière de formation : elle implique, par exemple, que chacun développe et maîtrise une « culture générale » qui lui permette d'agir à bon escient dans l'intérêt de la cité. Mais elle laisse peu de place aux identités individuelles. D'où une tension entre différence(s) et équivalence que bien des textes tentent de résoudre, comme ce passage du discours que Thucydide prête au célèbre Périclès :

> Du fait que l'État, chez nous, est administré dans l'intérêt de la masse et non d'une minorité, notre régime a pris le nom de démocratie. En ce qui concerne les différends particuliers, l'égalité est assurée à tous par les lois ; mais en ce qui concerne la participation à la vie publique, chacun obtient la considération en raison de son mérite, et la classe à laquelle il appartient importe moins que sa valeur personnelle ; enfin nul n'est gêné par la pauvreté et par l'obscurité de sa condition sociale, s'il peut rendre des services à la cité. La liberté est notre règle dans le gouvernement de la république[10].

Le principe d'équivalence pose d'autre part la question essentielle de l'incompétence supposée du peuple, reproche souvent adressé à la démocratie. Le fonctionnement et l'approfondissement de celle-ci appellent donc une grande ambition éducative : les révolutionnaires de 1789 seront confrontés au même problème. Reste malgré tout un doute qui agitera les philosophes : que vaut l'avis du grand nombre ?

Platon condamne les démagogues, qui « viennent prendre place à l'Assemblée, au tribunal, au théâtre, au camp, à tout autre concours et rassemblement de population, où ce qui se dit et se fait est, à grand fracas, tantôt blâmé, tantôt loué, de façon excessive, avec des hurlements ou des battements de mains, tandis que les rochers avoisinant le lieu où ils se trouvent leur renvoient, doublé par l'écho, le fracas du blâme et de la louange[11] ». D'où le thème du roi philosophe qui seul agit selon la vérité. La vraie politique est conduite par des chefs « doués d'une science véritable et non d'un semblant de science[12] ».

Aristote est plus nuancé : « La multitude, composée d'individus qui, pris séparément, sont des gens sans valeur, est néanmoins susceptible, prise en corps, de se montrer supérieure à l'élite, non pas à titre individuel mais à titre collectif. Dans une collectivité d'individus, en effet, chacun dispose d'une fraction de vertu et de sagesse, et une fois réunis en corps, de même qu'ils deviennent en quelque manière un seul homme pourvu d'une grande quantité de mains, de pieds et de sens, ils acquièrent la même unité en ce qui regarde les qualités morales et intellectuelles[13]. »

L'individu sacrifié à la cité ?

Quelles que soient les nuances apportées par les uns ou les autres, elles ne permettent pas d'esquiver cette question redoutable : l'éducation est-elle pensée pour l'individu ou pour la cité ? L'exemple de la phalange, que nous avons rencontré tout à l'heure, est révélateur : l'individu n'y existe plus que comme unité d'un ensemble, une abeille dans la ruche, au service de l'essaim. Cela semble bien loin de ce que nous appelons aujourd'hui « démocratie ».

Les Anciens avaient bien vu ce problème, même s'ils ne l'appréciaient pas de la même façon que nous. Plutarque, qui a vécu entre 40 et 120 apr. J.-C., utilisait déjà la métaphore des abeilles pour évoquer l'action de Lycurgue, le législateur mythique de Sparte : « Lycurgue accoutumait les citoyens à n'avoir ni la volonté ni les moyens de mener une vie privée, mais, selon l'exemple des abeilles, à se considérer toujours comme partie organique de la communauté, à se grouper autour de leur chef et, en une sorte d'enthousiasme extatique et par l'effet d'une ambition désintéressée, à se dévouer pleinement à leur patrie. »

Le « modèle spartiate » pousse en effet très loin la logique d'intégration dans la communauté. La solidarité du combat y est essentielle et dans le mode de fonctionnement de Sparte, qui tend à se fixer et à se figer au milieu du VIe siècle av. J.-C., la prise en charge des enfants par la cité est déterminante. Contrairement à ce qui se passe à Athènes, où l'enseignement est laissé à l'initiative privée, à Sparte c'est un magistrat, le pédonome, qui organise une éducation à dominante sportive et prémilitaire. Cet idéal collectif et virtuellement « totalitaire » influencera souvent les Romains, pour qui l'attachement à la *res publica* est resté longtemps prégnant. Les Athéniens, au contraire, admettent, jusqu'à un certain point, une dimension privée, même s'ils partagent l'idée d'un lien consubstantiel entre l'individu et la cité. Ainsi, dans le discours que Thucydide prête à Périclès et que nous avons déjà cité, se cherche un juste milieu : « Nous ne voyons pas d'un mauvais œil les plaisirs que notre prochain prend dans le privé, et nous ne l'obligeons pas à les regretter en le harcelant de regards chargés d'amertume. »

Ainsi s'installe une opposition entre modèle spartiate et modèle athénien, redoublant les innombrables conflits qui impliquèrent les deux cités et leurs alliés. Elle joue un rôle-clé dans les imaginaires politiques dès le milieu du Ier millénaire av. J.-C. On la retrouvera au moment de la Révolution française, où elle structure fortement la réflexion éducative et politique, aussi bien qu'au sortir de celle-ci dans la célèbre distinction qu'établit Benjamin Constant entre la liberté des Anciens, qui consiste à être pleinement partie prenante d'une cité elle-même libre, et la liberté des Modernes, qui suppose que l'individu soit reconnu et ait des droits par rapport à cette cité.

De même, le conflit entre Sparte et Athènes, anticipant celui qui au XIXe siècle vit l'affrontement de la France et de la Prusse, donna naissance au « mythe dorien », longtemps porté par les historiens allemands. Il s'agit au départ d'expliquer l'effondrement du monde mycénien, vers 1200 av. J.-C. Une hypothèse aujourd'hui très contestée y voit l'effet d'invasions venues du nord, dernière vague de peuplement de la Grèce par les Doriens. C'est la thèse du grand helléniste allemand Karl Otfried Müller (1824). Ces Doriens, qui seraient notamment à l'origine de Sparte, cité aristocratique et guerrière, constitueraient un modèle pour la Prusse, en face de la France qui s'inscrit plutôt dans la lignée d'Athènes, cité d'intellectuels efféminés par la démocratie et l'influence ionienne de l'Asie Mineure...

Ils représenteraient une race supérieure, idée promise à l'avenir qu'on sait. Un siècle après, un historien comme Werner Jaeger, qui émigra aux États-Unis pour fuir le nazisme, n'en reprend pas moins dans *Paideia* cette thématique, en se référant explicitement à Müller : « C'est à Sparte que le type ethnique des envahisseurs se maintint le plus pur. La race dorienne fournit à Pindare son idéal du guerrier aux cheveux blonds issu d'une race fière, idéal dont il s'inspira pour tracer le portrait, non seulement de Ménélas à l'époque d'Homère, mais encore d'Achille le plus grand des héros grecs... »

Il restera aux historiens français à inverser les polarités pour revendiquer l'héritage des lumières athéniennes et dénoncer la barbarie dorienne, qui aurait plongé la Grèce dans le Moyen Âge des temps obscurs (fin du IIe millénaire av. J.-C. et début du Ier). L'archéologie et la philologie ont conduit à douter fortement aujourd'hui de cette thèse dorienne. D'ailleurs l'occupation du site de Sparte est bien postérieure (vers le IXe siècle av. J.-C.) et son raidissement en un modèle très conservateur, au VIe siècle av. J.-C., l'est plus encore. L'opposition entre modèle athénien-ionien et modèle dorien est sans doute plus une conséquence qu'une explication de la guerre du Péloponnèse, qui ensanglanta la fin du Ve siècle av. J.-C. Mais elle montre à quel point peuvent se greffer sur l'histoire des imaginaires politiques, des conceptions de l'homme, et donc des modèles éducatifs.

Les utopies platoniciennes (*La République*, *Les Lois*), qui mettent l'enseignement au centre du projet politique, s'inscrivent dans cette perspective d'une éducation au service de la cité : les enfants « appartiennent à l'État plus qu'à ceux qui leur ont donné le jour[14] ». Si on retrouve dans le programme platonicien la plupart des éléments traditionnels de l'éducation athénienne, sont prioritaires la musique et la gymnastique, en un processus entièrement contrôlé et organisé par la cité (dès la procréation, qui répond à des règles précises). Dans la formation supérieure l'accent est fortement mis sur les mathématiques, préalable à l'étude de la philosophie qui couronne l'édifice. L'approche est fondamentalement conservatrice, car les innovations sont des dégradations, et le modèle doit être défendu dans sa forme originelle. Dans *Les Lois*, cette préservation du modèle relève de l'autorité d'un magistrat qui est un « grand maître de l'éducation ».

Si cette vision trouve sa cohérence dans le cadre de la philosophie platonicienne, elle participe aussi de la conception aristocratique dont Platon est proche, et d'un raidissement face aux évolutions démocratiques que connaît Athènes au Ve siècle, raidissement qui conduit souvent à valoriser, par contraste, le modèle spartiate. On retrouve d'ailleurs de telles sympathies chez Xénophon, autre disciple illustre de Socrate et ouvertement prolacédémonien.

CHAPITRE 3

Apprendre à penser

Les précepteurs nomades

Notre Protagoras, qui nous sert de guide pour comprendre les origines de l'enseignement, ne se contente pas de décrire celui de son temps : il est lui-même un professeur célèbre. Quand Socrate, nous l'avons vu, vient l'interroger sur sa conception de l'éducation, cela n'est pas sans arrière-pensées... Même si, dans les dialogues platoniciens, Protagoras est traité avec plus de ménagements que beaucoup d'autres sophistes, il n'en est pas moins le représentant d'une école de pensée que Socrate critique avec insistance. D'où viennent ces reproches, qui sont pour beaucoup dans la réputation ambiguë des sophistes ?

Alain Boissinot : Nous sommes là au cœur d'un paradoxe. Les sophistes sont liés à la période du plus grand rayonnement d'Athènes, le siècle de Périclès ; ils ont profondément influencé des écrivains aussi importants que Thucydide ou Euripide. Mais ils ont aussi été vivement attaqués, notamment par Socrate, Platon ou par Aristophane, et victimes d'une réputation qui a fini par donner au mot « sophiste » une valeur négative.

Pour nous, un sophisme est un raisonnement fallacieux, et un sophiste est celui qui n'hésite pas à utiliser n'importe quel moyen pour convaincre, au détriment de la vérité. Il est vrai qu'ils ne sont connus qu'indirectement et souvent par leurs adversaires : il ne nous reste que trois fragments attribués à Protagoras, moins de dix lignes au total... Et pourtant leur importance et leur influence ont été considérables.

Les sophistes ont été défendus par de grands hellénistes comme Werner Jaeger ou Jacqueline de Romilly. À certains égards ils préfigurent un « siècle des Lumières ». Ils inventent la figure de l'intellectuel-professeur, qui parcourt le monde grec pendant la seconde partie du Ve siècle av. J.-C. (le *Protagoras* de Platon met en scène cette effervescence). Outre Protagoras d'Abdère, né vers 485, on cite parmi les plus connus Gorgias de Léontinoi (né vers 483), Antiphon d'Athènes (né vers 480), Prodicos de Céos ou Hippias d'Élis, nés dix ans après et contemporains de Socrate.

Tous exercent, selon la formule d'Henri-Irénée Marrou, un « préceptorat collectif » : ils s'entourent d'un groupe de jeunes gens qu'ils forment pendant trois ou quatre ans, contre une rémunération forfaitaire qui semble avoir été de 10 000 drachmes environ à l'origine, somme considérable, mais qui a baissé notablement par la suite du fait de la concurrence. Ils se déplacent dans le monde grec, de ville en ville, accompagnés de leurs élèves et donnent volontiers des conférences de démonstration pour attirer les disciples. Contrairement à la tradition aristocratique du mérite naturel et de l'initiation, ils proposent d'enseigner les moyens de réussir dans la cité. Un des trois fragments conservés de Protagoras s'exprime sur ce sujet de façon à la fois ouverte et prudente : « Pour devenir instruit, il faut apporter des dispositions naturelles et de la pratique ; il convient en outre de commencer à étudier dès l'adolescence. »

Qu'enseignent donc ces professeurs nomades ?

Cet enseignement, qui s'adresse aux futurs chefs de la cité, est essentiellement intellectuel. Il suppose une formation dont les piliers sont l'art de persuader, la rhétorique, mais aussi la culture générale : à la fois les matériaux du savoir, et une méthode... La rhétorique est en effet un art de penser, et non seulement de parler, comme le dit très bien Isocrate qui prolonge au IVe siècle av. J.-C. la sophistique : « Les mêmes arguments sur lesquels nous nous appuyons, dans le discours, pour persuader les autres, nous servent encore dans le travail de la réflexion intérieure ; et de même que nous donnons le titre de bons orateurs à ceux qui se montrent capables de parler devant une foule, de même nous tenons aussi pour de bons esprits ceux qui savent discuter avec eux-mêmes sur leurs entreprises[15]. » La rhétorique conduit à développer l'idée d'une culture qui est à la fois générale, au sens le plus riche, ouverte à tous les domaines du savoir, y compris les techniques ; littéraire, puisque, nous l'avons vu, elle passe par la lecture et le commentaire des textes ; et commune : elle a partie liée avec ce lieu commun par excellence qu'est l'*agora*, la place publique, et repose sur la reconnaissance de « lieux communs » au sens rhétorique, ceux dans lesquels chacun peut se retrouver.

L'éducation vise dès lors la « polymathie » : apprendre tout ce dont on peut parler... Hippias illustre particulièrement cette ambition, qui selon Platon s'étendait jusqu'aux techniques : il se serait vanté de fabriquer lui-même tout ce dont il avait besoin pour vivre, jusqu'aux chaussures et vêtements. Nous retrouverons cette boulimie de savoirs chez les lettrés de la Renaissance.

Comment est né cet art de la rhétorique si ambitieux ?

On situe en général, après Aristote, la naissance et le développement de la rhétorique en Sicile au début du Ve siècle av. J.-C., et on la relie à l'affirmation de la démocratie : il faut débattre dès lors qu'on renonce à contraindre et qu'on préfère convaincre. Le goût des débats et des discours affrontés est largement illustré par les œuvres de Thucydide ou d'Euripide, écrivains très marqués par la sophistique. L'évolution de la tragédie grecque est à cet égard révélatrice : l'élément dominant de la tragédie est au départ le chœur, qui dialogue avec un personnage. Puis la part du chœur diminue. Selon le témoignage d'Aristote, Eschyle le premier introduit un deuxième personnage, puis Sophocle un troisième... Avec Euripide notamment, le théâtre prend goût aux débats qui opposent les personnages, à l'*agôn logôn*, cette joute verbale marquée par la rhétorique et le débat judiciaire.

Mais très vite apparaissent deux reproches, liés notamment aux pratiques d'enseignement développées par les sophistes : la rhétorique, d'une part, développerait un brillant formel et artificiel du discours, aux dépens du contenu; elle ne serait qu'un exercice de séduction. En entraînant à développer des thèses contraires, elle encouragerait, d'autre part, un relativisme sceptique : il n'y a de vérité que celle du plus convaincant – du plus fort. La rhétorique serait donc immorale. On reconnaît là le débat qui est au cœur du *Gorgias* de Platon.

L'intelligence rusée

Quand on évoque ce pouvoir de conviction, qui peut aller jusqu'à s'exercer aux dépens de la vérité, on songe à des héros comme Ulysse, que les poèmes homériques qualifient souvent de polytropos, *l'homme qui a plus d'un tour dans son sac, ou, dans le langage plus noble qui convient à l'épopée, « l'homme aux mille ruses ». Une image pour le moins ambiguë...*

Avec ce type d'homme, nous rencontrons une forme d'intelligence qui joue un rôle important chez les Grecs : la *métis*[16]. Dans la mythologie, Métis est une fille d'Océan et de Théthys. Par la ruse, elle aide Zeus à combattre son père Cronos, roi des dieux.

Elle conçoit de Zeus un enfant dont les oracles annoncent qu'il détrônera son père, comme celui-ci a détrôné Cronos. Du coup Zeus avale Métis : mais l'enfant naîtra tout de même, jaillissant du crâne de Zeus : c'est Athéna, qui hérite de la sagesse de sa mère.

La *métis*, c'est donc l'intelligence rusée, pragmatique, différente de la démarche purement rationnelle au sens où nous l'entendons. C'est celle qui permet de l'emporter dans les relations avec les autres, celle en effet d'Ulysse qu'Athéna ne manque jamais d'encourager dans cette voie. C'est elle qui, grâce au fameux cheval de Troie, donne finalement la victoire aux Grecs malgré la bravoure d'Hector. Elle est adaptée à un monde mouvant et complexe, comme le sont les foules de l'Assemblée. Telle est l'habileté du sophiste. La *métis* est une qualité du politique, et le modèle en est Thémistocle, héros des guerres médiques au début du Ve siècle, lui qui sait toujours s'adapter aux circonstances :

> Ses qualités d'intuition, sans l'aide d'aucune étude préalable ou subséquente, le mettaient à même de juger excellemment, sans longue réflexion, des circonstances présentes; quant à l'avenir, il en prévoyait merveilleusement les conséquences les plus lointaines. Pour les problèmes qui lui étaient familiers, il excellait à les exposer en détail; pour ceux qui lui étaient étrangers, il était capable d'en juger d'une manière suffisante. Il discernait parfaitement le fort et le faible des questions encore obscures. En bref, par ses dons naturels et la promptitude

de son intelligence, il trouvait sur-le-champ, pour tous les sujets, la solution adéquate[17].

Avec cette pensée souple et intuitive, adaptée au moment, on est loin de la conception de la vérité selon Socrate : la mauvaise réputation des sophistes participe de la réprobation platonicienne à l'égard de la *métis*. Pourtant, si certains excès ont pu tomber sous le coup des critiques, un autre regard est possible, qui admet le rôle éducatif de la rhétorique.

Le triomphe de la rhétorique

Mais en quoi la rhétorique peut-elle prétendre à une dimension éducative, si elle n'est qu'un outil, une technique du discours ?

Si la sophistique s'essouffle après le Vᵉ siècle, elle se prolonge largement dans l'enseignement de la rhétorique au siècle suivant. On le trouve notamment illustré par Isocrate, élève de Gorgias, et rival de Platon. Même s'il a écrit un discours « Contre les sophistes », Isocrate est très marqué par ceux-ci. Il prolonge et élargit leur pensée. Son enseignement et son œuvre ont eu une influence immense pendant des siècles, et la rhétorique jusqu'en 1885 sera le pilier de notre enseignement secondaire.

Dans une cité grecque où la parole publique est au cœur de la justice et de l'action politique, l'enseignement de la rhétorique entraîne à concevoir et prononcer les différents types de discours : ceux qui visent à juger ou à célébrer les actions passées, ceux qui permettent de délibérer sur la conduite à tenir. Il apprend à trouver les bons arguments, à les agencer, à les mettre en forme, à les retenir, à les mettre en valeur en prononçant le discours (des noms latins désigneront pendant des siècles, dans les écoles, ces aspects du discours et de l'apprentissage, respectivement l'*inventio*, la *dispositio*, l'*elocutio*, la *memoria* et l'*actio*).

Mais on ne peut se limiter à cet aspect technique. Dans la perspective de la rhétorique, est vrai ce que les hommes, au terme du débat, reconnaissent comme tel. À partir de là se présentent deux perspectives de travail, qui vont déboucher sur des programmes d'enseignement. Il s'agit d'abord d'identifier les modes de pensée, les représentations, qui peuvent faire consensus. Le rhéteur va rechercher, au meilleur sens du terme, les « lieux communs », expression très polysémique qui désigne notamment les points de vue partagés, ceux donc qui font société.

D'autre part, il faut travailler l'image que l'orateur donne de lui-même (l'*ethos*) et la connaissance qu'il a des réactions du public (le *pathos*). Pour convaincre, il est en effet nécessaire de donner une image positive de soi, et de ne pas se tromper sur les attentes des auditeurs, sur leur psychologie. Cette idée est développée par Isocrate dans *Sur l'échange* : pour convaincre, l'orateur doit être perçu comme un honnête homme et bénéficier de l'estime de ses concitoyens. On voit que tout cela – analyse des différents points de vue, des attentes du public, travail sur l'image de soi – débouche sur un champ de recherches et d'enseignement qui correspond à ce que nous appellerions aujourd'hui les « sciences humaines ».

Cette dimension de la rhétorique est très bien décrite dans le *Dialogue des orateurs* de Tacite, écrit à la fin du Ier siècle apr. J.-C., où l'un des interlocuteurs, Messala, fait l'éloge de l'éducation classique, sur laquelle il nous apporte de nombreux renseignements, et insiste notamment sur la formation de l'orateur, en prenant l'exemple de Cicéron. L'excellence de l'orateur suppose, explique-t-il, une vaste culture générale :

> Les discours de Cicéron le laissent voir : géométrie, musique, grammaire, bref aucun des arts libéraux ne lui était étranger. Il possédait la dialectique et sa subtilité, comme la morale et ses applications, comme la marche et les causes des phénomènes. Car la vérité, mes excellents amis, la vérité, la voici : c'est grâce à une érudition prodigieuse, à une foule de connaissances, à une science universelle que coule à flots pressés et déborde même cette éloquence digne d'admiration. [Mais elle suppose aussi une connaissance de la morale], des sciences où l'on traite du bien et du mal, de ce qui est honnête et honteux, du juste et de l'injuste ; car telle est la matière sur laquelle doit parler l'orateur [ainsi que des ressorts du cœur humain] : on arrive plus facilement à exciter ou à calmer la colère du juge, quand on sait ce qu'est la colère, et plus rapidement à émouvoir sa pitié, quand on

sait ce qu'est la compassion et quels sentiments la touchent[18].

Si Platon est si sévère pour la rhétorique, c'est bien sûr parce qu'il ne peut accepter cette démarche qui renonce à fonder la vérité sur des valeurs transcendantes. C'est parce qu'il voit dans la démarche des sophistes le risque d'un relativisme sceptique, ou d'un simple culte de l'efficacité amorale et du droit du plus fort (selon la position que défend le personnage de Calliclès dans le *Gorgias*). Aristote, au contraire, accepte plus facilement de reconnaître une valeur au moins empirique à la rhétorique, et consacre à ces questions un traité (*La Rhétorique*) qui aura une influence considérable par-delà les siècles.

Il est donc possible de voir dans la démarche des sophistes et dans la rhétorique une première tentative pour fonder une sagesse à hauteur d'homme, un « humanisme » curieux de tous les domaines du savoir, confiant dans la possibilité de l'enseigner, qui annonce les Lumières. Le mot *paideia*, qui, nous l'avons vu, désigne l'idéal vers lequel tend l'éducation grecque, sera d'ailleurs traduit en latin par *humanitas*, d'où notre emploi du terme « humanités »... On songe à l'un des fragments conservés de Protagoras : « L'homme est la mesure de toutes choses, de celles qui existent et de leur nature ; de celles qui ne sont pas et de l'explication de leur non-existence[19]. » Et un fragment attribué à Antiphon pousse cet humanisme jusqu'à une forme d'universalisme assez inhabituelle chez les Grecs, et d'autant plus intéressante : « Le fait est que par nature nous sommes tous et en tout de naissance identique, Grecs et barbares. [...] Aucun de nous n'a été distingué à l'origine comme barbare ou comme Grec : tous nous respirons l'air par la bouche et par les narines. »

Anticipation à laquelle fait écho Isocrate, au siècle suivant : « Notre cité a tant distancé les autres hommes pour la pensée et la parole que ses élèves sont devenus les maîtres des autres, qu'elle a fait employer le nom de Grec, non plus comme celui de la race, mais comme celui de la culture, et qu'on appelle Grecs plutôt les gens qui participent à notre éducation (*paideusis*) que ceux qui ont la même origine que nous[20]. »

Éduquer ou corrompre ?

Ce Ve siècle, qui a vu les sophistes et la rhétorique proposer à la fois un idéal éducatif et un programme d'enseignement, se termine pourtant par le fameux procès de Socrate (399 av. J.-C.), accusé de ne pas respecter les dieux et, surtout, de corrompre la jeunesse... On est en plein paradoxe !

Paradoxe d'autant plus qu'en l'occurrence Socrate est assimilé par ses accusateurs aux sophistes, comme il l'est dans les comédies d'Aristophane, qui n'hésite pas à mêler allègrement tout ce qui lui paraît relever de l'éducation moderne ! En fait, le thème de la perversion de la jeunesse est un lieu commun de la réaction anti-intellectuelle que connaît Athènes à la fin du Vᵉ siècle, au moment où sa défaite dans la guerre du Péloponnèse marque un affaiblissement dont elle ne se relèvera pas vraiment. Même si tous les sophistes ne sont pas liés aux thèses « démocratiques », loin de là, leur mouvement est lié à l'apogée de la démocratie et au pouvoir de Périclès. La réaction qui suit, y compris la mise en accusation de Socrate, manifeste une crise du régime. Il y a d'ailleurs des précédents au procès de Socrate : Aspasie, compagne contestée de Périclès, est accusée d'impiété. De même le philosophe Anaxagore, proche de Périclès, qui doit s'exiler. Les accusations portées contre Socrate relèvent de la nostalgie de l'ordre établi, de la crainte que l'humanisme naissant ne remette en cause les dieux de la cité, et qu'une éducation nouvelle ne sape les valeurs anciennes. Les audaces de la pensée font peur. Le surprenant est bien sûr que Socrate, pourfendeur des sophistes, devienne la victime la plus célèbre de cette réaction.

Pour autant, par-delà la crise de la fin du Vᵉ siècle, c'est bien la rhétorique qui va l'emporter, et, transmise par les Romains, marquer durablement la culture occidentale. Au IVᵉ siècle, elle inspire à Isocrate des accents triomphants : « La parole convenable est le signe le plus sûr de la pensée juste », écrit-il à plusieurs reprises. Et, dans le *Panégyrique*, il se livre à un vibrant éloge du *logos*, resté célèbre :

> [Ce qui a fait la grandeur d'Athènes, dit-il, c'est] qu'elle savait bien que la parole [le *logos*] est le seul don que nous ait spécialement accordé la nature, en le refusant à tous les autres animaux, et que ce privilège nous assure, à leur égard, toutes les autres supériorités. [...] Elle avait de plus observé que ni le courage, ni la fortune, ni les autres avantages de ce genre ne distinguent ceux qui ont reçu dès l'enfance une éducation libérale, mais qu'ils se font surtout reconnaître à leurs discours, et que c'est là la marque la plus sûre que chacun puisse donner de l'éducation qu'il a reçue.

Des écoles de vie

Si les sophistes inventent en somme un enseignement supérieur, et en font une profession, il y eut, avant et après eux, de nombreux penseurs, physiciens ou philosophes, qui choisirent une démarche bien différente.

Oui. Les écoles philosophiques, de Pythagore aux stoïciens ou aux épicuriens, en passant par Platon et Aristote, s'inscrivent plutôt dans la perspective de ce que nous appellerions aujourd'hui la recherche, tout en étant des lieux où le maître s'entoure de ses disciples. Mais le savoir est à construire plus qu'à délivrer : c'est bien là le désaccord qui oppose Socrate à Protagoras dans le dialogue de Platon. Cela ne signifie pas que ces philosophes ne s'intéressent pas à l'enseignement : au contraire, nous y avons déjà fait allusion, ils proposent des principes dans le cadre de leur système philosophique et élaborent des programmes (c'est le cas de Platon dans *La République* et dans *Les Lois*, ou encore d'Aristote dans *La Politique* et l'*Éthique à Nicomaque*).

On peut trouver aussi dans leur œuvre certaines conceptions de la pédagogie : ainsi la théorie de la réminiscence, chez Platon, est-elle porteuse d'une vision de l'enseignement qui ne peut se réduire à transvaser un savoir : « Le savoir est une flamme que réveille et qu'embrase une flamme plus vive ; il ne se verse pas d'un esprit dans un autre comme le vin passe d'une amphore dans une coupe. Instruire n'est pas greffer un œil à un aveugle ; c'est tourner dans la direction qui convient un organe existant, ouvrir à un être la voie dans laquelle il désirait inconsciemment s'élancer[21]. »

La célèbre « maïeutique » socratique, art d'accoucher les esprits, vise à éveiller chez l'interlocuteur des connaissances que lui-même ne pensait pas détenir, et que peut-être son âme a entrevues dans une existence antérieure (c'est en cela qu'il y a réminiscence). C'est ainsi que, dans un dialogue de Platon qui porte le nom de *Ménon*, un jeune esclave guidé par Socrate identifie la façon de dessiner un carré double d'un carré donné. Nous dirions aujourd'hui que, dans une telle leçon de géométrie, l'élève est invité à (re)construire son propre savoir...

Une autre caractéristique essentielle de ces écoles de philosophie, c'est qu'elles visent la totalité des savoirs théoriques et pratiques ; elles sont d'ailleurs des écoles de vie autant que de pensée. Et dans ces savoirs, il y a aussi bien ce que nous appelons « les sciences » que « la philosophie » au sens moderne. Ou plus exactement, pour les Grecs, la notion de sciences, au sens actuel de « sciences expérimentales », n'a pas de sens et n'est pas mise à part au sein d'une démarche qui est à la fois recherche du savoir et quête de la sagesse. Dans tous les cas, il s'agit de comprendre un *cosmos* qui, nous l'avons vu, est indissolublement organisation du monde, de l'homme et de la cité.

Cette recherche engage des disciplines liées aux mathématiques : géométrie, arithmétique, astronomie, théorie musicale ; on songe à des noms célèbres comme ceux de Pythagore, d'Euclide ou d'Archimède. Elle porte aussi sur la connaissance de la nature, depuis les premiers physiciens d'Ionie jusqu'à la période hellénistique, qui voit fleurir autour du célèbre Musée d'Alexandrie un centre de recherches de très haut niveau. Mais toutes ces connaissances ne pénètrent jamais les enseignements de base : la formation « secondaire », nous l'avons vu, est fondamentalement littéraire. Surtout, elles restent spéculatives, et ne s'articulent pas avec des techniques, qui sont laissées à la charge des apprentissages empiriques. Comme l'a admirablement montré Jean-Pierre Vernant, même « la "physique" ionienne n'a rien de commun avec ce que nous appelons science ; elle ignore tout de l'expérimentation ; elle n'est pas non plus le produit de l'intelligence observant directement la nature. Elle transpose, dans une forme laïcisée et sur le plan d'une pensée plus abstraite, le système de représentation que la religion a élaboré. Les cosmologies des philosophes reprennent et prolongent les mythes cosmogoniques[22] ».

« La raison grecque ne s'est pas tant formée dans le commerce humain avec les choses que dans les relations des hommes entre eux, écrit encore Jean-Pierre Vernant. Elle s'est moins développée à travers les techniques qui opèrent sur le monde que par celles qui donnent prise sur autrui et dont le langage est l'instrument commun : l'art du politique, du rhéteur, du professeur. La raison grecque, c'est celle qui de façon positive, réfléchie, méthodique, permet d'agir sur les hommes, non de transformer la nature. Dans ses limites comme dans ses innovations, elle est fille de la cité[23]. » C'est ainsi que cette raison grecque a orienté l'enseignement dans des voies qui vont le marquer pour des siècles, et lui donner une vocation littéraire – au sens, il est vrai, le plus riche du terme – qui le caractérisera jusqu'à ce que, autour du XVIIe siècle, des esprits audacieux entreprennent de sortir du monde des livres pour explorer, armés de la seule raison, le livre du monde : révolution copernicienne que nous rencontrerons plus loin dans notre parcours.

CHAPITRE 4

Qu'est-ce qu'une éducation aristocratique ?

Les bases de la pédagogie et de l'enseignement ont donc été posées par les Grecs, comme Alain Boissinot vient de nous le raconter, et certaines idées de ces derniers ont encore des échos jusque dans nos débats les plus contemporains. Un principe semblait cependant dominer dans l'Antiquité : l'éducation et l'enseignement sont inséparables. En d'autres termes, le but était non seulement de transmettre un savoir aux élèves mais aussi de les éduquer à la vie, ce qui peut nous paraître, à nous modernes, comme une confusion des rôles de la famille, des professeurs et de la cité. Le philosophe que vous êtes y voit-il une vision du monde, une conception philosophique de l'éducation ?

Luc Ferry : On trouve bien dans l'enseignement aristocratique tel que les Grecs l'ont pensé cette idée que le but de l'éducation, ici entendue au sens large, incluant l'enseignement des savoirs fondamentaux comme la lecture, l'écriture ou la musique, ce n'est pas seulement d'apprendre à penser, mais bel et bien d'« apprendre à vivre », selon une formule qu'on trouve déjà à maintes reprises chez les grands stoïciens. Pour nous, en effet, les choses sont différentes : éducation et enseignement ne se confondent pas. L'éducation relève d'abord des parents, s'adresse aux enfants et s'incarne pour l'essentiel dans la sphère privée de la famille ; l'enseignement est avant tout l'affaire des professeurs, il s'adresse aux élèves et il se dispense dans la sphère publique des établissements scolaires. Il y a bien entendu des recoupements entre les deux sphères : les parents peuvent aider leurs enfants à faire leurs devoirs, à apprendre leurs leçons, et les professeurs sont bien obligés de remettre parfois les pendules à l'heure en rappelant les formes élémentaires de la civilité. Malgré tout, chacun a sa part, son travail spécifique à accomplir et, pour l'essentiel, les tâches ne sont pas identiques. Du reste, il est assez clair aujourd'hui que si les principes de base de l'éducation, de la politesse et du respect des autres n'ont pas été transmis très tôt, avant même la scolarisation, si nos enfants sont, comme on dit, « mal élevés », l'enseignement devient tout simplement impossible.

Dans le monde de l'Antiquité grecque, comme le montre Alain Boissinot, cette distinction que je présente ici de manière volontairement tranchée n'a pas vraiment de sens. Les savoirs scolaires ne sont pas une fin en soi et s'ils doivent être acquis, c'est afin de parvenir à « bien vivre », cette finalité de l'éducation dans la famille étant aussi celle des précepteurs, de la cité et des enseignants. Du reste, dans les écoles philosophiques grecques qui fleurissent à Athènes aux alentours du IVe siècle av. J.-C., et en particulier chez les stoïciens, le but du maître est de toute évidence pratique plus que théorique : c'est de vie bonne qu'il s'agit, pas de professionnalisation ni de savoirs désincarnés. La philosophie elle-même n'est pas conçue comme un discours théorique, comme une analyse de notions, comme un art de la dissertation, mais comme un apprentissage à proprement parler vital, nourri d'exercices pratiques, qui doivent permettre à l'élève, à vrai dire au disciple, de parvenir à la sagesse. Pour vous donner un exemple très illustratif, on dit que Zénon de Citium, le père fondateur de l'école stoïcienne au IVe siècle, demandait à ses élèves d'aller se promener sur la place du marché à Athènes en tirant en laisse un poisson mort. Les gens se moquaient d'eux, bien évidemment, on les chahutait, parfois on les insultait, on les traitait d'idiots ou de fous, le but de cette épreuve étant justement qu'ils apprennent à se moquer du « qu'en-dira-t-on », à détourner le regard des conventions « bourgeoises », des règles de bienséances artificielles, sociales, pour se concentrer sur ce qui compte vraiment si l'on veut parvenir à la sagesse authentique, à savoir la nature de l'univers, l'ordre des choses, l'harmonie cosmique au sein de laquelle chacun doit trouver sa place pour accéder à la vie bonne. Aujourd'hui, nos cours de philosophie n'ont plus cette prétention. Il s'agit plutôt d'apprendre à réfléchir, à argumenter, à acquérir l'esprit critique, etc. – ce pourquoi l'exercice privilégié entre tous est devenu essentiellement théorique et rhétorique, argumentatif, avec l'invention de notre fameuse dissertation en trois parties. Il s'agit de parvenir à bien penser, voire plus simplement encore de bien parler, pas d'apprendre à vivre, cette deuxième finalité, pour autant du moins qu'elle est prise en compte, étant renvoyée à l'éducation familiale bien davantage qu'à l'enseignement scolaire proprement dit.

Le culte de la tradition

Mais cette non-séparation entre éducation et enseignement qui caractérise le monde grec, n'est-elle pas aussi l'effet direct d'une vision aristocratique du monde, c'est-à-dire de l'idée que la finalité de l'éducation familiale comme de l'enseignement scolaire est de « fabriquer » des aristocrates, des êtres « vertueux » au sens grec, c'est-à-dire « excellents » ?

Vous avez tout à fait raison. Toute cette conception de l'éducation est incompréhensible si on ne perçoit pas le sens profond de la vision aristocratique du monde que l'Antiquité grecque nous a léguée et qui a largement dominé l'Europe féodale jusqu'à la Révolution française. Impossible, par exemple, de comprendre la naissance des conceptions « méritocratiques » de l'éducation, qu'elles soient d'ailleurs chrétiennes ou républicaines, sans avoir une vue claire de ce avec quoi elles rompent. Trois principes fondamentaux fondent l'idéal tout à la fois éthique et pédagogique de l'aristocratie ancienne. Le premier réside dans ce qu'on pourrait appeler le « cosmologico-éthique », c'est-à-dire l'idée que le bien et le mal, le juste et l'injuste trouvent une définition et des critères objectifs dans une certaine représentation de l'harmonie cosmique : si l'ordre naturel des choses est inégalitaire et hiérarchisé, la cité juste se devra, elle aussi, de refléter la hiérarchie naturelle qui existe de facto, qu'on le veuille ou non, entre les êtres – animaux, végétaux ou humains. Tout cela est clairement posé dans *La République* de Platon, quand Socrate propose à ses interlocuteurs d'accepter l'idée que la cité doit se diviser *selon la nature* en trois classes : celle des dirigeants qui en conduisent d'en haut la politique, celle des gardiens qui la protègent, font la guerre, mais se situent un cran en dessous, et enfin celle des artisans et des ouvriers, le cas échéant des esclaves, qui la font vivre matériellement et se trouvent, bien entendu, au bas de l'échelle.

Trois vertus viennent compléter ce tableau : celle qui est requise des chefs est avant tout l'intelligence qui, bien comprise, mène à la sagesse ; pour les gardiens, qui sont aussi des soldats, c'est le courage qui doit prévaloir ; et pour tous, mais particulièrement quand même pour les artisans et les ouvriers, il faut ajouter la tempérance, la modération.

Socrate apporte encore deux précisions qui nous éclairent sur le sens de cette vision aristocratique de l'« ordre juste » : cette organisation harmonieuse – ce *cosmos* – doit correspondre, comme un parfait analogue, aux trois parties de l'âme (la raison, le courage, l'appétit), mais aussi aux trois grandes divisions du corps : la tête, ce haut du corps où siège l'intelligence; le diaphragme, logé au milieu, qui est le lieu du courage et du cœur; enfin le bas-ventre, lieu des désirs sensuels, partie bien évidemment inférieure dans les deux sens du terme. Nous avons là l'exemple même d'une vision indissolublement aristocratique, naturaliste et cosmologique de la politique, de la morale et de l'éducation – les trois sont inséparables –, une quintessence de cet enracinement grec de la morale dans une certaine représentation de l'ordre naturel du monde. Selon Socrate, qui illustre ici le trait le plus fondamental de cet univers antique, la vie bonne, que l'éducation doit nous permettre d'atteindre, ne consiste en rien d'autre qu'en la mise en harmonie de soi avec cet ordre naturel qu'est le cosmos. En un sens presque physique, le juste, c'est ce qui est «ajusté» à l'ordre cosmique, ce qui est en accord avec lui, en harmonie, donc, avec l'harmonie de l'univers. La justice, que l'élève doit s'approprier grâce à une éducation dont on a vu combien elle était dispensée aussi par la cité, n'a dans ces conditions rien à voir ni avec l'obéissance à des commandements divins (comme dans une perspective religieuse), encore moins avec je ne sais quelle «volonté générale» qu'exprimerait une majorité d'électeurs réunis dans une république. Nous sommes aux antipodes du principe judéo-chrétien comme du principe humaniste ou démocratique et, en revanche, de plain-pied dans le principe cosmologique : la justice n'est rien d'autre que la *justesse*, si l'on entend par là, très concrètement, l'ajustement ou la mise en harmonie progressive de l'élève avec la hiérarchie inégalitaire qui prévaut au sein du corps social comme du corps biologique.

C'est donc cette vision cosmologique de l'éthique et de l'éducation qui expliquerait que l'élève soit d'abord et avant tout vu moins comme un individu autonome que comme le membre d'un corps social, la cité, qui l'éduque au moins autant que ses parents ou ses précepteurs...

Tout à fait, et c'est bien dans ce contexte qu'Alain Boissinot évoquait tout à l'heure la fameuse thèse de Benjamin Constant touchant la différence entre la liberté des Anciens et celle des Modernes. La liberté des Anciens, c'est la participation directe aux affaires publiques, celle des Modernes se caractérise au contraire par la délégation et la représentation parlementaire. Dans nos démocraties, ce n'est pas nous directement qui fabriquons les lois, mais nos représentants, sénateurs et députés, au lieu qu'en Grèce, ce sont les hommes libres qui, directement, sans passer par des intermédiaires, sont censés édicter les lois. On pourrait penser qu'il s'agit là, comme le croyait mon vieil ami Cornelius Castoriadis, d'une préfiguration de la démocratie participative, voire de la démocratie d'assemblée comme il en rêvait avec d'autres en Mai 68. Mais c'est largement une erreur. D'abord parce que les femmes, les métèques et les esclaves sont exclus de cette démocratie qui est réservée à une élite masculine – ce qui n'est pas très « soixante-huitard ». Mais surtout parce que l'éducation par la cité ne repose pas sur la valorisation de l'autonomie individuelle, mais au contraire sur le culte de la tradition, comme en témoigne le fait que l'éducation antique, notamment à travers les poèmes d'Homère, inculque aux enfants le respect sacré des héros et des Anciens.

Le héros comme modèle

Peut-on dire que cette sacralisation des héros et des Anciens relève d'une vraie démarche philosophique ou s'agit-il seulement d'une coutume à peine consciente, d'une simple habitude ?

Non, il s'agit bel et bien d'une prise de position philosophique essentielle dans le monde grec où la place des héros comme Achille possède un statut qu'on pourrait même dire métaphysique. Pour bien le comprendre, revenons un instant encore à l'*Iliade*, une épopée dont nous avons vu à quel point elle occupait une place centrale dans l'éducation aristocratique grecque. Pour les soldats, grecs ou troyens, qui vont prendre part à la guerre de Troie, il y aura essentiellement trois destinées possibles dont la signification philosophique, d'une profondeur abyssale, explique le statut pédagogique de l'héroïsme. Pour le *vulgum pecus* ou pour parler comme Horace, le « *servum pecus* », le « troupeau servile » des malheureux fantassins de base, ce sera tout simplement ce que les Grecs appellent la « mort noire », la mort absurde, vaine, dénuée de toute signification. Comme on le voit dans le livre XI de l'*Odyssée*, un passage qui décrit la visite d'Ulysse aux Enfers, c'est cette mort absurde, dénuée de sens, qui fait des hommes envoyés dans l'Hadès, dans les Enfers, des « sans-nom », des « sans-voix » et des « sans-visage », des êtres qui ont perdu toute individualité, toute personnalité. Disons-le sans fard : aux yeux des Grecs, on peut rater sa vie. L'échec est possible, et c'est le tragique même. Tout le monde n'est pas sauvé et ce n'est pas forcément, comme chez les chrétiens, parce qu'on a péché qu'on est privé du salut, mais tout bêtement parce que c'est comme ça, parce que ça arrive, parce que la plupart des vies sont insignifiantes. L'échec d'une vie, c'est la retombée dans l'anonymat impersonnel de la mort et ce n'est même pas un châtiment, c'est la réalité la plus banale qui soit pour l'immense majorité des humains qui ne deviendront jamais rien de grandiose, qui n'obtiennent ni gloire, comme Achille, ni réconciliation avec l'ordre cosmique comme Ulysse, de sorte que leur mort ressemble à leur vie, c'est-à-dire à rien. Ou pour mieux dire, leur seule réussite, pour autant qu'ils en aient une à faire valoir, c'est d'avoir fondé une famille, d'avoir eu des enfants, une descendance, mais c'est là tout ce qui subsistera d'eux en ce bas monde, et pour le reste, ils sont malheureusement voués à basculer dans le néant éternel. Ce sont ceux-là, les petits, les sans-grade, auxquels le christianisme des Béatitudes promettra le salut, mais, pour eux, il ne fait pas bon séjourner dans l'univers aristocratique des Grecs, un monde qui ne leur donne rien, ne leur promet rien, sinon une vie difficile et une mort absurde.

Vous voulez dire que l'éducation aristocratique viserait le salut par l'héroïsme au sens où il serait au fond le seul moyen d'échapper à la « mort noire », à l'oubli total ?

Oui, c'est exactement ça. Seuls les meilleurs, les aristocrates, seront peut-être sauvés, pas les autres. C'est comme ça, voilà tout. Mais du coup, la question se pose avec d'autant plus d'acuité : qu'est-ce qui peut, dans ces conditions, sauver un être humain ? De quoi, nous le savons déjà : il s'agit de se sauver de l'empire de l'éphémère, de l'anonymat éternel, du non-sens, du néant de la mort. Mais comment y parvenir ? C'est là, justement, qu'il faut présenter à l'élève, grâce à la figure du héros, une autre destinée, au mieux incarnée par le personnage d'Achille, le héros grec par excellence.

Achille est le fils de Thétis, une divinité marine, une Néréide, une des filles de Nérée et d'un mortel, Pélée ; les Olympiens l'ont forcée à l'épouser pour des raisons que je laisserai ici de côté pour aller à l'essentiel, à savoir le fait qu'Achille ne cesse de se poser la question : qu'est-ce qui peut me donner le salut, me faire échapper à l'anonymat de la « mort noire » ? Réponse, du moins pour lui et pour tous les héros grecs qui sont conçus sur son modèle : la gloire. Et ce pour deux raisons, d'abord parce qu'elle nous sort à jamais de l'anonymat et qu'elle nous garantit que nous ne deviendrons pas, comme les autres morts, des « sans-nom », des « sans-visage » ; mais il y a plus, comme l'a montré justement Hannah Arendt dans un passage de son livre *La Crise de la culture*, la gloire est ce qui par excellence nous permet d'échapper à l'empire de l'éphémère en accédant à la sphère de l'écriture. Car l'écrit, à la différence de l'oral, nous garantit une certaine pérennité. Achille sait – il ne cesse de le dire – qu'il mourra jeune et tous le savent avec lui, y compris sa mère, Thétis, qui en est désespérée. Mais si, par ses hauts faits dans la guerre, il sort de l'ordinaire, du commun, s'il se singularise aux deux sens du terme, s'il devient tout à la fois un être à part et un homme remarquable, alors, non seulement on parlera de lui, mais on *écrira* sur lui. Or l'écriture reste, elle n'est pas volatile comme le sont les paroles, de sorte que le héros est celui qui, par la gloire, gardera son nom pour l'éternité grâce aux écrits que les poètes, et peut-être même les historiens, lui consacreront.

On pourrait dire que les livres d'histoire – et il existe déjà, dans la Grèce ancienne, de grands historiens, comme Thucydide ou Hérodote –, en rapportant les faits exceptionnels accomplis par certains hommes, les sauvent de l'insignifiance menaçant tout ce qui n'appartient pas au règne de la nature. Les phénomènes naturels, en effet, sont cycliques. Ils se répètent indéfiniment, comme le jour vient après la nuit, l'hiver après l'automne ou le beau temps après l'orage. Et leur répétition garantit que nul ne saurait les oublier : le monde naturel, en ce sens un peu particulier, accède sans peine à une certaine forme, sinon d'« immortalité », du moins d'éternité, au lieu que, comme le dit Arendt, « toutes les choses qui doivent leur existence à l'homme, comme les œuvres, les actions et les mots sont périssables, contaminées pour ainsi dire par la mortalité de leurs auteurs ». Or c'est précisément cette insupportable volatilité que la gloire pourrait permettre, au moins pour une part, de combattre. Telle est, selon Arendt, la finalité réelle des livres d'histoire dans l'Antiquité lorsque, rapportant les faits « héroïques », par exemple l'attitude d'Achille pendant la guerre de Troie, ils tentent de les arracher à la sphère du périssable pour les égaler à celle de la nature :

> Si les mortels réussissaient à doter de quelque permanence leurs œuvres, leurs actions et leurs paroles, et à leur enlever leur caractère périssable, alors ces choses étaient censées, du moins jusqu'à un certain point, pénétrer et trouver demeure dans le monde de ce qui dure toujours, et les mortels eux-mêmes trouver leur place dans le cosmos où tout est immortel, excepté les hommes.

Voilà donc un deuxième destin possible pour les protagonistes de cette guerre. Par où l'on commence à voir aussi que l'épopée d'Homère possède un statut tout à la fois pédagogique et philosophique, sa question centrale étant celle de la finalité de l'éducation qui reste à l'évidence la vie bonne pour les mortels.

S'ajuster au cosmos

Éduquer pour former des héros... L'héroïsme serait-il alors la finalité ultime de l'éducation grecque ? Vous parliez pourtant tout à l'heure d'une troisième destinée possible pour les soldats qui participent à la guerre. En quoi consiste-t-elle et quel rôle joue-t-elle dans l'éducation aristocratique ?

En effet, l'héroïsme est une possibilité, une finalité possible d'une éducation réussie, mais ce n'est ni la seule, ni même la meilleure. Elle est utile dans la guerre, lorsqu'il s'agit de défendre la cité et c'est pourquoi on la fait miroiter aux élèves en leur faisant découvrir les poèmes d'Homère, mais dans la paix, elle s'avère insuffisante, voire désastreuse. Lorsqu'il visite les Enfers et qu'il y croise Achille mort – il a été tué par Pâris d'une flèche au talon guidée par Apollon –, Ulysse peut constater que la stratégie qui consiste à chercher le salut par la gloire est malgré tout vouée à l'échec. C'est là ce qu'Achille lui avoue de son propre chef quand il lui confesse que, finalement, tout bien pesé, il aimerait mieux être le plus misérable des bouviers, mais vivant, plutôt que le plus glorieux des héros morts. Heureusement, il existe encore une troisième destinée possible de la vie humaine en dehors de la mort noire des anonymes et de la mort précoce des héros, une destinée que l'éducation doit préparer, et c'est justement celle qu'incarne Ulysse. Il s'agit essentiellement pour lui, non d'obtenir la gloire pour éviter d'être un sans-nom, mais de passer de la guerre à la paix, d'*Éris* (la déesse de la discorde) à *Éros*, de la haine à l'amour, du chaos à l'harmonie, de l'exil au retour chez soi, bref, de la vie mauvaise à la vie bonne. Tel est le sens de son voyage, en quoi il s'agit d'une quête proprement philosophique, une quête de sens et de sagesse.

Tout au long de son parcours, il se heurte à des obstacles qui s'opposent à la réussite de cette quête. Ils sont essentiellement doubles : le risque de l'oubli et celui de la mort par des êtres surnaturels tels que les Sirènes, les Lestrygons, les Cyclopes, etc. Mais c'est aussi au fil de ces épreuves qu'il découvre peu à peu les critères qui définissent la vie bonne : vaincre les peurs, habiter le présent en fuyant les pièges du futur comme du passé et, surtout, trouver sa juste place dans l'ordre cosmique. En s'ajustant au cosmos, en rejoignant enfin son lieu naturel dans l'univers, bref, en allant de Troie à Ithaque, de l'exil au chez-soi, Ulysse comprend qu'il est lui-même un fragment de cet ordre cosmique et comme ce dernier est éternel, il est en quelque sorte un fragment d'éternité. C'est donc ici une *autre façon* de relever les défis de la finitude, du non-sens de la mort, qui apparaît. On sait combien la crainte de la mort était, selon les stoïciens, en particulier pour Épictète, mais tout autant pour des épicuriens tels que

Lucrèce, le mobile ultime de l'intérêt pour la sagesse philosophique.

S'ajuster au cosmos, comme vous le dites joliment, trouver sa place dans l'univers vertigineux et éternel... Tel serait donc le but ambitieux de l'éducation selon les Grecs. Ce n'est rien moins que la finalité ultime de la philosophie que l'on présente à l'élève! Et on comprend que l'éducation et l'enseignement soient ainsi vus comme indissociables.

En mettant la vie en harmonie avec l'harmonie du cosmos, comme Ulysse quand il rejoint Ithaque, l'angoisse existentielle va enfin recevoir, par-delà les fausses consolations de la gloire, une réponse qui rapproche singulièrement la philosophie de l'attitude religieuse tout en maintenant la distinction entre le salut par Dieu et par la foi d'un côté, et le salut par soi-même et par la lucidité de la raison de l'autre. Selon les stoïciens, en effet, et en cela ils sont directement les héritiers de la sagesse d'Ulysse, le sage est celui qui, grâce à un juste exercice de la pensée et de l'action, parvient à une certaine forme humaine, sinon d'immortalité, du moins d'éternité. Certes, il va mourir. Mais la mort ne sera pas pour lui la fin absolue de toute chose, mais plutôt une transformation, un « passage » d'un état à un autre au sein d'un univers dont la perfection *globale* possède une stabilité absolue, et par là même divine. Nous allons mourir, c'est un fait, comme c'en est un aussi que les épis de blé, un jour, seront moissonnés, dit Épictète. Faut-il pour autant, se demande-t-il, se voiler la face et s'abstenir, comme par superstition, de penser à la mort parce que ce serait de « mauvais augure » ? Non, car « les épis disparaissent, mais non le monde ». Le commentaire de la formule par Épictète lui-même mérite d'être cité ici tant il explicite bien l'idée ulyssienne d'une sagesse consistant à se mettre soi-même en harmonie avec l'harmonie du monde. Voyez comment, dans ce texte, le maître s'adresse à son disciple :

> Les feuilles tombent, la figue sèche remplace la figue fraîche, le raisin sec la grappe mûre, voilà, selon toi, des paroles de mauvais augure ! En fait, il n'y a là que la transformation d'états antérieurs en d'autres ; il n'y a pas de destruction, mais un aménagement et une disposition bien réglés. L'émigration n'est qu'un petit changement. La mort en est un plus grand, mais il ne va pas de l'être actuel au non-être, mais au non-être de l'être actuel. « Alors je ne serai plus ? [demande le disciple]. — Tu ne seras pas ce que tu es, mais autre chose dont le monde aura actuellement besoin[24].

Ou, comme le dit dans le même sens une pensée de Marc Aurèle : « Tu existes comme partie : tu disparaîtras dans le tout qui t'a produit, ou plutôt, par transformation, tu seras recueilli dans sa raison séminale[25]. »

Que signifient ces textes ? Au fond, tout simplement ceci : parvenu à un certain niveau de sagesse théorique et pratique, de réconciliation avec le cosmos, l'être humain comprend que la mort n'existe pas vraiment, qu'elle n'est qu'un passage d'un état à un autre, non pas un anéantissement, mais un mode d'être différent. En tant que membres d'un ordre cosmique divin et stable, nous pouvons participer, nous aussi, de cette stabilité et de cette divinité pourvu du moins que nous nous y ajustions comme Ulysse à Ithaque. Si nous comprenons cette idée, nous percevrons du même coup combien notre peur de la mort est injustifiée, non seulement subjectivement, mais bien aussi objectivement, puisque l'univers étant éternel, et nous-mêmes étant appelés à en demeurer à jamais un fragment, nous ne cesserons jamais d'exister.

Éducation morale

Vous nous avez parlé des finalités ultimes de l'éducation. Vous montrez au fond qu'elles se confondent avec celles de la vie tout court et avec une quête de la sagesse. On est donc dans le registre de la spiritualité, de la métaphysique. Mais dans ces conditions, comment situer l'éducation morale, dont on a vu, avec Protagoras, combien elle était essentielle aux yeux des Grecs ?

La première chose à comprendre si l'on veut saisir en quoi consiste l'éducation morale antique, c'est que la vertu ne se définit pas dans le monde grec comme un idéal à réaliser, un « devoir-être » qui supposerait que l'on fasse violence à une nature rétive, mais, tout à l'inverse, comme un prolongement harmonieux des dispositions naturelles qui sont déjà présentes dès le départ dans l'enfant nouveau-né. Pour nous, Modernes, héritiers de Kant ou des républicains français, l'idée de « vertu » morale est, sans même que nous ayons besoin d'y réfléchir, immédiatement liée à celles d'effort, de devoir et de mérite. Que ce soit dans les familles ou au sein de cette école républicaine naguère encore marquée par les bons points, les bonnets d'âne et les « Peut mieux faire ! », on l'associe presque insensiblement à l'idée d'un combat mené contre une nature humaine rétive, toujours encline à l'égoïsme et à la paresse, bref, à la notion d'un *travail douloureux* accompli sur soi en vue de nous contraindre à faire un tant soit peu place aux autres – ce qui n'a rien de *naturel*, le « cher moi », comme dit Freud, étant omniprésent et toujours soucieux de ses prérogatives. Le bien moral, qui s'identifie alors à l'altruisme, au « souci de l'autre », s'impose à nous le plus souvent (en vérité dès qu'il s'agit de ceux que nous n'aimons pas ou qui nous sont indifférents) sous la forme d'un impératif, comme un idéal difficile à accomplir, comme un « devoir-être » et nullement comme un « être » ou un fait qui irait toujours de soi.

Il en va tout autrement dans la pensée aristocratique. Non seulement le bien n'y est pas perçu comme un devoir, comme un idéal ou un impératif qui traduirait une exigence antinaturelle, une sorte de combat contre soi-même, contre sa propre nature égoïste et paresseuse, mais au contraire comme l'actualisation de virtualités parfaitement naturelles que les êtres les plus doués, c'est-à-dire les mieux nés, les mieux dotés à la naissance et les plus talentueux, possèdent en eux dès l'origine. Et cette logique aristocratique s'applique à tous les êtres – plantes, animaux, humains, ou même organes d'un corps vivant. Un organisme, quel qu'il soit, peut être dit « vertueux » dès lors qu'il réunit deux conditions : d'abord être excellent par nature dans son genre, ensuite avoir su faire passer à l'acte ces qualités naturelles qui n'étaient au départ que des virtualités. C'est ainsi qu'Aristote peut parler dans son grand traité de morale, l'*Éthique à Nicomaque*, d'un « cheval » ou d'un « œil vertueux[26] », formules qui n'ont plus guère de sens pour nous aujourd'hui. En revanche, replacées dans le contexte d'une pensée aristocratique, elles sont tout à fait sensées : un œil vertueux, par exemple, c'est un œil qui se trouve *par nature* à égale distance de ces deux défauts opposés que sont la myopie et la presbytie, et qui, du coup, peut être dit excellent ou parfait dans son genre, ce qui est la vertu même aux yeux de l'aristocratie.

Le travail dévalorisé

Il semble bien pourtant que l'éducation aristocratique insiste sur l'effort, le travail et le devoir, qu'elle délivre bien aux enfants le fameux « Fais pas ci, fais pas ça ! ». Et dans les compétitions sportives, les joutes organisées et ritualisées comme les jeux Olympiques, il est clair que les sportifs, hier comme aujourd'hui, transpirent bel et bien sous l'effort et la tension !

Il ne faut pas se fier à ces formules impératives qui sont en vérité trompeuses. Aussi étrange que cela puisse nous paraître aujourd'hui, la vertu d'excellence, à la différence de la vertu méritocratique que les Modernes vont priser par-dessus tout dans nos écoles républicaines, n'a aucun rapport ni avec un libre arbitre qui commanderait la volonté, ni avec l'effort, du moins au sens où nous entendons ces termes. C'est difficile à comprendre pour nous tant nous sommes habitués à penser toute activité sous la catégorie de l'effort et du travail : si la vertu n'est pas un combat contre la nature, mais au contraire un accomplissement de dispositions naturelles, alors il va de soi que le travail, entendu comme une activité qui domestique la nature en nous (le travail « sur soi », comme on dit) ou hors de nous (transformation du monde), ne saurait être moralement valorisé. Voilà pourquoi l'aristocrate, c'est-à-dire au premier chef celui qui est bien né et bien doué, doté généreusement en talents divers par nature, va se définir d'abord et avant tout comme quelqu'un qui ne travaille pas.

Là encore, c'est un trait qui, malgré certains aspects de la révolution chrétienne dont nous parlerons dans un prochain chapitre, dominera l'univers aristocratique en Occident jusqu'à la Révolution française. L'aristocrate va à la chasse, pratique les arts de la guerre, les sports et la musique, voire la poésie, il ripaille et fait la fête, il joue, il lui arrive même de se livrer à la méditation et à l'étude, mais, en conséquence directe de tout ce que nous venons de dire, il ne travaille pas au sens propre du terme. Il *s'exerce*, sans doute, mais l'exercice n'est pas un travail. C'en est même à la limite le contraire exact. Le travail, en effet, vise toujours à changer en profondeur l'homme et le monde auxquels il s'applique. Il est lutte contre la nature : nous aurons à y revenir dans les prochains chapitres. L'exercice, lui, possède une tout autre finalité. Il vise à accomplir la nature, pas à la changer ! Il ne cherche nullement à transformer celui qui s'y adonne – l'aristocrate n'ayant en principe nul besoin d'un quelconque changement, puisqu'il est censé, par définition, être virtuellement parfait, ou du moins excellent, et ce d'entrée de jeu, par nature. L'exercice possède donc une tout autre finalité que le travail : il tend seulement à faire passer une virtualité, une disposition naturelle, de la puissance à l'acte. Encore une fois, il s'agit d'accomplir l'aristocrate, non de le changer, de faire en sorte que les bonnes graines présentes dès l'origine en lui se développent et s'épanouissent, pas d'en semer de nouvelles. Pas question de modifier ni même d'améliorer par un quelconque labeur une nature déjà excellente par elle-même. Voilà pourquoi, dans cette perspective, le travail proprement dit ne saurait être perçu par contraste que comme une activité inférieure, servile : pour tout ce qui relève du monde du travail, l'aristocrate se doit de posséder des serviteurs ou des esclaves.

CHAPITRE 5

Les Grecs en héritage

Les arts et les sports

Que reste-t-il, dans ces conditions, du monde grec? Quand on vous écoute, on serait tenté de dire que, loin d'avoir influencé l'éducation moderne, il n'en reste au fond à peu près rien, non?

Luc Ferry : Pas tout à fait, et même à vrai dire, loin de là, car, là encore, aussi curieux que cela puisse paraître a priori, notre monde démocratique va conserver certains secteurs de l'existence dans lesquels cette vision typiquement aristocratique de l'éducation, de la différence entre l'exercice et le travail, garde une signification pertinente. Il s'agit évidemment des arts et des sports, qui occupent certes une place restreinte dans nos systèmes éducatifs en comparaison des écoles grecques, mais qui n'en sont pas moins omniprésents hors école, dans le monde économique et médiatique. Dans ces deux domaines, l'excellence de la nature et des talents reçus dès la naissance conserve une part éminente. Malgré tous nos louables efforts pour imputer coûte que coûte leur réussite au travail et au mérite, les exemples abondent de grands artistes ou de grands champions sportifs si insolemment doués qu'ils n'ont guère eu besoin, en vérité, de travailler pour atteindre des sommets dans leur discipline. L'exercice leur a suffi, grâce aux dons exceptionnels dont la nature les a dotés. La preuve ? Le petit Menuhin jouait les grands concertos romantiques, réputés les plus difficiles à exécuter, ceux de Mendelssohn, Brahms, Beethoven ou Max Bruch, dès l'âge de huit ou neuf ans ! Ce qui signifie, en tout état de cause, qu'il n'avait pas pu travailler bien longtemps – de toute façon pas plus de cinq ans, puisqu'il avait eu son premier violon à trois ans. Or en cinq ans, quelqu'un qui n'est pas formidablement doué, même en travaillant comme une bête de somme, n'a aucune chance de parvenir au même résultat. Il y a là, incontestable, un don de nature que les catégories pédagogiques du monde aristocratique parviennent à penser mieux et plus aisément que notre univers démocratique.

Même chose pour les sportifs, par exemple les joueurs de tennis. Il suffit de regarder les images filmées des champions juniors pour constater qu'à peine âgés de huit ou dix ans, les gestes sont déjà parfaits, la vitesse de balle impressionnante, la vista incomparable. Tout est déjà en place comme si la nature y avait pourvu bien davantage que la volonté et le travail. On mesure à nouveau ici la différence abyssale qui sépare l'exercice aristocratique du travail laborieux que recommande, en s'aidant de la carotte et du bâton, notre méritocratie républicaine : alors qu'il faut forcer à travailler l'élève peu doué, il faut parfois empêcher de s'exercer celui que la nature a doté dès sa naissance des dons d'un champion. Une fois passé la toute petite enfance, où leur actualisation a sans doute pu prendre la forme d'une contrainte exercée par les parents, tout change pour celui dont les talents sont hors du commun : à la limite, ne pas laisser jouer l'artiste ou le sportif talentueux, c'est les priver d'un bonheur si naturel que tout l'oppose à cette torture qu'est le travail pour l'immense majorité d'entre nous. En quoi, malgré la puissance de l'univers de la méritocratie républicaine et démocratique, nous ne parvenons jamais tout à fait à éradiquer les restes des visions anciennes, aristocratiques, de l'opposition entre l'exercice, qui convient à l'élite, et le travail, qu'on doit réserver au peuple. C'est du reste pour cette raison que, pendant des siècles, l'aristocrate, en Europe, se définira avant tout comme quelqu'un qui, à la différence des esclaves, des serfs ou même des bourgeois n'a pas à travailler, ni pour « gagner sa vie » (il a des terres), ni pour se former (il est bon par nature). Au contraire, dans notre Europe chrétienne ou post-chrétienne, républicaine, un homme qui ne travaille pas risque non seulement d'être un homme pauvre, parce qu'il n'aura pas de revenu, mais pire encore, un pauvre homme : livré à lui-même, désœuvré, privé de cette formation tout au long de la vie qui est devenue une des exigences premières du monde moderne, il est déconnecté des autres et du reste de la société.

Peut-on encore dire dans ces conditions que dans le monde antique l'éducation est infinie, qu'elle s'étend tout au long de la vie, ou n'est-ce pas, à nouveau, un anachronisme, une illusion typiquement moderne qu'on plaque sur le monde ancien ?

Oui et non. C'est vrai, l'éducation par la cité dure autant que dure la vie d'un citoyen qui peut toujours être appelé à une guerre pour la défendre et qui doit donc rester en permanence mobilisé. Pour autant, il ne s'agit nullement d'un progrès infini, comparable à ce que Rousseau, penseur moderne par excellence sur le sujet de l'éducation, appellera la « perfectibilité ». Chaque individu possède un patrimoine de départ, des qualités innées, mais qui, bien évidemment, ne sont pas encore développées chez le nouveau-né. L'éducation ancienne se conçoit donc comme le processus qui consiste à faire passer les bonnes dispositions de départ de la virtualité à la réalité, de la *puissance* à l'*acte*, de la *dunamis* à l'*energeia*, pour reprendre le vocabulaire d'Aristote. De là le fait que l'éducation, du point de vue antique, n'est pas infinie. Son terme est fixé dès le départ : il s'agit d'actualiser les dispositions naturelles et, une fois cette tâche accomplie, une fois que ce qui est en puissance dans un être doué est passé à l'acte, son éducation est terminée, du moins au sens où il ne peut plus progresser indéfiniment. La notion moderne d'« éducation tout au long de la vie » n'a donc ici aucune place. Là encore, le sport est l'héritier de la vision antique : la trajectoire vers l'excellence n'a qu'un temps et, une fois parvenu au point culminant, c'est un déclin irrémédiable qui commence, la seule issue étant de passer à autre chose, d'entamer, comme on dit, une « seconde carrière », dans un autre domaine...

Et toujours, l'harmonie...

N'est-ce pas là, justement, ce qui explique l'importance réservée aux arts et aux sports dans l'éducation aristocratique, alors qu'elle est fort médiocre dans nos établissements scolaires modernes ?

En grande partie, oui, c'est bien de cela qu'il s'agit, mais il y aussi autre chose, à savoir, comme on peut le comprendre d'après ce que nous avons déjà dit, le fait que sports et arts sont des propédeutiques à la mise en harmonie de soi avec l'harmonie cosmique. C'est là un thème que la mythologie a littéralement incarné dans une figure divine, celle d'Apollon. Fils de Zeus et de Léto (ou Latone chez les Romains), frère jumeau d'Artémis (Diane), Apollon s'appelle aussi Phoibos (Phœbus), ce qui, en grec, veut dire « le Brillant », « l'Étincelant ». C'est l'une des plus importantes divinités de l'Olympe. Il possède quatre qualités, quatre attributs qui sont en vérité inséparables entre eux : c'est à la fois le dieu de la musique, le détenteur de l'instrument divin par excellence qu'est la lyre que son petit frère, Hermès, lui a offerte ; c'est ensuite l'archer divin, comme sa sœur, la déesse de la chasse, un tireur d'élite qui ne manque jamais sa cible; c'est également le dieu de la médecine et le père d'Asclépios, l'Ésculape des Romains, figure tutélaire de l'art médical. À ces trois qualités s'en ajoute une quatrième qui vient pour ainsi dire les couronner : la beauté. Quand on dit de quelqu'un qu'il est un « apollon », c'est pour dire qu'il est d'une beauté parfaite. C'est ainsi, par exemple, que, dans une lettre du 6 juillet 1739, Voltaire écrit au philosophe Helvétius : « J'attends, mon bel Apollon, votre ouvrage, avec autant de vivacité que vous le faites. » « Bel Apollon » y relève d'ailleurs du pléonasme ou de l'emphase.

Quel lien y a-t-il entre toutes ces qualités? Réponse évidente : l'harmonie. Apollon, c'est le dieu cosmique par excellence, celui qui symbolise plus et mieux qu'aucun autre ce que la cosmologie grecque valorise par-dessus tout : la justesse, l'ordre bien hiérarchisé, bien proportionné et bien réglé. De là le lien qui existe entre musique et médecine, la première visant l'harmonie des sons, la seconde l'harmonie des corps, c'est-à-dire la santé. De là aussi sa justesse dans l'art du tir à l'arc qui suppose qu'on soit en harmonie autant avec soi qu'avec le monde extérieur et, enfin, la beauté qui se dégage de cette harmonie. Comme l'avait compris Nietzsche, Apollon, c'est l'antithèse de Dionysos, son opposé absolu – Dionysos étant le dieu du chaos, de l'ivresse et de la folie, de la nature sauvage, non civilisée par les hommes. C'est aussi le maître de la sexualité débridée, sans frein, sans tabou ni la moindre limite.

La musique de Dionysos est l'inverse de celle d'Apollon. Qu'elle sorte de la flûte de Pan, de la syrinx, ou de l'aulos, il s'agit d'une musique rauque, sensuelle, sauvage, une musique qui n'est jamais tout à fait juste, bien accordée, comme celle qu'émet la lyre, mais qui au contraire est faite de glissandi permanents. Un cinquième trait du personnage, décidément central dans l'éducation grecque, résume au fond tous les autres : il est le dieu des oracles, celui dont la sibylle délivre les prophéties, ce qui va avec sa connaissance intime des lois de l'harmonie cosmique : celui qui en dispose peut sans se tromper prédire l'avenir qui est forcément inscrit dans l'ordre du monde déjà présent. C'est pour toutes ces raisons qu'au fronton de son temple figurent les inscriptions qui stigmatisent l'*hybris*, la démesure : « Rien de trop » et « Connais-toi toi-même » (« *Gnôthi seautón* »).

La théorie de la vérité

La formule, « Connais-toi toi-même » est adoptée aussi par Socrate. Elle est au cœur de la théorie platonicienne de l'éducation, au cœur de la fameuse pratique de la maïeutique que Socrate, dont la mère était sage-femme, décrit lui-même comme un art de l'accouchement des esprits, sinon des corps. Est-ce dire que la pédagogie de Platon, qui fut le fondateur de l'académie que beaucoup considèrent comme la première université dans l'histoire de l'Occident, se situe dans le sillage de la mythologie d'Apollon ?

Oui et non. Il y a autre chose que l'idée d'harmonie dans la pédagogie platonicienne du dialogue et du questionnement, une pédagogie qui va marquer jusqu'à nos jours la figure du professeur de philosophie. On y trouve en effet une certaine théorie de la vérité qui va traverser toute l'histoire de la philosophie, jusqu'à Marx, et même jusqu'à Heidegger compris. Cette théorie de la vérité vient en réponse à un sophisme, un raisonnement spécieux, mais qui a l'air vrai. Ce fameux sophisme est exposé dans un dialogue de Platon, le *Ménon*, du nom de l'interlocuteur de Socrate, un dialogue qui expose mieux qu'aucun autre la philosophie platonicienne de l'éducation. Il consiste à dire que l'idée même d'une recherche de la vérité est absurde – en quoi la sophistique apparaît d'emblée comme une contre-philosophie, comme le contraire absolu du principe même de la philosophie comme volonté de vérité. De deux choses l'une, en effet : ou bien nous avons déjà la vérité et alors, ce n'est pas la peine de la chercher. Si nous avions déjà la vérité, par définition, nous ne la chercherions pas ! Ou bien nous n'avons pas la vérité et, dans ces conditions, il est clair que nous ne la trouverons jamais.

Pourquoi ?

Tout simplement parce que, parmi toutes les opinions qui traînent, parmi toutes les opinions courantes, il faut, pour distinguer celles qui sont vraies de celles qui sont fausses, posséder déjà un critère. Le mot « critère » vient du verbe grec *krinein*, qui veut dire « distinguer », « séparer » : séparer le bon grain de l'ivraie par exemple, avec un « crible », un tamis. C'est aussi l'origine des mots « crise » et « critique », qui ont la même étymologie. Le critère est ce qui est nécessaire pour reconnaître la vérité et la distinguer des opinions fausses. Or, dit le sophiste, si jamais on tombait par hasard sur la vérité, parmi toutes les opinions qui courent sur le marché des idées, il faudrait bien avoir un critère pour distinguer la vérité de l'opinion fausse. Pour que ce critère soit pertinent, dit le sophiste pour embarrasser Socrate, il faudrait bien qu'il soit vrai. Par conséquent, pour trouver la vérité, il faut déjà la posséder ! Le paradoxe n'est peut-être pas très puissant, mais la réponse de Socrate est en revanche géniale. C'est toute la philosophie pédagogique de Platon, toute sa théorie de la vérité comme réminiscence, qui va être contenue dans cette réponse. On la trouve parfaitement formulée dans un passage du *Ménon*, un dialogue de Platon, qu'il vaut mieux encore citer que résumer tant il est limpide par lui-même :

> MÉNON : Et de quelle façon chercheras-tu, Socrate, cette réalité dont tu ne sais absolument pas ce qu'elle est ? Laquelle des choses qu'en effet tu ignores, prendras-tu comme objet de ta recherche ? Et si même, au mieux, tu tombais dessus, comment saurais-tu qu'il s'agit de cette chose que tu ne connaissais pas ?

SOCRATE : Je comprends de quoi tu parles, Ménon. Tu vois comme il est spécieux, cet argument que tu débites, selon lequel il n'est possible à un homme de chercher ni ce qu'il connaît ni ce qu'il ne connaît pas ! En effet, ce qu'il connaît, il ne le chercherait pas, parce qu'il le connaît, et le connaissant, n'a aucun besoin d'une recherche ; et ce qu'il ne connaît pas, il ne le chercherait pas non plus, parce qu'il ne saurait même pas ce qu'il devrait chercher.

MÉNON : Ne crois-tu donc pas que cet argument soit bon, Socrate ?

SOCRATE : Non, je ne le crois pas.

MÉNON : Peux-tu me dire en quoi il n'est pas bon ?

SOCRATE : Oui [...]. Comme l'âme est immortelle et qu'elle renaît plusieurs fois, qu'elle a vu à la fois les choses d'ici et celles de l'Hadès [le monde de l'invisible], c'est-à-dire toutes les réalités, il n'y a rien qu'elle n'ait appris. En sorte qu'il n'est pas étonnant qu'elle soit capable, à propos de la vertu comme à propos d'autres choses, de se remémorer ces choses dont elle avait justement, du moins dans un temps antérieur, la connaissance. [...] Ainsi, le fait de chercher et le fait d'apprendre sont, au total, une réminiscence[27].

Telle est donc la thèse de Platon (Platon/Socrate : je ne fais pas, en l'occurrence, de différence ici entre la pensée du philosophe et celle du sage), qui fonde toute sa philosophie de l'éducation : notre rapport à la vérité passe par trois phases, par trois temps. Premier temps : nous avons connu la vérité, avant notre naissance, c'est-à-dire quand l'âme n'était pas prisonnière du corps, avec ces fichus cinq sens qui nous trompent sans cesse, quand l'âme était encore toute seule, avant qu'elle ne tombe dans un corps, avant l'incarnation. Vous connaissez peut-être ce jeu de mots, en grec, que Socrate avance dans ce contexte, à savoir que le corps (en grec, *soma*, qui a donné, par exemple, « somatiser ») est une prison (en grec, *sema*) pour l'âme. Avant que l'âme ne soit « emprisonnée » dans ce corps sensible, elle voyait les idées sans déformation, elle les contemplait par-delà les apparences, dans leur pureté intellectuelle, non sensible, elle pouvait voir la vérité « toute nue ». Elle était encore dans le ciel, dans ce que les chrétiens appelleraient le paradis.

Dépasser le sensible

Mais vient justement le deuxième temps, celui de la chute, de la déchéance, de l'incarnation dans la prison du corps : c'est le moment de la naissance, de cette souffrance de la venue dans le monde sensible (voyez d'ailleurs les hurlements de tous les nouveau-nés qui n'ont pas l'air d'y être a priori très heureux). L'âme tombe dans un corps, elle s'incarne dans cette prison sensible et trompeuse (on va voir en quoi dans une seconde) : c'est la fameuse descente dans la caverne de Platon. Pourquoi le sensible nous trompe-t-il? Pourquoi Platon pense-t-il d'entrée de jeu que le sensible est trompeur, qu'il est un obstacle sur le chemin de la vérité authentique, qui, bien entendu, est intelligible ? C'est un point important. Pourquoi s'agit-il d'une chute au sens d'un déclin, d'une décadence ? Réponse : parce que le sensible a pour caractéristique de nous faire prendre des choses identiques pour des choses différentes. Il contredit le principe le plus fondamental de la logique, c'est-à-dire de la rationalité par excellence, à savoir le principe de non-contradiction. Pour donner un exemple tout simple, lorsque nous touchons, en hiver, de l'eau transformée en glace, elle nous paraît dure et froide. Si nous en restions à la simple sensation, à l'univers des seuls sens, nous n'aurions jamais l'idée que cette eau est la même que celle dans laquelle on se baignait en été et qui était douce, tiède et liquide. Le sensible – si l'on en reste aux seuls sens – nous fait donc croire que deux choses qui sont en vérité identiques (la glace et l'eau tiède sont au fond, du point de vue de l'intelligence scientifique, la même chose) sont deux choses différentes. Il faut donc dépasser le sensible contradictoire par l'intelligence pour accéder à l'idée de l'eau, à ce qu'on désignerait dans la science d'aujourd'hui par la formule H_2O, par exemple, formule « idéale » qui n'est accessible qu'à l'intelligence, dépasser le sensible pour accéder à l'intelligence de l'idée... Et dépasser le sensible, c'est « sortir de la caverne » (pour reprendre la métaphore platonicienne), ce qui exige d'une certaine manière de sortir du corps, de se débarrasser de ce monde d'illusion et d'apparence qu'est le monde de la sensibilité. Ce qui nous conduit au troisième temps de cette théorie de la vérité, c'est-à-dire à ce que Platon appelle la

« remémoration ». En grec, cela se dit *anamnêsis* : il s'agit du travail de réminiscence, après la chute de l'âme dans un corps sensible qui l'emprisonne, d'une vérité qu'on a déjà connue mais qu'on a perdue, qu'on a oubliée. La connaissance est donc toujours à proprement parler une re-connaissance, la connaissance véritable est souvenir, lutte contre l'oubli.

Est-ce alors dans ce contexte que le professeur, en l'occurrence le professeur de sagesse et de philosophie, peut se comparer à une sage-femme, à un accoucheur des esprits?

Oui, et c'est justement cette idée qui va permettre de résoudre le fameux sophisme initial : car si la connaissance est remémoration d'une vérité perdue, cela explique que, lorsqu'on la retrouvera, on saura que c'était la vérité, puisqu'on la connaissait avant et qu'on se contentera de la reconnaître. Voilà comment Platon répond au paradoxe sophistique par cette théorie de la vérité à trois temps : nous avons connu la vérité ; puis vint la chute dans le corps sensible, avant qu'un long et douloureux travail de retour à la vérité (c'est là la partie théorique et dialectique de la philosophie) nous permette de sortir de la caverne et de reconnaître la vérité. L'allemand l'exprime comme le grec : *kennen*, c'est *erkennen* – connaître, c'est reconnaître, effectuer un travail de remémoration. Le travail de Socrate, dans le dialogue, consiste non à imposer une vérité de l'extérieur, mais comme ce pédagogue moderne qu'est le bon professeur de philosophie, faire en sorte que son interlocuteur accède à la remémoration. Il l'aide à se souvenir d'une vérité qu'il a connue puis, oubliée, et il le fait, un peu aussi comme un psychanalyste d'aujourd'hui, en lui posant des questions. C'est dans ce contexte qu'il se compare à une sage-femme, mais parfois aussi à un taon, à un insecte qui pique, qui vous dérange, parce qu'il va asticoter son interlocuteur, lui poser des questions jusqu'à ce qu'il retrouve la vérité. Dans le *Ménon*, Socrate entame le dialogue avec un petit esclave pour montrer à son interlocuteur (Ménon) qu'il est possible de retrouver la vérité sans qu'on vous l'apporte de l'extérieur. Il fait retrouver à l'enfant qui n'a pas fait d'études le théorème de Pythagore, sans rien imposer d'en haut, simplement en lui posant des questions, pour montrer que l'enfant lui-même connaissait déjà la vérité, qu'il l'a oubliée – c'est le deuxième temps –, et qu'il peut la retrouver (troisième temps) par l'anamnèse, par la maïeutique, si on l'aide en lui posant les questions qui conviennent. Citons ce que Socrate dit à ce sujet dans un autre dialogue de Platon, le *Théétète* :

> À mon métier de faire les accouchements, appartiennent toutes les autres choses qui appartiennent aux accoucheuses, mais il en diffère par le fait d'accoucher des hommes, mais non des femmes, et par le fait de veiller sur leurs âmes en train d'enfanter, mais non sur leurs corps. [...] Pourtant, j'ai au moins cet attribut, qui est propre aux accoucheuses : je suis impropre à la conception d'un savoir, et ce que beaucoup m'ont déjà

reproché, à savoir que je questionne les autres, mais que moi-même je ne réponds rien sur rien parce qu'il n'y a en moi rien de savant, c'est un fait véritable qu'ils me reprochent. Et la cause de ce fait, la voici : procéder aux accouchements, le dieu m'y force, mais il me retient d'engendrer. Le fait est donc que je ne suis moi-même absolument pas quelqu'un de savant, pas plus qu'il ne m'est survenu, née de mon âme, de découverte qui réponde à ce qualificatif; mais ceux qui se font mes partenaires, au début, bien sûr, quelques-uns paraissent même tout à fait inintelligents, mais tous, quand nos rapports se prolongent, ceux-là auxquels il arrive que le dieu le permette, c'est étonnant tout le fruit qu'ils donnent : telle est l'impression qu'ils font à eux-mêmes et aux autres; et ceci est clair : ils n'ont jamais rien appris qui vienne de moi, mais ils ont trouvé eux-mêmes, à partir d'eux-mêmes, une foule de belles choses, et en demeurent les possesseurs. De l'accouchement, oui, le dieu est cause, et moi aussi[28].

Déconstructeurs avant l'heure

La rhétorique, comme le soulignait Alain Boissinot en évoquant notamment la figure d'Isocrate, joue elle aussi un grand rôle dans l'éducation aristocratique. Il est essentiel pour l'élève d'apprendre à raisonner, argumenter, critiquer, débattre...

La plupart des historiens de la philosophie, jusqu'à une date récente, ont confondu la sophistique avec le scepticisme, avec l'idée que la vérité existe peut-être bien, mais qu'elle est impossible à connaître. C'est une erreur totale et, contre cette tradition, Alain Boissinot a tout à fait raison de réhabiliter le côté rhétorique de la sophistique, avec tout ce que la rhétorique peut avoir de précieux pour la formation de l'esprit critique et de l'argumentation. Une autre interprétation, celle de Nietzsche, considère les sophistes ni comme des sceptiques, ni non plus comme des théoriciens ou des praticiens de l'argumentation, mais comme des « déconstructeurs » avant la lettre, comme les premiers théoriciens, non de l'idée sceptique selon laquelle la vérité est inconnaissable, mais, ce qui va beaucoup plus loin, de l'idée que la vérité n'existe tout simplement pas. Pour reprendre la formule de Nietzsche, pour un sophiste « il n'y a pas de fait, seulement des interprétations », de telle sorte que l'éducation au discours sophistique ne viserait qu'à préparer les jeunes gens à séduire, à persuader par tous les moyens afin d'emporter l'adhésion des foules et conquérir ainsi le pouvoir. Et de fait, on voit bien, déjà dans les dialogues de Platon, comment deux grands types de discours commencent à s'opposer – et cette opposition va parcourir toute l'histoire de la pensée occidentale : d'un côté, le discours poético-sophistique, tout entier orienté vers la séduction, le charme et la persuasion, peu important le vrai et le faux, et de l'autre le discours scientifique ou philosophique qui vise au contraire la vérité.

Aux yeux de Socrate, le discours sophistique est démagogique par excellence, mais d'un point de vue nietzschéen au contraire, c'est un discours plus vrai, moins illusoire et moins naïf que celui de Platon, qui vise la vérité. Le discours sophistique peut revêtir plusieurs formes. Il peut s'agir, par exemple, du discours amoureux, qui n'est pas spécialement, lui non plus, un discours de vérité. Le discours sophistique recourt aussi aux images poétiques, ou encore à l'humour, qui lui non plus n'est pas, pour l'essentiel, attaché à la vérité (même lorsqu'il dit des vérités). On a donc affaire à une parole qui vise à charmer, une parole « aristocratique », dira Nietzsche, parce qu'il s'agit de poser activement des valeurs distinguées, non de chercher des vérités universelles en se bornant, négativement, à réfuter des opinions fausses. Parfois, dans certains passages des dialogues de Platon, Socrate fait exprès d'arriver en retard pour gêner son adversaire. Le sophiste vient, par exemple, de raconter une magnifique histoire, un grand mythe. Il a enthousiasmé son auditoire, il a donné tout ce qu'il avait dans le ventre pour convaincre les gens et les séduire. L'auditoire est charmé. Socrate, le petit bonhomme, laid, teigneux (« doté d'une méchanceté de rachitique », dit Nietzsche dans le petit essai qu'il lui consacre dans *Le Crépuscule des idoles*), arrive exprès après coup. Et que fait-il ? Il dit au sophiste : « Je suis désolé, Protagoras, excuse-moi, je suis arrivé en retard, je ne l'ai pas fait exprès (évidemment qu'il l'a fait exprès !). Peux-tu me résumer ce que tu as dit ? » Ça, c'est le coup de pied de l'âne, le « *in cauda venenum* ». Car demander au sophiste de résumer son discours, c'est comme demander à Baudelaire de résumer un poème. Alors, « L'Albatros », c'est quoi ? Un gros volatile qui n'arrive pas à décoller ? Évidemment, si on résume, ça ne produit pas le même effet de charme... Quand Protagoras est obligé de résumer son discours, il n'en reste en réalité plus rien, parce que ce n'est pas un discours résumable. « Parler pour ne rien dire », disent les sophistes, et ils prennent la formule positivement : tel est leur art. Si on leur demande : « Qu'as-tu dit ? » – c'est la question socratique –, ils n'ont rien à répondre. Ils ont séduit, mais ils n'ont pas dit « quelque chose », pas délivré un contenu intelligible, identifiable. Ils ont produit un effet de persuasion, voilà tout.

L'éducation grecque encore vivante ?

En guise de conclusion, qu'est-ce qui distingue fondamentalement l'éducation ancienne, cosmologique et aristocratique, de l'éducation moderne, humaniste et démocratique ?

Le monde moderne doit beaucoup au monde grec, et comme on l'a vu, la modernité s'est souvent pensée comme re-naissance. On doit à l'Antiquité la création de l'école, l'apprentissage précoce de la lecture et de l'écriture, le culte du commentaire de texte et de la rhétorique, encore si présent dans notre enseignement, sans compter ce que nous avons dit de l'héritage socratique, de cette maïeutique encore si chère aujourd'hui à nos professeurs. Mais ne nous y trompons pas : là encore, il s'agit moins d'un apprentissage du fameux « penser par soi-même » et de l'esprit critique que d'un retour vers une vérité dogmatique, inscrite de toute éternité dans le passé, déjà connue, incontournable et incritiquable – en quoi il n'est pas question d'éducation à la spontanéité ou à la créativité, mais, comme toujours dans le monde de la tradition, d'une discipline qui vise à la soumission à un patrimoine héréditaire.

Si nous refusons de nous laisser berner par le charme des illusions rétrospectives, il faut avouer que le monde ancien est bel et bien... ancien, situé aux antipodes du monde moderne. L'idée selon laquelle l'Antiquité grecque aurait été infiniment proche de nous, puis oubliée dans un Moyen Âge dominé par une religion dogmatique forçant à l'hétéronomie, et enfin heureusement retrouvée avec la Renaissance et la modernité, est une idée largement fausse. Si nous résumons les différences, nous prendrons mieux la mesure de ce qui nous sépare des Grecs : jeunisme moderne chez nous contre éloge de la vieillesse et de sa sagesse chez les Anciens; individualisme et sacralisation de l'autonomie personnelle contre holisme de la cité; méthodes actives contre dressage (image de la baguette courbée qu'on doit redresser, y compris par des châtiments corporels); démocratie et éducation de masse contre aristocratie et élitisme héroïque; éducation et perfectibilité tout au long de la vie contre éducation limitée à l'actualisation des dispositions naturelles ; vertu définie comme lutte contre nature *versus* vertu conçue comme actualisation de la nature ; travail *versus* exercice ; condamnation de l'esclavage comme crime contre l'humanité *versus* légitimation et institutionnalisation de l'esclavage par nature ; mépris relatif de la musique et des sports *versus* sacralisation dans le monde grec ; citoyenneté conçue comme émancipation d'un individu par l'esprit critique y compris dirigé contre son pays et ses dirigeants *versus* citoyenneté conçue comme éducation par la cité d'un membre du corps social... Bref, les Anciens sont bien des Anciens et les Modernes des Modernes : pas de syncrétisme possible ! Du reste, vouloir « sauver les Grecs » en prétendant qu'ils sont « déjà comme nous » (en moins bien, évidemment), qu'ils sont de l'ordre du « pas encore tout à fait », mais quand même du « presque », est une niaiserie : c'est leur distance qui est intéressante, le contraste que leur vision du monde, holistique, traditionaliste, héroïque et aristocratique, forme avec nos partis pris individualistes et démocratiques.

DEUXIÈME PÉRIODE

Le Moyen Âge

L'école des clercs

CHAPITRE 6

L'élève gallo-romain

Des druides au modèle latin

Dans le premier temps de notre parcours, nous avons vu s'installer, à partir de la Grèce, un modèle éducatif suffisamment fort pour s'imposer, après un millénaire d'histoire, dans l'ensemble du monde méditerranéen. Mais des bouleversements considérables vont intervenir au début de notre ère. Le christianisme répand dans l'Empire romain une conception du religieux très différente des traditions païennes. Et cet empire, après avoir longtemps peiné à endiguer la pression des populations dites « barbares », va finir, au moins en Occident, par céder sous leurs coups : sa chute, en 476, marque les débuts du « Moyen Âge ». N'entre-t-on pas alors dans un monde complètement différent ?

Alain Boissinot : En fait, de même que la *paideia* avait survécu à l'effacement des cités grecques, le modèle gréco-romain va continuer à rayonner, quitte à interagir avec des cultures et des croyances nouvelles. Avec le millénaire qui suit la chute de l'Empire romain d'Occident, s'ouvre un temps long qui voit des phases de recul par rapport à la culture gréco-romaine et à son système d'enseignement, et des phases de « renaissance ». Mais pendant des siècles, pour les peuples et les territoires qui finiront par constituer la France, les ruptures sont moins tranchées qu'on ne l'a cru longtemps. On hésite même aujourd'hui à opposer de façon radicale, comme on le faisait naguère, la grande Renaissance aux temps obscurs du Moyen Âge, et l'on identifie plus volontiers plusieurs « renaissances », en un processus qui se prolonge par-delà le XVIe siècle.

Au fil de ces siècles, même si des nouveautés importantes apparaissent, elles ne doivent pas occulter la part des permanences, en particulier dans le domaine des pratiques d'enseignement. C'est cette ambivalence qu'il nous faut garder à l'esprit, parce qu'elle constitue le creuset à partir duquel se construiront les problématiques des Temps modernes, puis de l'époque contemporaine. Le fait même qu'on identifie plusieurs phases de renaissance, au long du Moyen Âge, est révélateur. Le progrès est supposé correspondre à une fidélité plus grande au passé, à une reviviscence de l'héritage des Anciens. Ce qui ne va pas sans paradoxe : toute la période est en effet marquée par l'affirmation spirituelle et temporelle du christianisme. Attesté en Gaule au milieu du IIe siècle, le christianisme semble s'y installer vraiment au milieu du siècle suivant. Or il suppose une rupture radicale avec le paganisme antique. Comment concilier une logique de formation et de culture imprégnée de références au monde gréco-romain avec la foi et les valeurs chrétiennes ? À cette question les clercs et les « intellectuels » du Moyen Âge – pour reprendre un terme introduit par Jacques Le Goff – vont tenter diverses réponses qui détermineront largement les programmes d'enseignement.

Si cette période relève du temps long, elle s'inscrit aussi dans un espace très vaste. Le cadre national ne devient pertinent qu'en fin de période, avec l'affirmation de la monarchie et d'un pouvoir d'État, et la consolidation d'un territoire. Mais pendant des siècles les horizons sont à la fois plus restreints (provinces ou villes) et plus larges (un empire d'Occident que réalisent quelque temps les Carolingiens). Les clercs se déplacent sans cesse dans une Europe qu'on ne peut penser à l'aune des limites nationales actuelles, et la pensée circule avec eux. Irlande, Angleterre, provinces allemandes et françaises, Italie, Espagne constituent un vaste espace d'influences réciproques, qui participe de la même chrétienté, sans parler des relations avec l'Empire d'Orient ou avec le monde musulman, notamment via l'Espagne et le sud de l'Italie. Cette ouverture spatiale connaît, au fil des crises, des invasions ou des guerres, des phases de repli, notamment sur la clôture protectrice des monastères. Mais elle n'en reste pas moins une caractéristique fondamentale du Moyen Âge.

La Gaule avait une proximité ancienne avec le monde grec et romain, notamment dans sa partie méridionale : Marseille était une colonie grecque depuis le VIe siècle av. J.-C., et la *provincia*, devenue notre Provence, était de fait romaine depuis le IIe siècle.

La victoire de César rattache la Gaule à l'Empire romain et à ses institutions : elle en adopte vite la culture, qui s'impose face à la tradition gauloise. Celle-ci reposait notamment sur le rôle des druides, décrit par César : les druides « s'occupent des choses de la religion ». Ils assurent aussi la justice, entre États ou entre particuliers. C'est autour d'eux que s'organise une éducation qui est une initiation :

> Les jeunes gens viennent en foule s'instruire auprès d'eux, et on les honore grandement. [...] Beaucoup viennent spontanément suivre leurs leçons, beaucoup leur sont envoyés par les familles. On dit qu'auprès d'eux ils apprennent par cœur un nombre considérable de vers. Aussi plus d'un reste-t-il vingt ans à l'école. Ils estiment que la religion ne permet pas de confier à l'écriture la matière de leur enseignement, alors que pour tout le reste en général, pour les comptes publics et privés, ils se servent de l'alphabet grec. [...] En outre, ils se livrent à de nombreuses spéculations sur les astres et leurs mouvements, sur les dimensions du monde et celles de la Terre, sur la nature des choses, sur la puissance des dieux et leurs attributions, et ils transmettent ces doctrines à la jeunesse[29].

L'éducation religieuse va de pair avec une formation au combat très exigeante, dont César décrit la violence à propos de nombreuses peuplades gauloises. Les Romains, pourtant tolérants en matière religieuse, avaient bien vu le rôle des druides dans la formation d'une aristocratie guerrière, puisque successivement

Auguste puis Tibère prirent des mesures d'interdiction. Mais cette tradition initiatique reposant sur la transmission orale ne résista pas au modèle éducatif latin.

Le modèle latin

À quoi ressemble l'éducation d'un jeune Gallo-Romain ?

La vie de l'enfant se déroule à la maison jusqu'à la septième année. S'il ne bénéficie pas d'un précepteur privé, esclave de langue latine ou grecque, par exemple, il commence alors à aller à l'école pour les premiers apprentissages, puis étudie auprès du grammairien. Sous la conduite de celui-ci, la lecture des textes est d'abord un déchiffrement : l'absence de ponctuation et de séparation des mots oblige à préparer le travail, à repérer les pauses, les intonations qui différencient une interrogation et une assertion... Saint Augustin, dans *De la doctrine chrétienne*, décrit avec précision, à propos des textes sacrés, ce travail d'établissement du texte et d'interprétation.

L'apprentissage se fait bien sûr en latin ; il n'y a pas d'enseignement du gaulois : on retrouve le modèle du bilinguisme (voire du trilinguisme, notamment dans le sud de la Gaule où l'influence grecque est plus grande) qui valorise une langue de culture. Les enseignements du grammairien se codifient dans des traités, manuels scolaires dont certains auront une carrière pluriséculaire comme celui de Donat, composé à Rome au milieu du IVe siècle.

Vers quatorze ans, ceux qui prolongent leurs études vont suivre les cours du rhéteur, qui se nourrissent des ouvrages de Cicéron. Des Gaulois ont brillé dans ce genre : dans le *Dialogue des orateurs* de Tacite, plusieurs interlocuteurs sont des Gaulois, notamment Marcus Aper, présenté comme l'un des « maîtres les plus réputés de notre barreau », qui plaide pour une rhétorique moderne et mise au service du droit, facteur de réussite sociale. L'éloquence est pour lui le talent « le plus fructueux qui se puisse imaginer dans notre cité, si l'on considère l'utilité, le plus agréable, si l'on considère les jouissances, le plus glorieux, si l'on considère la dignité, le plus beau si l'on considère la réputation à Rome, le plus éclatant si l'on considère la notoriété dans tout l'empire et auprès de toutes les nations[30] ». On retrouve ici au demeurant des traits caractéristiques de l'empire : du fait du rôle croissant des pouvoirs publics, juristes et fonctionnaires prennent de plus en plus d'importance.

L'héritage romain contesté

Jusqu'ici, on peut donc considérer que la continuité l'emporte. Le modèle éducatif gréco-romain s'est imposé à la Gaule, comme la culture grecque s'était imposée aux Romains. Mais il va lui aussi être contesté...

Oui. Avec la fin du IVe siècle, le modèle ancien se trouve remis en cause. Il l'est par les bouleversements politiques qu'entraînent les invasions barbares. Mais il l'est aussi, de l'intérieur en quelque sorte, par l'affirmation du christianisme. Les *Confessions* de saint Augustin (354-430) témoignent de ce bouleversement, à la charnière de deux époques. L'influence de celui-ci fut essentielle dans toute la chrétienté. Né à Thagaste dans l'actuelle Algérie – province de l'Empire romain –, Augustin étudia dans la ville voisine de Madaure avant que sa famille ne trouve les moyens de l'envoyer à Carthage où il apprit puis enseigna la rhétorique. Il se rendit ensuite à Rome puis à Milan, longtemps partagé entre la culture antique et la foi chrétienne, qui est celle de sa mère (sainte Monique). Ses *Confessions* retracent la lutte intérieure qui aboutit à sa conversion. En 388 il revient en Afrique, et devient évêque d'Hippone en 395. Sa mort, dans une Afrique envahie par les Vandales, coïncide avec les derniers temps de l'Empire romain. Son témoignage illustre à la fois la permanence du modèle éducatif gréco-romain, et ses remises en cause.

Dans les premiers livres des *Confessions*, il évoque ses années d'école : les premiers apprentissages, dont il ne voit pas l'intérêt, les châtiments corporels, le latin, mais aussi le grec, dont il ne peut souffrir l'étude... Il goûte en revanche les enseignements du grammairien, et l'étude des auteurs latins parés des charmes de la fiction, selon le modèle traditionnel. Le souvenir d'Homère et du cheval de Troie est complété par celui de Virgile et de l'*Énéide*, dont on commente surtout les premiers chants, notamment l'épisode de Didon et Énée. Mais ce qui pour les Anciens correspondait encore, on l'a vu, à une culture vivante, n'est plus qu'artifice particulièrement répréhensible pour Augustin devenu chrétien, qui renie les erreurs de l'enfant qu'il a été :

> Ces études primaires, qui me permettaient et me permettent encore de lire tout ce que je trouve et d'écrire tout ce que je veux, ces études valaient mieux, étant plus pratiques, que celles où l'on me forçait d'apprendre par cœur les « erreurs » de je ne sais quel Énée, dans l'oubli de mes propres erreurs, et de pleurer la mort de Didon, qui se tua par amour... [...] Je péchais donc dans mon enfance, lorsque je préférais ces vanités à des connaissances plus utiles, ou plutôt lorsque je détestais les unes et aimais les autres. « Un et un font deux, deux et deux font quatre » était pour moi un rabâchage odieux, et je trouvais au contraire le plus grand charme dans les vaines images d'un cheval de bois plein de guerriers, dans l'incendie de Troie... [...] On nous forçait à nous égarer sur les traces de ces fictions poétiques et à exprimer en prose ce que le poète avait dit en vers. [...] À quoi bon tout cela, ô vraie vie, ô mon Dieu[31] ?

Les études de rhétorique, qu'il mène ensuite à Carthage, Rome et Milan, tombent sous le coup de la même condamnation :

À cet âge encore sans vigueur, j'étudiais les traités d'éloquence, art où je désirais briller dans l'intention damnable et futile de goûter les joies de la vanité humaine. L'ordre accoutumé des études m'avait conduit au livre d'un certain Cicéron, dont presque tous les lettrés admirent la langue plus que le cœur[32].

Ces années-là, j'enseignais la rhétorique : vaincu par mes passions, je vendais l'art de vaincre par le bavardage. J'aimais mieux cependant, vous le savez, Seigneur, avoir de bons élèves, ce qu'on appelle de « bons élèves », et c'est sans artifice que je leur apprenais l'art des artifices[33].

La philosophie vaut-elle mieux aux yeux de saint Augustin ?

De quoi me servit-il, vers ma vingtième année où me tomba entre les mains l'ouvrage d'Aristote qu'on appelle les Dix Catégories, de l'avoir lu et compris tout seul ? [...] Et à quoi bon aussi avoir lu et compris par moi-même tous les livres consacrés aux arts qu'on appelle libéraux, quand j'étais le pire esclave de mes passions mauvaises ? J'en aimais la lecture et je ne savais pas d'où venaient les vérités et les certitudes qu'ils renfermaient. Le dos tourné à la lumière, je faisais face aux objets qu'elle éclairait, et mes yeux qui les voyaient lumineux ne recevaient pas eux-mêmes la lumière[34].

Les sept arts libéraux, l'héritage d'Aristote, sont ici reniés car ils écartent de la seule authentique vérité, celle de Dieu. Et les dernières lignes, qui renvoient au célèbre mythe platonicien de la caverne, ne l'évoquent que pour rejeter la philosophie antique, qui tourne le dos à la véritable lumière. Par la suite les penseurs chrétiens, et saint Augustin lui-même, défendront souvent une position moins intransigeante. Mais même lorsqu'ils admettent que la culture gréco-romaine et les philosophes peuvent préparer le terrain à la foi, il ne saurait être question de les mettre sur le même plan que la parole divine : s'ouvre ainsi le long débat entre héritage gréco-latin et culture chrétienne.

Moines et Barbares

L'autre facteur d'évolution décisif, c'est le bouleversement politique entraîné par les vagues d'invasions « barbares ». Cet adjectif fait penser au terme par lequel, précisément, les Grecs désignaient toutes les populations qui ne parlaient pas leur langue. Quelles sont les conséquences de cet effondrement du monde antique ?

L'éclatement de l'Empire romain d'Occident, sous l'effet des invasions barbares, ouvre une période d'instabilité, pendant laquelle se cherchent de nouveaux modes d'organisation sociaux et politiques. Certes, les rois « barbares » ne sont pas tous incultes ni hostiles à la culture : le roi ostrogoth Théodoric, installé en Italie, fait même figure de lettré. Mais les temps de troubles, de récession économique et démographique, alternent longtemps avec des phases de stabilisation, voire d'expansion. Dans ce contexte, le modèle éducatif que nous avons suivi jusqu'ici se délite, même si des écoles continuent sans doute à fonctionner pendant un certain temps. Avant que de nouvelles formes de scolarisation ne se réorganisent, la culture se replie sur les monastères : l'Église devient, pour des siècles, un acteur décisif de l'enseignement.

Pendant la période mérovingienne (du Ve au VIIIe siècle), le modèle romain revu par le christianisme résiste mieux dans le sud de notre actuel territoire, mais dans la moitié nord la présence des Francs remet à l'ordre du jour un modèle proche de celui des Celtes : celui de l'initiation guerrière de type aristocratique, qui repose sur la chasse et les combats, et l'imitation d'un tuteur qui est souvent une sorte de père adoptif. Et le mode de vie des Germains est sans doute resté proche de celui que décrivait déjà César dans sa *Guerre des Gaules* : ce sont « des hommes violents et incultes[35] » ; « Toute leur vie se passe à la chasse et aux exercices militaires ; dès leur enfance, ils s'entraînent à une existence fatigante et dure[36]. » Toutefois, au fur et à mesure que se consolident des formes d'organisation du pouvoir, apparaît la nécessité d'élites suffisamment éduquées, par le préceptorat, puis par la fréquentation de la cour : d'où des volontés de scolarisation et le développement de formations, notamment administratives et juridiques, qui s'affirmeront dans la période carolingienne.

L'éducation des masses, elle, est très fragile et mêle traditions populaires et apports de la christianisation. Elle dépend de l'activité pastorale des prêtres et souvent des moines. La disparition des écoles de la période gallo-romaine fait reposer l'enseignement sur les monastères, à qui l'on confie volontiers des enfants (les « oblats »), sans nécessairement qu'ils soient eux-mêmes toujours destinés à la vie monastique.

Sacré Charlemagne !

Avec la fin des temps mérovingiens, on voit poindre ce que l'on a pu appeler la « renaissance carolingienne ». Et la tradition ne fait-elle pas crédit à Charlemagne d'avoir « inventé l'école » ?

La période carolingienne (du VIIIe au Xe siècle), notamment dans sa première partie autour de l'empire de Charlemagne, apparaît comme une période de stabilisation et d'organisation de l'empire, dont la gestion demande des gens compétents et instruits. Charlemagne fait rédiger des lois qui n'étaient que des coutumes orales, et développe son administration. C'est aussi un temps de développement culturel facilité par les nombreux échanges au sein de l'Europe, avec un centre qui tend à se déplacer du midi vers le nord : on a pu parler de « renaissance carolingienne ». En particulier, dès le VIIIe siècle, moines et clercs vivant dans l'Espagne arabe, souvent engagés dans un dialogue avec les musulmans, entretiennent de nombreux foyers de culture (Cordoue, Tolède...). À partir de l'Espagne s'exerce l'influence des savants arabes, notamment dans le domaine scientifique, mais aussi celle des penseurs juifs. Bien des manuscrits de textes antiques sont redécouverts grâce à leur intermédiaire.

Si Charlemagne n'a pas inventé l'école, il a eu le souci de développer l'instruction élémentaire et d'en préciser le contenu : les psaumes, le chant, le calcul (le comput, nécessaire notamment pour fixer la date des fêtes religieuses), la grammaire, les textes sacrés. Il encourage le travail de production des manuscrits qui, tout au long du IXe siècle, permet la diffusion de nombreux textes sacrés et profanes. Sa bibliothèque, à Aix-la-Chapelle, comprend d'ailleurs de nombreux auteurs latins. D'après Éginhard (770-840) qui raconte sa vie, Charlemagne lui-même était en effet très soucieux d'instruction :

> Il parlait avec abondance et facilité et savait exprimer tout ce qu'il voulait avec une grande clarté. Sa langue nationale ne lui suffit pas : il s'appliqua à l'étude des langues étrangères et apprit si bien le latin qu'il s'exprimait indifféremment dans cette langue ou dans sa langue maternelle. Il n'en était pas de même du grec, qu'il savait mieux comprendre que parler. [...] Il cultiva passionnément les arts libéraux [...]. Pour l'étude de la grammaire, il suivit les leçons du diacre Pierre de Pise,

> alors dans sa vieillesse ; pour les autres disciplines, son maître fut Alcuin, dit Albinus, diacre lui aussi, un Saxon originaire de Bretagne, l'homme le plus savant qui fût alors. Il consacra beaucoup de temps et de labeur à apprendre auprès de lui la rhétorique, la dialectique et surtout l'astronomie. Il apprit le calcul et s'appliqua avec attention et sagacité à étudier le cours des astres. Il s'essaya aussi à écrire et il avait l'habitude de placer sous les coussins de son lit des tablettes et des feuillets de parchemin, afin de profiter de ses instants de loisir pour s'exercer à tracer des lettres ; mais il s'y prit trop tard et le résultat fut médiocre[37].

La volonté de développer l'instruction conduit à encourager la création d'écoles. À côté des écoles monastiques on avait vu progressivement apparaître des écoles épiscopales, installées au siège des évêchés, et des écoles paroissiales, qui permettent un maillage plus fin du territoire. Elles vont se multiplier pendant la période carolingienne. Significativement, Louis le Pieux décide en 817 de réserver les écoles monastiques aux enfants destinés à devenir moines. La mesure est inégalement appliquée, mais elle participe de la tendance à réorienter l'enseignement vers les écoles épiscopales ou paroissiales. On a peu d'indications sur le nombre d'élèves accueillis, sans doute fort variable. Les filles, si elles ne bénéficient pas du préceptorat, réservé aux grandes familles, peuvent être accueillies dans des couvents de femmes. Les maîtres réputés se déplacent beaucoup, se faisant sans doute payer bien que l'Église rappelle souvent le principe de gratuité (qui ne va donc pas de soi) et prévoie à l'occasion des bénéfices pour la rémunération des enseignants. De nombreux témoignages font état d'une organisation du temps très stricte et d'une discipline sévère.

CHAPITRE 7

Lettrés et illettrés

Le foisonnement des écoles

Le véritable essor éducatif apparaît au terme de la période carolingienne : ce n'est qu'après l'an mille que s'ouvre ce que l'historien Jacques Le Goff qualifie de « cœur du Moyen Âge ». Qu'apporte-t-il de nouveau dans l'éducation ?

Alain Boissinot : Le « cœur du Moyen Âge » apparaît en effet comme une période d'essor économique, démographique, culturel, urbain. Le pouvoir royal et son administration s'affirment. Le monde sauvage recule, peu à peu défriché, les mœurs se civilisent : c'est l'époque du développement de la courtoisie, dont témoignent, par exemple, les romans de Chrétien de Troyes. L'éducation se développe dans les villes, et s'y retrouve une population instruite qui va donner naissance à l'université. Elle permet l'affirmation de ceux en qui Jacques Le Goff, dans un ouvrage célèbre, a vu les premiers « intellectuels » : nous allons revenir sur cette étape essentielle. Elle permet aussi une forme d'assurance de l'esprit, dont la célèbre formule de

Bernard de Chartres, au début du XIIe siècle, montre qu'elle peut se concilier avec le respect dû aux textes anciens : « Nous sommes des nains juchés sur des épaules de géants. Nous voyons ainsi davantage et plus loin qu'eux, non parce que notre vue est plus aiguë ou notre taille plus haute, mais parce qu'ils nous portent en l'air et nous élèvent de toute leur hauteur gigantesque. » Où l'on voit naître une certaine conception du progrès, au sein d'un Moyen Âge qui se caractérisa longtemps par un temps immobile.

Parallèlement aux progrès des langues vulgaires, le latin s'affirme comme langue de culture, langue de clercs, et l'on voit renaître plus que jamais l'héritage antique : période assurément de renaissance, perçue et revendiquée comme telle par les contemporains. Mais cette reviviscence de la culture antique, nourrie d'influences juives et arabes, pose plus que jamais le problème de sa conciliation avec la doctrine chrétienne.

De grands foyers de culture monastique subsistent, mais ils ont moins l'exclusivité de l'enseignement et affirment leur spécificité monacale. En revanche, dans les grands centres urbains, se développent autour des cathédrales des écoles qu'illustrent souvent des maîtres prestigieux. Aux écoles des monastères, par exemple celle d'Anselme à l'abbaye du Bec en Normandie, succèdent des écoles comme celle qu'Abélard ouvre à Sainte-Geneviève pour concurrencer les maîtres parisiens.

Si le cœur du Moyen Âge apparaît donc comme une période d'épanouissement, la fin de la période est marquée à nouveau par les conflits et par l'incertitude. Sans parler des crises internes au monde du savoir, il y a à cela des causes extrinsèques, comme les troubles liés à la guerre de Cent Ans, du milieu du XIIIe siècle à celui du XIVe. La chrétienté se divise : c'est l'époque des papes d'Avignon, du Grand Schisme (1378-1419), et de l'affrontement entre Philippe le Bel et la papauté. Apparaît alors la problématique du gallicanisme, qui jouera un rôle essentiel dans l'histoire de France, notamment en matière d'enseignement : il ne va plus de soi que les intérêts de l'Église romaine et ceux du pouvoir royal coïncident. C'est aussi la peste de 1348 et l'effondrement démographique : il n'y aura une reprise en ce domaine que dans la deuxième partie du XVe siècle. Ces tensions qui caractérisent la fin du Moyen Âge sont pour beaucoup dans l'idée, longtemps défendue et sans doute excessive, d'une rupture apportée par la grande Renaissance.

Mentors et miroirs

L'éducation des clercs, la naissance de l'université vont retenir notre attention parce que nous pouvons y voir les débuts d'une organisation systématique et « formelle » des enseignements. Mais, comme nous l'avons constaté pour le monde gréco-romain, il ne faut pas oublier que cet enseignement ne concerne qu'une minorité, et que les débats qui l'animent restent ceux d'une caste assez étroite, même si elle gagne en nombre et en influence. Peuvent en faire partie à l'occasion les femmes, mais, exclues de l'université, leur formation repose sur le préceptorat et éventuellement les couvents de femmes. Même si bien sûr l'idée d'un droit à l'éducation équivalent à celui des hommes serait anachronique, on admet qu'une certaine formation est nécessaire, puisqu'elles auront à s'occuper des jeunes enfants pendant leurs premières années. Certaines ont laissé le souvenir de leur culture, voire de leurs activités littéraires, mais elles sont d'autant plus renommées qu'elles constituent une exception : Marguerite de Navarre ou Christine de Pizan...

Mais l'affirmation même d'une classe de lettrés, pour l'essentiel des clercs, fait ressortir l'importance de la masse des « illettrés », ceux qui ne connaissent pas le latin. Dans une société à dominante rurale, la masse ne reçoit d'autre éducation que celle qui relève de la transmission par la famille et l'entourage, et d'une prédication chrétienne qui doit composer avec des traditions païennes. En langue vulgaire, circulent des récits mêlant des origines diverses (épopées antiques, chansons de geste, mythologies païennes, matière de Bretagne...) en un syncrétisme culturel dont, mieux encore que la littérature française, le *Roland furieux* de l'Arioste donnera un peu plus tard un parfait exemple. Le monde des métiers continue à reposer pour l'essentiel sur l'apprentissage, dans le cadre de la corporation.

Le modèle aristocratique fonctionne de son côté, sous la conduite de précepteurs, dans une logique de rite de passage qui fait la part belle à la chasse et aux tournois, qui permettent de développer la valeur guerrière. À l'initiateur réel succède le modèle idéal que proposent les « miroirs », qui se multiplient : début d'un genre très important, destiné à éduquer et civiliser les princes. Ils s'adressent aux aristocrates, proposant le portrait du prince idéal et exhortant aux vertus qu'ils doivent incarner : force mais aussi justice, loyauté envers les autorités et assistance aux humbles, bien sûr respect de la religion. On y retrouve la tradition antique du « mentorat ».

Ces ouvrages se répandent aux XIIe et XIIIe siècles : miroirs parce qu'ils renvoient au prince une image idéale, mais aussi parce que cette image est ensuite renvoyée vers la cour et le peuple. Louis IX, devenu Saint Louis, incarne cette image idéale. Le *Policraticus* de Jean de Salisbury, en 1159, fait date. Il développe la métaphore de l'État conçu comme un corps dont le prince est la tête, et qui doit viser à l'équilibre des trois composantes, chevaliers, clercs et paysans, selon la célèbre tripartition d'origine indoeuropéenne. Il installe aussi la thématique du bon conseiller. Quand le pouvoir ne respecte pas ces principes, il dégénère en tyrannie...

De même le développement des cours et de la courtoisie, qu'illustrent au XIIe siècle les romans de Chrétien de Troyes, participe de ce que l'historien Norbert Elias a appelé la « civilisation des mœurs ».

Scribes et copistes

Les progrès de la culture passent aussi par la copie des manuscrits, dans les scriptoria *des monastères. Pourquoi cette activité monastique, popularisée par un roman comme* Le Nom de la rose *d'Umberto Eco, est-elle si présente dans notre imaginaire médiéval ?*

La conservation et la diffusion des savoirs se jouent aussi sur le plan des techniques. En ce domaine également les évolutions sont plus diverses et progressives que ne l'a longtemps suggéré l'accent traditionnellement mis sur le développement, certes très important, de l'imprimerie. Il faut d'abord rappeler que, comme dans l'Antiquité, la transmission repose beaucoup sur l'oral, qu'il s'agisse de culture populaire ou de culture savante. La lecture à haute voix appelle la mémorisation des textes, le ressassement des psaumes participe d'une appropriation orale des textes sacrés. La lecture silencieuse, qui ne se développera progressivement qu'à partir du XIIe siècle, est à l'époque ancienne suffisamment inhabituelle pour que saint Augustin s'interroge sur la pratique de saint Ambroise, qu'il a rencontré à Milan :

> Quand il lisait, ses yeux parcouraient les pages et son intelligence en scrutait le sens, mais sa voix et sa langue se reposaient. Souvent [...] je l'ai vu lire tout bas, jamais autrement. [...] Peut-être se gardait-il de lire à haute voix, de peur qu'un auditeur attentif et charmé, se

> heurtant à quelque passage obscur, ne l'obligeât à des explications et des discussions sur des points difficiles, et que le temps passé à cela ne le fût aux dépens des livres qu'il se proposait de lire; et puis il lui fallait ménager sa voix qui se cassait au moindre effort, et ce pouvait être aussi une juste raison de lire tout bas[38].

Quant à l'écrit, tout au long du Moyen Âge, il constitue un enjeu essentiel pour freiner ou faciliter l'accès à la culture et à l'enseignement. Le rôle des monastères est décisif pour établir, copier et conserver dans leurs bibliothèques les manuscrits. Au fil des siècles, différentes évolutions techniques entraînent des changements à la fois quantitatifs et qualitatifs. Ces changements concernent les supports de l'écriture. Le papyrus, fragile, est concurrencé dès le IIe siècle av. J.-C. par le parchemin, cuir souple d'origine animale, plus résistant; il est utilisable recto verso, contrairement au papyrus, et même réutilisable après grattage. C'est l'origine des palimpsestes, sur lesquels on a pu retrouver des textes effacés et recouverts, par exemple des œuvres de l'Antiquité crues perdues sur un parchemin qui a resservi pour copier un texte chrétien... À partir du XIIe siècle, le papier, inventé en Chine et diffusé par les Arabes, fournit un matériau moins onéreux et se répand progressivement.

L'innovation porte aussi sur l'utilisation du support. Les feuilles de papyrus sont collées pour fournir une longue bande qui est roulée sur elle-même : le *volumen* de l'Antiquité. Cette technique contraint fortement la lecture, qui ne peut guère permettre les retours en arrière ni la recherche d'un extrait : la mémorisation joue donc un rôle important. Avec le parchemin, va s'imposer le *codex* : le matériau est plié pour obtenir des cahiers, comme dans nos livres modernes. Un nombre de plis important donne un format réduit : le livre sera plus maniable, il pourra être feuilleté, indexé, annoté, plus aisément transporté; c'est une autre relation à la lecture qui devient possible.

Pour disposer de nombreux livres, il faut d'autre part faciliter le processus de copie, à l'origine très long et souvent imparfait. Cela entraîne la recherche de formes de caractères plus commodes à écrire, et des perfectionnements de la technique de production du livre. Le recours au système de la *pecia* accompagne ainsi le développement universitaire, qui augmente les besoins : à partir d'un exemplaire de référence, on répartit entre plusieurs scribes des parties du texte à recopier avant de les réunir, ce qui permet de démultiplier et d'accélérer la reproduction des textes. Progressivement, on s'attache également à rendre la lecture plus aisée. Si le texte à l'origine se présente comme un flux continu, l'usage se répand peu à peu de séparer les phrases, puis les mots, et de guider la lecture par des signes de ponctuation. La diffusion de l'imprimerie à partir du milieu du XVe siècle prolongera donc une série d'évolutions qui témoignent de besoins et d'usages nouveaux.

Le langage des simples

L'éducation et la transmission de l'héritage antique reposent donc désormais sur l'action de l'Église. Comment celle-ci entend-elle assumer ce rôle ?

Il y a plusieurs réponses à cette question, surtout si l'on pense aux auteurs païens : nous l'avons vu avec le témoignage de saint Augustin. Grégoire le Grand, né en 540 et pape en 590, écrivait : « Les louanges de Jupiter et celles du Christ ne peuvent habiter la même bouche ; ce qui n'est même pas permis à un laïc pieux, devient, chez un évêque, turpitude et infamie. » Certes le monde monastique permet la survie des textes anciens, en préservant l'exercice de la lecture, en recopiant les textes. Mais en même temps il rencontre des questions redoutables. Plutôt que d'entretenir les sophistications de la culture antique, ne faut-il pas se mettre à la portée des masses à christianiser ? Pierre Riché, auteur de nombreux ouvrages très précieux sur cette période, cite des propos révélateurs de Césaire d'Arles, ancien moine devenu évêque (VIe siècle) : il faut, écrit-il, que les clercs lettrés supportent « un langage simple afin que le troupeau du Seigneur puisse atteindre le pâturage spirituel en écoutant un sermon sans apprêt et qui pour ainsi dire marche à pied. Puisque les illettrés ne peuvent atteindre aux hauteurs des personnes cultivées, que ces dernières s'inclinent vers l'ignorance des autres, car ce qui est prêché aux simples, les lettrés peuvent le comprendre, mais ce qui est prêché aux lettrés, les simples n'arrivent pas du tout à le saisir ».

Et d'ailleurs, la culture, surtout antique, est-elle nécessaire pour accéder au salut ? Beaucoup expriment la tentation de l'ascèse monastique. Ils imaginent une culture du cœur plus que de la science, un accès à Dieu qui ne passe pas par le savoir. Une imprégnation de la parole divine, qui repose sur le ressassement des psaumes et la *lectio divina*, c'est-à-dire la lecture assidue de l'Écriture sainte, et non sur le commentaire savant. Les ordres mendiants reprendront, quelques siècles plus tard, cette tentation d'un accès à Dieu qui passe par l'humilité et la dévotion, non par la science.

Ce qui s'exprime ainsi, c'est d'une part le fossé qui sépare les lettrés (les *litterati*, c'est-à-dire ceux qui connaissent le latin) et la masse des illettrés. C'est aussi, devant la difficulté d'éduquer les illettrés, la tentation pour l'Église de faire le chemin inverse, et de parler le langage des simples. Si le latin reste longtemps compris, l'usage se répand de faire les sermons en langue vulgaire, pour être compris de tous : le concile de Tours de 813 en fera une règle. Devant les difficultés de la langue et de l'écrit, on recourt aussi à l'image, fresques et sculptures, pour transmettre le message chrétien.

Une attitude plus tolérante à l'égard de la culture antique s'inspire de saint Augustin. Nous avons vu avec quelle sévérité, dans ses *Confessions*, celui-ci condamne l'éducation qu'il a reçue. Pourtant, dans un ouvrage au rayonnement considérable, *De la doctrine chrétienne*, il accepte l'idée d'une propédeutique à l'étude des textes sacrés. Un passage très souvent cité tout au long du Moyen Âge développe ce thème à partir de l'exemple du peuple hébreu :

> Si les philosophes et principalement les platoniciens ont parfois quelques vérités conformes à nos vérités religieuses, nous ne devons pas les rejeter, mais les leur ravir comme à d'injustes possesseurs et les faire passer à notre usage. Le peuple d'Israël rencontra chez les Égyptiens, non seulement des idoles et des fardeaux accablants qu'il devait fuir et détester, mais encore des vases d'or et d'argent, des vêtements précieux, qu'il leur enleva secrètement en sortant de l'Égypte, pour les employer à de plus saints usages. [...] De même les sciences des infidèles ne renferment pas uniquement des fictions superstitieuses et des fables, des prescriptions onéreuses et vaines, que nous devons tous fuir et détester, en nous séparant de la société païenne sous la conduite du Christ. Elles contiennent aussi ce que les arts libéraux ont de plus propre à servir la vérité, d'excellents préceptes des mœurs, quelques vérités relatives au culte d'un Dieu unique. C'est là leur or et leur argent ; ils ne les ont pas créés, mais tirés des trésors de la divine Providence [...]. En brisant tous les liens qui l'attachaient à leur société perverse, le chrétien doit enlever ces richesses pour les faire servir à la juste cause de la diffusion de l'Évangile[39].

On voit que cette argumentation autorise une forme de synthèse entre le christianisme et la culture païenne : cette tension est une constante de la période médiévale.

Les sept disciplines

Dans ce contexte d'incertitudes, que devient la tradition de l'éducation antique et de ses disciplines ?

Il y a d'abord un enjeu de conservation des savoirs, qui repose sur l'activité et le rayonnement d'érudits comme Boèce ou Isidore de Séville (VIe siècle). Ainsi ce dernier, dont l'influence fut considérable, rappelle le programme d'études des sept arts libéraux, dont la liste apparaît déjà avec des variantes chez de nombreux auteurs de l'Antiquité : « Les disciplines des arts libéraux sont au nombre de sept. D'abord la grammaire, ou l'habileté d'expression ; en second lieu la rhétorique, que l'on considère comme suprêmement utile dans les débats de droit civil à cause de l'éclat et de la richesse de l'éloquence ; la troisième est la dialectique, appelée aussi logique, qui distingue le vrai du faux au moyen de très subtiles controverses ; la quatrième est l'arithmétique, qui renferme les causes des nombres et leurs divisions ; la cinquième est la musique, qui consiste dans les chants sacrés et profanes ; la sixième est la géométrie, qui embrasse toutes les mesures et dimensions de la terre : la septième est l'astronomie, qui contient les lois des astres. » Les trois premières disciplines constituent ce qu'on appelle le *trivium* ; les quatre suivantes constituent le *quadrivium.* Isidore y ajoute par la suite la médecine et le droit. Mais dans la pratique l'enseignement repose surtout sur la grammaire et la rhétorique, à partir de l'étude des auteurs latins : Térence, Horace, Ovide, Tibulle, Lucain, Stace, Cicéron, Salluste, César, et bien sûr Virgile. Les poètes, conformément à la tradition antique, occupent une large place.

Quant à l'enseignement, ses techniques prolongent celles de l'Antiquité. Au niveau élémentaire, on apprend à déchiffrer, puis à lire (lettre, syllabe, mot, phrase), le maître s'occupant tour à tour de chaque élève. L'ouvrage de référence est le psautier latin que l'on répète en « psalmodiant », comme dans les traditions juive ou musulmane. L'écriture, le chant viennent éventuellement ensuite, ainsi que le calcul et le comput, qui est avant tout étude du calendrier. Le comput digital, hérité de l'Antiquité, est concurrencé à partir du Xe siècle par le recours à l'abaque, sorte de table à calcul empruntée aux Arabes. Après les rudiments, on passe à la grammaire, à partir de petits textes arrangés pour l'école, comme les *Distiques* attribués à Caton ou diverses fables moralisantes. Les apprentissages se font sous forme de « dialogues », jeux de questions-réponses codifiés. Mais déjà cela ne concerne plus qu'une minorité d'élèves.

Ceux-là aborderont peut-être le *trivium*, la lecture et le commentaire des textes, dans un corpus où la liste des auteurs païens et la place des textes chrétiens varient selon la plus ou moins grande ouverture qu'autorisent les lieux et les temps. De même pour l'enseignement de la rhétorique, selon des principes et avec des exercices très proches de ceux de l'Antiquité, en guise de préparation aux métiers de l'administration et du droit.

La dialectique, apprentissage de l'art de raisonner, occupe une place plus sensible, proche de la rhétorique qui étudie les techniques d'argumentation et de raisonnement, mais aussi de la théologie qui doit bien sûr garder la prééminence. Fondée sur l'Écriture sainte, elle seule permet d'accéder à la Vérité. La lecture et l'interprétation des textes saints reposent sur l'autorité des Pères de l'Église, selon des procédures décrites notamment par saint Augustin dans *De la doctrine chrétienne*.

Le *quadrivium*, longtemps négligé, va tendre à retrouver une place à partir du Xe siècle, complété par l'étude de la médecine, mais toujours dans la perspective d'une lecture des textes consacrés et d'apprentissages mnémotechniques, qui n'ont guère de rapport avec ce que nous considérons aujourd'hui comme une démarche scientifique. Les frontières sont d'ailleurs parfois floues avec l'astrologie et la magie.

CHAPITRE 8

La naissance des universités

Les « intellectuels » du Moyen Âge

À propos de ces fascinants XIIe *et* XIIIe *siècles, l'historien Jacques Le Goff employait le terme d'« intellectuels du Moyen Âge ». C'est bien d'un véritable développement culturel qu'il s'agit à ce moment-là ?*

Alain Boissinot : Oui. Les contemporains eux-mêmes ont été sensibles au développement culturel qui caractérise le cœur du Moyen Âge, et qui permet à certains de fonder leur identité, leur image sociale, sur la vie intellectuelle. À ce moment-là, les foyers de recherche et d'enseignement s'affirment. Bernard de Chartres, qui enseigne dans les premières décennies du XIIe siècle, en est une parfaite illustration, ainsi que son frère Thierry qui lui succéda. Ce dernier est l'auteur d'un ouvrage de grande influence, l'*Heptateuchon* (en grec, « dispositif en sept parties »), en référence aux sept arts libéraux qui sont représentés sur le porche de la cathédrale de Chartres. Dans une perspective encyclopédique et philosophique, il s'agit de marier le *trivium* et le *quadrivium* pour couvrir la totalité des savoirs. Le *quadrivium* met en œuvre l'entendement, le *trivium* l'expression : leur réunion permet de concilier les mots et les choses, en une véritable culture humaine. L'école de Chartres s'intéresse ainsi aux sciences, à la médecine, aux philosophes anciens et aux classiques grecs et latins. On y lit et commente Platon, et des traductions d'Aristote faites à partir du grec.

Mais c'est surtout Paris qui s'affirme comme le centre principal des études dès le XIIe siècle. D'où la thématique de la *translatio studii* : le pôle de la vie intellectuelle se serait déplacé d'Athènes à Rome, pour aboutir à Paris. À la fin du XIIIe, le dominicain Thomas d'Irlande explique que « le flambeau de la culture passe d'abord de la Grèce à Rome, puis de Rome à Paris sous le règne de Charlemagne ». Le programme encyclopédique d'Hugues de Saint-Victor donne une idée de cette vitalité. Il enseigne dans la première partie du XIIe siècle dans l'abbaye parisienne de Saint-Victor qui est alors un centre important, par l'activité de son *scriptorium*, où l'on copie les manuscrits, de sa bibliothèque, de ses étudiants. Hugues est l'auteur d'un programme d'enseignement, le *Didascalicon*, qui présente à la fois le champ du savoir et la méthode des études. À côté d'une définition très large de la philosophie, qui insiste notamment sur la logique et la dialectique, Hugues fait une place importante à la mathématique, qui englobe les quatre disciplines traditionnelles du *quadrivium*. Le plus original est la place qu'il accorde aux « arts mécaniques », à une époque qui, comme l'Antiquité, rejette en général les savoir-faire techniques du côté de l'apprentissage et ne reconnaît comme objets d'enseignement que les arts libéraux. Le *Didascalicon* mentionne au contraire l'agriculture, la médecine, la navigation ou la chasse... Hugues reprend ainsi une idée de saint Augustin, qui déjà dans la *Cité de Dieu*[40] énumérait sept « arts mécaniques » symétriques aux arts libéraux. Reste que cette ouverture, en dehors de la médecine, n'aura guère de suite à l'époque.

Malgré l'ambition encyclopédique, le *trivium* l'emporte en effet largement sur le *quadrivium*, et notamment sous l'influence d'Abélard la dialectique prend une place essentielle, y compris dans le domaine de ce que, l'un des premiers, il entend comme la théologie au sens moderne, qui suppose une discussion des croyances religieuses. Il ne s'agit plus seulement de s'imprégner du texte sacré, mais de débattre des questions qu'il pose et d'éclairer ses éventuelles contradictions. C'est ainsi en s'appuyant sur la dialectique qu'Abélard étudie le « problème » de la Trinité. Les gloses, censées éclairer le sens du texte, se multiplient autour du texte sacré et en deviennent le complément indispensable. Le climat d'ouverture et de circulation des idées qui caractérise la période permet notamment le développement des influences juives et arabes, déjà actives aux temps carolingiens. Contrairement aux chrétiens, les juifs ont développé leur propre système d'enseignement, caractérisé par le poids de la communauté et l'imprégnation des textes sacrés, mais aussi l'étude de textes antiques, philosophiques et scientifiques, et de la médecine. Les théologiens chrétiens, qui longtemps ne maîtrisent pas l'hébreu, font d'ailleurs appel à l'expertise des juifs pour l'établissement du texte et l'exégèse de la Bible.

La connaissance des traités de médecine antique, écrits en grec, d'Hippocrate à Galien, passe largement par l'Empire d'Orient, puis le monde musulman où se fait un travail considérable de traduction en arabe, de diffusion, et de rédaction de nouveaux traités (Avicenne au XIe siècle). Ces savoirs gagnent l'Occident par la Sicile et l'Italie. Une école très attractive se développe à Salerne au XIIe siècle, avant qu'elle ne soit concurrencée par Montpellier.

Certains se soucient aussi de mieux comprendre l'islam, ne serait-ce que pour le combattre plus efficacement : Pierre le Vénérable, abbé de Cluny, entreprend dès 1142 de faire traduire le Coran. Les chiffres et le calcul arabe se répandent. L'apport des penseurs espagnols et arabisants est essentiel : Averroès, commentateur musulman d'Aristote (1126-1198), affronte le problème de l'articulation entre foi religieuse et raison philosophique. Comme le fera saint Thomas pour le catholicisme, Maïmonide tente d'établir la compatibilité entre philosophie grecque et loi juive[41], et beaucoup hésitent entre l'attrait de la connaissance et la tentation d'une fidélité mystique aux Écritures.

La corporation universitaire

Pendant toute cette période, on l'a vu, l'enseignement élémentaire n'évolue guère, recevant des enfants à partir de sept ans dans une grande confusion des âges, et ne s'adressant qu'à une minorité dont beaucoup ne dépassent pas le stade des premiers apprentissages. Les vraies nouveautés n'apparaissent-elles pas du côté des étudiants ?

Le cœur du Moyen Âge voit en effet naître l'université. « Université » ne désigne pas ici, au sens moderne, un établissement de recherche et d'enseignement qui vise la totalité, l'universalité des savoirs. Ce sens n'apparaîtra qu'avec la création de l'université de Berlin au début du XIXe siècle. Au Moyen Âge, il s'agit de l'ensemble (*universitas*) de ceux, maîtres et étudiants, qui participent d'un même domaine d'activité, en l'occurrence l'enseignement : l'université est une corporation. Quelques grands centres s'affirment en Europe, sur la base d'un processus d'association qui s'organise d'abord à Bologne et à Paris à la fin du XIIe siècle. L'enjeu pour l'association est d'obtenir son autonomie intellectuelle par rapport à toute tutelle, son autonomie juridique, également, qui lui permet de juger elle-même ses membres, et son autonomie financière, marquée par la disposition de son propre sceau. C'est l'origine des célèbres « franchises universitaires » et d'une revendication d'autonomie qui caractérisera le monde universitaire jusqu'à l'histoire la plus récente.

Au début du XIIIe siècle, les étudiants, forts de leur nombre et de leur poids social et économique à Paris, jouent de la grève et de la menace de sécession pour obtenir la reconnaissance officielle de leur corporation. Se retranchant derrière l'autorité lointaine du pape, ils s'émancipent des tutelles plus proches et plus contraignantes du roi et de l'évêque chancelier. En contrepartie la papauté contrôle les chaires de théologie et par là la doctrine chrétienne et la formation des cadres de l'Église.

La corporation a ses rites, ses procédures d'initiation que nous appellerions « bizutage », ses festivités turbulentes et à l'occasion violentes. Alors naît le type de l'étudiant qui prend plaisir à effrayer le bourgeois. Ce sont des clercs, qui portent la robe et la tonsure, sans que cela implique d'aller au-delà des ordres mineurs et de s'engager dans une vraie carrière ecclésiastique. Les journées, comme l'année d'études, étaient en théorie très chargées, même s'il existait une pause estivale et si de nombreuses fêtes religieuses ou liées à la vie universitaire permettaient des repos. Et pour beaucoup d'étudiants les obligations semblent être restées très formelles...

Les enseignants constituent un groupe qui acquiert peu à peu une visibilité et une influence, y compris sur le plan politique : la faculté de théologie, notamment, interviendra dans les conflits internes à l'Église ou dans ceux qui opposent l'Église et la royauté. Ils constituent cette caste d'« intellectuels » qu'a étudiés Jacques Le Goff et que nous venons d'évoquer. Leur lien avec l'Église est fort, contrepartie de la protection pontificale. Le célibat est de fait la règle, ce qui explique le caractère scandaleux de l'histoire d'Abélard : la dévotion au savoir n'est pas compatible avec les soins d'un ménage. D'autre part, l'Église pose le principe de la gratuité de l'enseignement. Si certains maîtres, comme Abélard, défendent la pratique qui consiste à faire payer les élèves (ils sont alors dépendants des droits versés par ceux-ci pour les études et les examens), l'Église accorde souvent aux enseignants clercs des bénéfices – ce qui assure leur situation sociale mais compromet leur indépendance.

Et déjà, la licence et le baccalauréat...

Fédération d'écoles, l'université s'organise autour de quatre domaines : arts, théologie, droit et médecine. Les grandes universités fondent leur prestige et leur attractivité sur un domaine d'excellence : le droit pour Bologne, la médecine pour Montpellier, et la théologie pour Paris. Mais les quatre domaines n'ont pas en fait le même statut : droit et médecine correspondent à des formations qui ont une dimension technique et professionnelle; leur identité particulière se prolonge encore aujourd'hui. La théologie est l'aboutissement des études, leur couronnement, et accueille les étudiants les plus âgés. À l'inverse, les arts représentent une formation générale préalable, accueillant des étudiants plus jeunes, à la charnière de ce que nous appelons aujourd'hui secondaire et supérieur : on y entre vers quinze ans, après des études élémentaires, pour au moins six ans. On passe alors le baccalauréat ès arts, puis on prépare la licence (*licentia docendi*, « permis d'enseigner »), décernée par un jury de maîtres, qui suppose d'être capable de soutenir une « dispute » publique. Elle donne accès au titre de maître ès arts. Les autres facultés imposent des études plus longues, menant après le baccalauréat vers la maîtrise, puis le doctorat, qu'on atteint vers la trentaine : trente-cinq ans au moins pour la théologie... Il s'agit cette fois, à l'occasion de performances solennelles devant la faculté, de mériter le droit de donner des cours et de participer aux jurys. Inutile de dire que les abandons en cours de route sont très nombreux ; seule une petite minorité accomplit la totalité du parcours.

La faculté des arts, la plus nombreuse, s'organise par regroupement des nations, selon l'origine, très « internationale », des étudiants : Français, Normands, Picards, Anglais. Cette ouverture est révélatrice du champ d'attraction très étendu des grandes universités. Un recteur – de fait, celui de la faculté des arts, vu son poids démographique – représente l'université et, appuyé sur le conseil des maîtres, veille à l'exercice de ses franchises.

Le développement dans les villes d'une corporation aussi nombreuse pose le problème du logement. Souvent à l'initiative de mécènes, et pour accueillir notamment des étudiants pauvres, se créent des « collèges » qui à l'origine sont des structures d'hébergement.

Mais peu à peu s'y développent des séances de travail, des répétitions, des bibliothèques, qui en feront aussi des lieux d'enseignement : c'est l'origine des établissements secondaires, collèges d'Ancien Régime, puis lycées, qui caractériseront les périodes suivantes. Beaucoup d'entre eux existent encore, sous de nouveaux noms, dans notre Quartier latin : le collège d'Harcourt (actuel lycée Saint-Louis), le collège de Navarre (ancienne École polytechnique), et le plus célèbre, fondé par Robert de Sorbon en 1257.

Les arts libéraux

Déjà donc, des sortes de collèges et des lycées qui ne disent pas encore leur nom... La grande corporation universitaire s'affirme, mais tout en entretenant un lien étroit avec l'Église. En quoi l'université renouvelle-t-elle alors les enseignements ?

L'enseignement repose toujours sur les arts libéraux du *trivium* et du *quadrivium*, que l'on aborde par la lecture des textes des « autorités » : l'audace ne tient qu'à l'éventuel élargissement de la liste de ces textes, et notamment à son ouverture aux auteurs païens. Cette lecture est largement faite sur des ouvrages de seconde main, extraits et commentaires. Une forme de sclérose se met ainsi en place, contre laquelle réagiront les humanistes de la Renaissance en prônant le retour aux textes, en une démarche qui n'est pas sans lien, sur le plan religieux, avec celle de la Réforme. La dialectique prend une place essentielle, renvoyant grammaire et rhétorique à un statut plus secondaire, dans tous les sens du terme. La dialectique ouvre la voie à la philosophie, à partir notamment des textes d'Aristote. Transmise par l'Italie et l'Espagne, l'œuvre d'Aristote est suspecte aux yeux de la religion, en particulier pour sa philosophie naturelle, mais exerce une influence croissante, au point d'apparaître comme indissociable de la scolastique.

Mais le renouvellement de la pensée ne va pas sans conflits. Certains relèvent de luttes d'influence pour contrôler les enseignements. Les ordres mendiants, franciscains et dominicains, cherchent à partir de 1230 à investir l'université, suscitant l'hostilité de certains des maîtres séculiers qui défendent les privilèges universitaires et contestent la possibilité de conjuguer l'appartenance à un ordre religieux et l'enseignement. La position des ordres mendiants ne va d'ailleurs pas sans une ambiguïté que nous avons déjà rencontrée. Ils ont besoin de prédicateurs suffisamment compétents, et les dominicains, notamment, ont un programme de formation qui inclut les arts libéraux, le droit canon, la théologie, mais exclut les classiques païens et des disciplines professionnelles comme le droit civil ou la médecine. Les franciscains préfèrent souvent le travail manuel, valorisent la pauvreté et acceptent des laïcs illettrés : le lien avec Dieu repose sur la prière, non sur la science.

Cette tension récurrente se redouble d'affrontements de doctrine. L'influence d'Aristote s'étend largement à partir des travaux d'Avicenne, puis d'Averroès. Or la lecture qu'Averroès fait d'Aristote pose des problèmes au christianisme. La question est en effet fondamentale : pour atteindre la vérité, qui est à l'horizon de la réflexion et des enseignements, faut-il se fonder sur la foi – le christianisme est une religion « révélée » –, ou sur la raison humaine ? Peut-on distinguer une vérité de la raison et une vérité de la foi ? Ce débat entre foi et raison, qui est aussi un débat entre penseurs chrétiens et philosophes grecs, notamment Platon et Aristote, se prolonge tout au long du Moyen Âge, et les réponses envisagées sont déterminantes pour l'organisation des études. Beaucoup perçoivent dans l'averroïsme, répandu dans les facultés des arts, une émancipation de la philosophie par rapport à la théologie, et un divorce entre foi et raison : conflit que tente de dépasser Thomas d'Aquin (1224-1274). En 1277, l'évêque de Paris mandaté par le pape condamne les supposées erreurs averroïstes de la faculté des arts : il met en garde contre un certain aristotélisme et réaffirme le primat de la théologie.

Explication de textes

On imagine que les pratiques pédagogiques, elles aussi, évoluent...

Elles se codifient, au risque de la mécanisation et là aussi de la sclérose. Les étapes successives de la *lectio* et de la glose organisent le commentaire des textes, puis vient la *quaestio* qui comme son nom l'indique porte sur les points qui prêtent à discussion. Mais la *quaestio* débouche, par-delà l'aspect formel, sur une logique de débat (la *disputatio*) et de mise en question systématique. Le maître organise, préside, puis conclut entre étudiants déjà bacheliers des débats qui sont des joutes verbales, qui permettent de discuter des questions scientifiques ou philosophiques. Cette pratique trouve son sommet dans le *quodlibet* : cette fois il s'agit de répondre, lors de séances solennelles et avec des participants de haut niveau, à n'importe quelle question (d'où le nom) posée par le public, et donc dans l'invitation faite au public à contester les maîtres. La controverse, si elle ne se réduit pas à un jeu formel, peut ainsi compenser le conservatisme qu'induit la notion d'autorités. On trouve une plaisante parodie de ces exercices dans les prouesses verbales de Pantagruel, défiant les théologiens de la Sorbonne[42].

Dans la *lectio*, il s'agit d'« expliquer » le texte, c'est-à-dire de le déployer, d'en identifier tous les sens par un travail de glose, entre les lignes et en marge. Travail qui porte sur le texte lui-même, son établissement, son organisation grammaticale et rhétorique, mais aussi sur tout ce dont il traite. De là vient, dans notre système scolaire, la tradition de l'« explication de texte ». L'autorité du texte est ainsi au cœur de l'enseignement : le monde est toujours saisi à travers les textes, les choses à travers les mots. C'est là un trait essentiel de l'enseignement « scolastique » : des couches successives d'interprétations autorisées se substituent à l'objet même du débat. Là encore la parodie que fait Rabelais de ce processus dans son *Gargantua* vaut toutes les explications :

> Le cœur, sous l'effet d'une joie extraordinaire, se disperse à l'intérieur du corps et souffre une dissolution manifeste des esprits vitaux. Celle-ci peut s'accentuer à un point tel que le cœur demeure privé de ce qui le fait fonctionner et que la vie s'éteigne sous l'effet d'un tel excès de joie, comme le dit Galien au livre XII de la *Méthode*, au livre V du *Lieu des affections*, au livre II de la *Cause des symptômes*. Selon les témoignages de Cicéron (livre I des *Questions tusculanes*), Verrius, Aristote, Tite-Live, qui note un tel cas après la bataille de Cannes, Pline (livre VII, chapitres XXXII et LIII), Aulu-Gelle (livres III, XV et suivants), c'est ce qui serait arrivé autrefois à Diagoras de Rhodes, à Chilon, à Sophocle, à Denys, tyran de Sicile, à Philippides, à Philémon, à Polycrate, à Philistion, à Marcus Juventi et à d'autres qui moururent de joie. Avicenne, à ce propos (au livre II du *Canon* et au livre des *Forces du cœur*), parle du safran qui réjouit tellement le cœur qu'il le prive de vie par dissolution et dilatation immodérée, si on en absorbe une dose excessive. À ce sujet, consultez Alexandre d'Aphrodise, livre I des *Problèmes*, chapitre XIX. Voilà pour la question[43] !

Si, nous l'avons vu, les troubles de la fin du Moyen Âge fragilisent le développement universitaire, les parodies de Rabelais en mettent bien en évidence les limites intrinsèques. Le débat théologique tend à s'enfermer dans la sophistication formelle et les apories : Érasme en fait une brillante caricature dans son *Éloge de la folie*[44]. Les difficultés de la théologie, la sclérose de la dialectique qui tend à s'enfermer dans une scolastique artificielle, s'accompagnent de la montée en puissance du droit, destiné notamment à former les fonctionnaires dont a besoin le pouvoir royal. Mais l'université elle-même entre en crise, traversée par les débats politiques et religieux, fragilisée par des mouvements de contestation des étudiants et des troubles qui aboutissent à la remise en cause des franchises universitaires. Signe révélateur : le recrutement très international des universités recule, et par là même leur rayonnement. Du coup, on va voir se développer, à partir des collèges qui hébergeaient les étudiants, un nouveau dispositif d'enseignement, plus « secondaire », que nous étudierons dans la période suivante, et qui marquera durablement le système éducatif.

L'invention du classique

L'université n'a pas encore bien trouvé ses marques quand la Renaissance s'esquisse...

C'est en effet à une université fragilisée que s'attaque l'humanisme, qui se développe en Italie à partir du XVe siècle et qui va inspirer une nouvelle renaissance. Mais il s'agit moins de proposer une évolution des dispositifs et des modes d'enseignement que d'en redéfinir le programme et les objectifs. Au demeurant, c'est plutôt d'une « restauration » de l'Antiquité que d'une renaissance qu'il s'agit, selon les termes utilisés par Gargantua dans la célèbre lettre que Rabelais lui fait adresser à Pantagruel : « Maintenant toutes disciplines sont restituées [*i.e.* rétablies], les langues instaurées [*i.e.* restaurées] : grecque, sans laquelle c'est honte qu'une personne se dise savant ; hébraïque, chaldaïque, latine... » Sur la base d'un rejet de la scolastique médiévale, s'affirme l'ambition de retrouver une culture antique authentique. Cela passe par une véritable maîtrise des langues de l'Antiquité, et notamment du grec. Il ne s'agit plus d'entretenir, à travers la langue des clercs, l'illusion d'une permanence du latin, mais d'instaurer cette démarche philologique à laquelle est associé le nom de grands humanistes, Érasme ou Guillaume Budé. S'affirme ainsi une culture lettrée, « classique », qui rompt avec la culture populaire. Le retour aux langues anciennes est une démarche d'érudits : il ne s'agit plus du latin comme langue d'usage, ce qui ouvre au demeurant le champ aux langues vulgaires.

Le refus de la scolastique, c'est aussi la volonté de retrouver, derrière la sclérose, le dynamisme de l'Antiquité. Contre le pessimisme chrétien du Moyen Âge, c'est la volonté de renouer avec une confiance dans l'homme et dans la jeunesse, de réhabiliter la nature, le corps, l'exercice physique. Là encore, l'allégresse rabelaisienne donne la mesure de cet enthousiasme, qui inspire un programme d'études encyclopédique. Dans l'emploi du temps que Ponocrates établit pour Gargantua, il s'agit de « ne pas perdre une heure de la journée ». Celle-ci est méthodiquement organisée pour aborder tous les champs de la connaissance, les lettres comme les sciences et les techniques, les textes sacrés comme les textes païens. Le corps et les activités physiques, comme la musique, retrouvent la place qu'ils avaient dans l'Antiquité. L'éducation de Gargantua est à la fois celle d'un clerc et celle d'un gentilhomme, qui s'exerce à tous les arts guerriers de la chevalerie. Il est vrai qu'il s'agit de nourrir un appétit de géant !

Logiquement, le retour aux textes anciens implique, contre l'université médiévale, le refus de la subordination à la théologie. Les humanistes ont plutôt investi les facultés des arts en y enseignant un corpus renouvelé, ou choisi de contourner l'université en passant par le préceptorat ou par la création d'institutions nouvelles, comme ce collège des lecteurs royaux dont Guillaume Budé arrache la création à François Ier et qui deviendra le Collège de France. Progressivement, le programme humaniste inspirera aussi les nouveaux collèges, y compris ceux des jésuites, qui joueront un rôle déterminant dans la période suivante.

Il est vrai que là encore il est difficile d'apprécier les parts respectives de renaissance et de permanence. Leur critique de l'université médiévale, leur appétit encyclopédique n'empêcheront pas les humanistes de développer une culture essentiellement littéraire, qui continue à reposer sur la lecture et le commentaire des textes, à privilégier les mots par rapport aux choses. Comme l'a montré Eugenio Garin, si des germes de renouveau apparaissent, cela n'empêche pas l'humanisme d'être guetté par un pédantisme stérile, comme la dialectique avait dégénéré en scolastique. D'où la désillusion qu'exprime Montaigne dans l'essai intitulé *Du pédantisme* :

> À voir la manière dont nous sommes instruits, il n'y a pas à s'étonner si et les écoliers et les maîtres n'en deviennent pas plus intelligents, quelque savants qu'ils se fassent. Nous nous informons volontiers : « Sait-il du grec ou du latin ? Écrit-il en vers ou en prose ? » Mais s'il est devenu meilleur ou plus avisé, c'eût été le principal, et c'est ce qui demeure de côté. Il aurait fallu demander qui est le mieux savant, non qui est le plus savant. Nous ne travaillons qu'à remplir la mémoire et nous laissons l'intelligence et la conscience vides[45].

Comme toujours, la réforme de l'enseignement reste à faire : de nouvelles orientations vont se chercher au fil des débats qu'amorce le mouvement humaniste et qui seront au cœur de la période suivante.

CHAPITRE 9

Entre foi et raison

Le message d'un pape

Tout au long du Moyen Âge, nous venons de le voir, la réflexion de l'Église en matière d'enseignement rencontre le débat entre foi et raison, entre imprégnation des textes sacrés et héritage de la philosophie antique. Ne pouvait-elle se contenter d'une adhésion immédiate et, en quelque sorte, naïve au message de la Révélation ? À quoi bon un enseignement qui, de surcroît, porterait sur des textes païens ? On se demande bien comment, dans le monde de la croyance, il pouvait y avoir une place pour l'ambition d'une science...

Luc Ferry : Foi et Raison, ce sont là les termes mêmes de l'avant-dernière encyclique de Jean-Paul II, *Fides et Ratio* (1998). Faut-il opposer le savoir et la foi, ou bien considérer, selon le mot fameux de Pasteur, que si un peu de science nous éloigne de Dieu, beaucoup de science nous y ramène ? Jean-Paul II s'empare à nouveau de la question et, quitte à surprendre tous ceux, parmi ses fidèles mêmes, qui pensent encore que leur croyance commence là où s'arrêtent les pouvoirs de l'entendement, et qu'elle repose davantage sur le cœur que sur l'esprit, il se livre à une véritable apologie de la Raison. Il réhabilite avec force les usages philosophiques et scientifiques du rationalisme. Le thème principal est clairement posé : il n'y a pas, il ne doit ni ne peut y avoir de contradiction entre « la vérité que Dieu nous révèle en Jésus-Christ » et « les vérités que l'on atteint en philosophant », pas d'opposition, donc, entre Révélation et Raison, entre Foi et Pensée, mais au contraire une indispensable complémentarité.

Dans la période actuelle, si fortement marquée par l'essor de spiritualités mystiques et sentimentales, ce message d'un pape nous donne pour le moins à réfléchir. Il faut bien sûr préciser le sens de son « rationalisme », comprendre comment il s'inscrit dans une tradition théologique bien attestée, celle qui passe par un retour aux philosophies d'Aristote et de saint Thomas d'Aquin, par une critique, aussi, des formes « dévoyées » de la raison « positiviste » ou « instrumentale » qui caractérise parfois la technique moderne.

Mais enfin, avant même d'aborder ces questions essentielles, comment ne pas s'étonner du diagnostic lui-même ? Ne nous a-t-on pas enseigné, et avec d'excellents arguments, semble-t-il, que la foi et la science ne faisaient pas bon ménage ? Que le magistère de l'Église s'était, au fil des temps, imposé à coups d'arguments d'autorité, d'excommunications, voire de condamnations à mort prononcées à l'encontre d'hérétiques qui, bien souvent, comme le grand Giordano Bruno, brûlé vif à Rome en l'an 1600, n'avaient pas d'autre tort que d'avoir eu raison trop tôt? N'est-il pas évident, du reste, qu'une croyance religieuse, si soucieuse qu'elle puisse être du respect des opinions d'autrui, s'oppose à un moment ou à un autre, par principe même, au discours de la science et de la raison parce qu'elle repose tout simplement sur une Révélation? Car la vérité révélée, c'est sa définition même, ne relève pas de la démonstration scientifique. Elle échappe par essence à la méthode expérimentale, non seulement par ce que son objet (Dieu) est au-delà du type d'expérience auquel s'en tiennent les sciences, mais aussi parce qu'il impose une foi, littéralement : une confiance, qui échappe à l'examen critique et à la discussion argumentée, donc à la démarche scientifique...

Servante de la religion

C'est l'influence d'Aristote sur la théologie chrétienne, au fil de ce qu'on a pu désigner comme la « révolution albertino-thomiste », qui allait porter ouvertement le débat sur cette place publique que devient au XIIIe siècle l'université parisienne.

D'un côté, il est tout à fait clair, pour Albert le Grand comme pour saint Thomas qui reprend sur ce point son maître presque mot pour mot, que le savoir et la croyance sont antinomiques : je ne puis pas croire ce que je sais, puisque je le sais, ni savoir ce que je crois, puisque je le crois. Foi et connaissance sont à l'évidence exclusives l'une de l'autre : il faut de l'inexplicable à la première pour s'épanouir, là où la seconde tend à la certitude. Il va de soi, pour Thomas, et ce quelle que soit l'étendue de son rationalisme, que du mystère subsiste dans la Révélation et que certains éléments de la foi – tels que la Trinité, l'incarnation, la rédemption, la résurrection des corps et tous les sacrements qui peuvent s'attacher à ces éléments fondamentaux de la théologie proprement dite – n'auraient jamais pu être connus par les seules voies de la raison. Il en résulte que la foi, non seulement ne saurait être abandonnée pour faire place au seul savoir, mais qu'elle conserve tout le mérite que le Christ lui-même y attachait : heureux ceux qui croient sans avoir vu, par confiance en la parole du Christ et nullement en vertu de quelque démonstration. Demander toujours des preuves, c'est déjà entrer dans la logique du diable, dans la logique du doute, comme en témoignent assez les tentations que Satan essaie vainement d'exercer sur Jésus. Et sur ce versant, Thomas est d'une fermeté, dans la pensée comme dans le propos, qui ne laisse aucune ambiguïté ni ne permet de douter le moins du monde de sa sincérité :

> Dans ce que nous professons sur Dieu, il y a des vérités de deux sortes. Certaines vérités sur Dieu dépassent toute la capacité de la raison humaine : par exemple que Dieu soit trine [*i.e.* triple, par le mystère de la Trinité] et un. D'autres, en revanche, peuvent être atteintes même par la raison naturelle : par exemple que Dieu est, qu'il

> est un, et d'autres du même ordre ; et celles-là, même les philosophes les ont prouvées démonstrativement, conduits par la lumière de la raison naturelle. Il paraît tout à fait évident qu'une partie des vérités intelligibles divines dépasse absolument la capacité de la raison humaine... Il y a donc en Dieu des vérités intelligibles qui sont accessibles à la raison humaine, mais il y en a d'autres qui dépassent absolument sa force.

Voilà pourquoi Thomas peut écrire, et sans nul doute aussi penser en l'écrivant, qu'« aucun philosophe avant la venue du Christ, avec tous ses efforts, n'a pu en savoir autant sur Dieu ni autant qui soit nécessaire à la vie éternelle que n'en sait, par la foi, la petite vieille après la venue du Christ ».

D'un autre côté, cependant, il faut noter qu'au sein même de cette sphère au premier abord réservée à la Révélation et à la foi – celle qu'analyse notamment le livre IV de la *Somme contre les Gentils* – la raison continue, selon saint Thomas, de conserver toute son utilité pour l'interprétation des Écritures. La philosophie, sans doute, reste « servante de la religion », selon le mot de saint Pierre Damien, théologien chrétien du XIe siècle, mais elle l'est au sens le meilleur et le plus précieux du terme. Sans elle, les mots de la Révélation risqueraient de rester de simples bruits, des sons dénués de sens. Mais il y a beaucoup plus : c'est une part considérable de la théologie qui peut être atteinte par la simple raison (celle qu'analysent les livres I à III de la *Somme contre les Gentils*), et à la limite, comme le prouve Aristote, sans aucune aide de la Révélation. Bien plus, il est même, comme plus tard chez Hegel, rationnel qu'il y ait de l'irrationnel, de la Révélation, de sorte que la doctrine thomiste de la vérité culmine dans la conviction qu'une synthèse parfaite de la raison et de la révélation est non seulement possible mais absolument nécessaire. Pour être authentique, il faut même qu'une telle synthèse ne soit jamais forcée, ni par un côté ni par l'autre. C'est tout l'héritage de cette attitude philosophique qu'on retrouve dans *Fides et Ratio.* Dans la lignée de saint Thomas, Jean-Paul II y réaffirme la nécessité de ne pas contraindre le libre exercice d'une pensée qui, si elle est authentique et rigoureuse, ne saurait jamais s'écarter bien longtemps des vérités révélées.

Les vérités de la Révélation (par exemple la Trinité), où la « doctrine sacrée » s'élève infiniment au-dessus de la philosophie païenne, ne contredisent donc nullement celles de la raison et, réciproquement, ces dernières complètent les premières. Nul hasard si, dans ce contexte, Thomas cite saint Paul, et son exhortation faite aux hommes de se livrer à un exercice de la raison qui, même dans l'univers des païens, aurait pu suffire à les conduire vers Dieu quoique les vérités révélées fussent supérieures à celles que la philosophie peut découvrir par ses seules forces. Car « si la vérité de la foi chrétienne dépasse la capacité de la raison humaine, ce que la raison possède naturellement de manière innée ne peut cependant pas être contraire à cette vérité », et, réciproquement, « il est impossible que la vérité de la foi soit contraire aux principes que la raison connaît naturellement ».

La marge de manœuvre ainsi accordée par Thomas aux nouveaux pouvoirs d'une raison livrée à elle-même lui ouvre une autonomie jusqu'alors inconnue dans la tradition chrétienne. À vrai dire, cette indépendance est si grande qu'il est impossible d'en déterminer tout à fait a priori les limites ni d'en contenir l'extension en toute certitude. Il suffit, pour s'en convaincre, de se souvenir en quels termes Thomas attribue à la raison seule la capacité de mettre fin aux angoisses existentielles de l'humanité : « De ces angoisses, nous serons libérés si nous soutenons, d'accord avec les démonstrations précédentes, que l'homme peut parvenir au vrai bonheur après cette vie, l'âme de l'homme existant dans l'immortalité, état dans lequel elle pensera à la manière dont pensent les substances séparées. »

C'est ici en rationaliste que parle Thomas, et c'est bien à la démonstration philosophique qu'il confie le soin de nous convaincre que les peurs liées à la finitude peuvent être surmontées dans l'optique d'une vie enfin réussie. Les pouvoirs de la seule raison tels que les conçoit Thomas sont considérables : non seulement elle nous permet, sans aucune aide de la Révélation, de démontrer l'existence de Dieu, mais elle parvient aussi à cerner une part importante de son essence, à prouver la dépendance du monde à son égard, l'immortalité de l'âme, les conditions de sa béatitude après la mort, etc. Certes, de nombreux mystères subsistent et la Révélation, comme la foi qui l'accompagne, demeurent plus que légitimes. Il n'en reste pas moins que la formule selon laquelle la philosophie doit demeurer « servante » de la théologie pourrait s'inverser trop aisément pour que le danger ne soit pas perçu par les héritiers de la tradition augustinienne. De là à penser, comme le diront plus tard Lessing et Hegel, que la révélation religieuse n'est pas indispensable à l'atteinte de la vérité, qu'elle n'est guère plus qu'une béquille, un adjuvant de la raison utile pour l'éducation du genre humain, mais superflu pour le philosophe, il n'y a qu'un pas, sans doute gigantesque aux yeux d'un croyant comme Thomas, mais très aisé cependant à franchir pour un penseur laïc.

La philosophie à sa place

Admettre ainsi le rôle spécifique de la raison, n'est-ce pas aussi poser la question de la place de la philosophie ? Celle-ci, si importante pour les Anciens, est absente de la liste des sept arts libéraux au Moyen Âge. Ou plutôt, elle n'y apparaît plus qu'en creux, rabattue sur la dialectique, que, nous l'avons vu, Isidore de Séville identifiait à la logique « qui distingue le vrai du faux au moyen de très subtiles controverses ».

D'un certain point de vue, nous venons de le voir, la place accordée par Thomas à la raison laisse un espace à la philosophie. N'y a-t-il pas d'ailleurs de très grands philosophes chrétiens : Augustin, Thomas, Pascal, bien sûr, mais aussi, plus près de nous, Kierkegaard, Teilhard de Chardin, Simone Weil, Etty Hillesum, Edith Stein ? La philosophie peut, dans la perspective chrétienne, se définir comme un usage de la raison pour contribuer à l'élaboration de la doctrine du salut. Comme saint Paul le déclare déjà, elle conserve en particulier deux usages légitimes, malgré la place éminente et même bien supérieure qu'occupe la foi.

D'une part, il nous faut utiliser la raison pour comprendre les Écritures. En effet, le Christ s'exprime par symboles et par paraboles. Cela lui permet sans doute de toucher plus aisément le cœur des hommes, même les plus simples. Mais ce genre littéraire n'en suppose pas moins, une fois le cœur touché, un travail réflexif et rationnel d'interprétation et rien ne nous interdit, tout au contraire, de méditer ses paroles, d'aller y voir de plus près, plus profond, afin d'en saisir le sens ultime. Pour cela, bien sûr, il nous faut user de notre raison et, en ce sens, philosopher.

D'autre part, outre les Écritures, il nous faut aussi comprendre la nature, laquelle, en tant qu'œuvre de Dieu, doit bien porter la trace de la splendeur du Créateur. En quoi, à nouveau, comme on voit chez saint Thomas ou chez Teilhard, une philosophie de la nature est nécessaire. On retrouve ici l'encyclique de Jean-Paul II : si un peu de science nous éloigne de Dieu, beaucoup nous y ramène, de sorte qu'il faut laisser toute liberté aux philosophes et aux savants qui usent fort utilement de leur raison.

Il y a donc bien, du moins dans un premier temps, une place pour la philosophie au sein du christianisme. Mais dans un second temps, cette place devient précaire, et tout à fait secondaire par rapport à celle de la foi. Car d'évidence, même s'il ne peut y avoir de contradiction entre les vérités de raison et les vérités révélées, il n'en reste pas moins que ce sont ces dernières qui doivent guider la raison et l'emporter sur elle. Car c'est bien de la religion et non de la philosophie que dépend désormais l'essentiel, à savoir le salut. Non seulement il faut croire – avoir foi et confiance – en la parole du Christ pour que sa promesse nous sauve des peurs liées à la finitude humaine (sinon ça ne marche pas !), mais en outre, c'est de la foi, qui est d'abord une grâce, et non de nos œuvres (de nos bonnes actions) que dépend avant tout le salut.

Voilà pourquoi, dans l'optique chrétienne, la philosophie va devenir, selon le mot que nous avons déjà cité de saint Pierre Damien, la « servante de la religion » : formule qui sera appelée à une longue postérité. Très concrètement, le christianisme, comme le montre fort bien Pierre Hadot, spécialiste contemporain du monde antique, va avoir pour première et cruciale conséquence de détrôner la philosophie de sa mission première et noble entre toutes : celle qui vise à enseigner pratiquement la sagesse aux hommes et, par là même, à élaborer par la raison une authentique doctrine du salut, un dispositif intellectuel et moral destiné à nous sauver, c'est-à-dire à nous libérer des peurs liées à la finitude. Non seulement c'est désormais la foi et la religion qui s'en chargent, mais gare à la philosophie s'il lui vient l'audace de s'en mêler. C'est alors immédiatement l'excommunication qui s'impose ! C'est ainsi que les thèses de saint Thomas lui-même, jugées trop philosophiques, seront condamnées et mises à l'index par l'Église...

De là une conséquence cruciale entre toutes pour le destin de la philosophie : désormais, il lui faudra délaisser les questions de fond, celles qui touchent au sens de la vie, à la sagesse et au salut, monopole de la religion, pour se borner à une simple analyse discursive des grandes notions – l'être, la vérité, la justice, le beau, etc. C'est en ce point de son histoire, et sous l'effet direct de la victoire du christianisme, que la philosophie va cesser d'être ce qu'elle était avant tout en Grèce : non pas un simple discours théorique, une analyse réflexive de concepts, mais un apprentissage de la vie, une aspiration pratique à la sagesse. Sur ce terrain en effet, il est aisé de comprendre pourquoi le christianisme l'a emporté sur la philosophie grecque, en particulier sur le stoïcisme. La doctrine du salut qu'il élabore est bien supérieure aux anciennes sagesses du monde... à condition seulement qu'on y croie ! En outre le christianisme nous apporte, croyants ou non, une nouvelle morale, déjà dans son principe prometteuse d'humanisme et de démocratie, ainsi qu'une pensée profonde de l'amour qui n'a aucun équivalent avant lui. Désormais, la place laissée à la philosophie sera donc celle d'une scolastique, d'une discipline scolaire, interdite de séjour dans les domaines du sens et du salut.

Philosopher pour être sauvé

Sans doute en effet étonnerait-on beaucoup un élève d'aujourd'hui, qui découvre le cours de philosophie en terminale, en lui disant qu'il va être question du sens de la vie et du salut...

Il y a là assurément un paradoxe, qui se noue au Moyen Âge dans ce dialogue entre théologie et philosophie, tel que nous venons de l'évoquer, et dont les effets se prolongent de nos jours. Si vous prenez le temps de jeter un œil aux ouvrages de synthèse, manuels scolaires ou livres d'initiation divers qui d'ordinaire prétendent introduire à la philosophie, vous y verrez que cette dernière s'y trouve le plus souvent définie comme un « art de la réflexion », un « exercice de l'esprit critique », voire comme une « initiation à l'argumentation ». Selon la tradition républicaine qui a consacré la classe de terminale de nos lycées, la philosophie serait par excellence cette « discipline de la méthode » dont l'idéal serait que chacun puisse un jour parvenir à « penser par lui-même ». Combien de fois n'ai-je pas entendu des parents d'élèves m'assurer qu'ils se réjouissaient de voir enfin leur fils ou leur fille entrer en classe de terminale, attendu que la philosophie leur « mettrait un peu de plomb dans la tête », leur apprendrait certainement à penser avec davantage de « rigueur » et de « réflexion »... Comme si la philosophie n'apprenait rien que de formel, la conviction s'est répandue que cette discipline, essentiellement critique, s'enracinerait d'abord et avant tout dans une faculté de s'étonner, de remettre en cause soi-même et les autres, de réveiller des sommeils dogmatiques, de sorte que, selon un autre lieu commun de notre enseignement, elle serait bien davantage l'art des questions que celui des réponses...

Cette vision des choses, je le crains, risque de nous induire en erreur. Certes, elle n'a rien d'indigne. Elle s'inscrit même dans une histoire que je trouve plutôt belle et légitime : celle de notre tradition républicaine qui considère – et c'est bien l'idée qui explique la place donnée à la classe de terminale – qu'il faut, pour exercer convenablement ses responsabilités de citoyen, être capable d'autonomie intellectuelle. De même qu'une certaine indépendance financière peut s'avérer utile pour ne pas voter comme un seul homme sur le modèle de ses « maîtres » (ce que les partisans du suffrage censitaire font valoir avec quelque raison à l'époque), de même il faut avoir une certaine autosuffisance sur le plan moral et intellectuel pour que le droit de vote ne soit pas une supercherie. Voilà d'ailleurs la raison pour laquelle un décret de septembre 1809 donne mission à la « classe de philosophie » de faire étudier aux élèves « les fondements de la logique, de la morale et de la métaphysique » ainsi que les principales « opinions des philosophes ». Il s'agit par là de préparer les jeunes gens à l'entrée dans l'âge adulte qui suppose, en effet, réflexion, esprit critique, capacité à argumenter en comparant la validité des différents choix éthiques et intellectuels possibles sur un sujet donné.

Tout dépend du prof !

Tout cela est fort bien et je n'ai certes rien contre les cours d'instruction civique. Simplement, disons-le d'entrée de jeu, la philosophie n'a en vérité rien à voir avec cet art de la réflexion critique à laquelle on a si souvent voulu la réduire. Non, bien entendu, qu'elle n'y recourrait pas. Il est clair qu'il est toujours préférable, et a fortiori en philosophie, de réfléchir, d'argumenter et de penser si possible par soi-même plutôt que comme un perroquet. Mais cela est aussi vrai dans toutes les autres disciplines de la vie de l'esprit : qui oserait prétendre sérieusement qu'un mathématicien, un biologiste, un artiste, un écrivain, mais aussi bien une mère de famille, un journaliste, voire un politique ne réfléchissent ni n'argumentent, et si possible par eux-mêmes ? Il n'y a rien là de spécifique à la philosophie. Tout le monde réfléchit et argumente comme « tout le monde dit *I love you* ». Prétendre que la philosophie aurait en la matière quelque monopole que ce soit est tout simplement ridicule.

La philosophie a en fait une ambition tout autre. Toutes les grandes visions philosophiques de Platon jusqu'à Nietzsche, sans exception aucune, sont des tentatives grandioses pour aider les humains à accéder à une « vie bonne » en surmontant les peurs et les « passions tristes » qui les empêchent de bien vivre, d'être libres, lucides et, si possible, sereins, aimants et généreux. Si on désigne par le mot « salut », comme nous y invitent les dictionnaires, « le fait d'être *sauvé* » (c'est la même étymologie) d'un « grand danger ou d'un grand malheur », alors, les grandes visions philosophiques du monde sont d'abord et avant tout des doctrines du salut. Et c'est là que nous retrouvons le débat entre foi et raison, entre théologie et philosophie.

C'est pourquoi l'on peut dire que, selon un paradoxe que les professeurs de philosophie devraient bien méditer, nos programmes scolaires sont tout à la fois un héritage chrétien et un impératif républicain : à la réduction chrétienne de la philosophie à une analyse scolastique de notions abstraites, ils se contentent d'ajouter l'esprit critique, la réflexion et l'argumentation. Ils associent ainsi toutes les légitimités françaises, du moins celles d'une France fille de l'Église et mère de la République. Cela les rend presque sacrés aux yeux du plus grand nombre, mais, revers de la médaille, ils rendent difficile d'ouvrir les yeux vers la vraie philosophie, comme l'avaient pourtant fait les Grecs. Fort heureusement, ils n'ont rien de contraignant pour nos professeurs qui peuvent en vérité construire leurs cours en toute liberté. Voilà pourquoi nos élèves ont le sentiment, à mon sens légitime, qu'en cette matière, tout dépend du « prof sur lequel on tombe »...

TROISIÈME PÉRIODE

De l'humanisme à la Révolution

Vers une éducation nationale

CHAPITRE 10

L'affirmation de la raison

Une crise de conscience européenne

Quand on parcourt, comme nous venons de le faire, l'Antiquité, puis le Moyen Âge, on a le sentiment de modes de pensée et de modèles d'enseignement qui se déploient en un temps long, voire un temps immobile, tant la problématique de la Renaissance impose un regard rétrospectif et semble exclure la notion de progrès. Comment entre-t-on dans les « Temps modernes », comme disent les historiens ?

Alain Boissinot : Pour les historiens, les Temps modernes débutent avec la fin du XVe siècle : la chute de Constantinople en 1453, la découverte de l'Amérique en 1492. Dans l'histoire des idées et des projets d'enseignement, cette période voit se dessiner progressivement des évolutions majeures, qui finiront par donner corps aux problématiques de l'époque contemporaine. La Renaissance, nous l'avons vu en parcourant la période précédente, s'inscrit sous le signe d'une critique de la scolastique et d'un retour aux Anciens, ce qui la tourne vers le passé. Mais en même temps, elle veut renouer avec la vitalité de cette culture antique, elle secoue le poids de la théologie, elle reconsidère l'univers des savoirs : par là, elle ouvre sur l'avenir.

Les renouvellements viennent aussi des crises que traverse le christianisme : des guerres de Religion à la révocation de l'édit de Nantes, l'affrontement de la Réforme et de la Contre-Réforme catholique provoque dans l'Europe entière des débats qui stimulent l'esprit critique, et fait de l'enseignement un enjeu majeur d'influence. En France, l'affirmation du pouvoir royal, qui ne va pas sans tensions avec l'Église romaine, puis la contestation de l'absolutisme et les crises qui aboutiront à la Révolution s'accompagnent du développement d'une pensée politique, nourrie des échanges entre penseurs européens sur la question du meilleur régime, et qui, comme le Platon de *La République*, accorde une importance capitale à l'éducation.

De l'humanisme aux Lumières, on voit ainsi s'organiser les éléments d'une « crise de la conscience européenne », pour reprendre le titre d'un livre de Paul Hazard, paru en 1961. Cet ouvrage désormais classique porte sur la période charnière des dernières années du règne de Louis XIV. Mais on peut aisément donner à la notion un empan beaucoup plus large, à condition de débarrasser le terme de « crise » de ses connotations négatives, et d'y voir ce qui amorce des temps nouveaux autant que ce qui fragilise l'ordre ancien.

Il ne s'agit pas ici de suivre le détail de ces évolutions, mais plutôt de tenter d'en identifier les principaux axes. Ils concernent à la fois le projet d'enseignement lui-même (que doit-on enseigner ?), les publics concernés (qui enseigne-t-on ?), et l'organisation des enseignements (comment enseigne-t-on ?). À l'horizon de ces débats, les temps de la Révolution et de l'Empire, malgré la persistance de bien des pratiques anciennes, ouvriront une nouvelle période qui est celle de la construction d'un « système éducatif ».

L'appétit encyclopédique

En somme, il s'agit maintenant de considérer la Renaissance humaniste non plus comme une sortie du Moyen Âge, mais comme une ouverture à de nouveaux schémas de pensée. Une naissance, et non pas seulement une (re)naissance ?

En fait, les deux dimensions entretiennent en permanence une relation complexe. C'est d'ailleurs une caractéristique essentielle des débats sur l'enseignement que de se jouer sans cesse entre fidélité à la tradition et volonté de renouvellement... On n'en a pas fini, pour le meilleur et pour le pire, de constater la prégnance du modèle antique. Mais, des penseurs italiens du XVe siècle jusqu'au siècle des Lumières, des perspectives nouvelles s'affirment et peu à peu s'articulent d'une façon qui dessine une configuration différente. Bien sûr, les pratiques ne changent pas pour autant du jour au lendemain. Il y a là une autre donnée de l'histoire de l'enseignement : l'inertie des usages est considérable, et d'ailleurs justifiée par beaucoup au nom de l'importance de la « transmission ». Il faut souvent des décennies, voire des siècles, pour que les idées nouvelles fassent évoluer les pratiques : c'est pourtant elles qui en donnent le sens.

Une première caractéristique qui se manifeste avec de plus en plus d'insistance, c'est l'appétit encyclopédique : nous l'avons déjà évoqué à propos des géants de Rabelais. Le changement d'échelle que suggère la fiction, de l'homme ordinaire au géant, ne relève pas seulement de la fantaisie littéraire ; il revalorise, si l'on ose dire, le poids de l'homme dans le monde. Ce n'est pas un hasard si le nom du Florentin Pic de La Mirandole (1463-1494), qui représente en quelque sorte la première et grandiose incarnation du projet humaniste, est passé dans l'usage courant pour désigner un appétit insatiable et universel de savoir.

Les programmes d'enseignement qui se succèdent à partir du siècle suivant, dans l'Europe entière, participent de la même ambition. Celui de Rabelais est très proche de ce que proposait Pierre de La Ramée, grand éducateur qui fut victime de la Saint-Barthélemy. Dans son collège de Presles, il impose un emploi du temps qui sature la journée de leçons mais aussi d'exercices, car il est persuadé que la principale mission du maître est d'entraîner l'élève par la pratique. Les enseignements du *trivium* restent déterminants, mais les années supérieures font leur place à la philosophie, à la mathématique et à la physique, de façon à couvrir tout le champ des savoirs. Cette ouverture se manifeste aussi bien chez Mélanchthon (1497-1560), « précepteur de la Germanie », disciple à la fois de Luther et des humanistes, et plus tard chez le Tchèque Comenius (1592-1670). On la retrouve dans des utopies pédagogiques célèbres, comme *La Cité du Soleil* du Calabrais Thomas Campanella (1602) ou *La Nouvelle Atlantide* de l'Anglais Francis Bacon (1624). Souvent proche de Montaigne, Pierre Charron veut former un « esprit universel » :

> Cet esprit universel se doit acquérir de bonne heure par la diligence du maître instructeur, puis par les voyages et communications avec les étrangers, et par la lecture des livres et histoires de toutes nations... Finalement le maître doit lui apprendre à ne rien recevoir à crédit et par autorité : c'est être bête et se laisser conduire comme un buffle – mais d'examiner tout avec la raison, lui proposer tout et puis qu'il choisisse ; s'il ne sait choisir, qu'il doute[46] !

Sautons quelques décennies : la célèbre *Encyclopédie* dirigée par Diderot et d'Alembert matérialisera, en un projet éditorial dont le retentissement fut immense, l'inventaire systématique des savoirs du temps[47]. Rien de plus éclairant que son *Discours préliminaire*, rédigé par d'Alembert, qui retrace notamment la façon dont il perçoit l'évolution des idées depuis la Renaissance. L'humanisme y est présenté comme un premier éveil des Lumières, encore obscurci par l'héritage de la scolastique :

> L'esprit humain se trouvait, au sortir de la barbarie, dans une espèce d'enfance, avide d'accumuler des idées, et incapable pourtant d'en acquérir d'abord d'un certain ordre par l'espèce d'engourdissement où les facultés de l'âme avaient été si longtemps plongées. [...] La scholastique qui composait toute la science prétendue des siècles d'ignorance, nuisait encore aux progrès de la vraie philosophie dans ce premier siècle de lumière.

« *Quitter le monde des livres...*

Mais cette tentation encyclopédique, même si elle s'exprime avec de plus en plus d'insistance, n'était pas étrangère au Moyen Âge, nous en avons vu plusieurs exemples dans la période précédente. En quoi donc peut-elle amorcer un changement de paradigme, comme nous disons souvent aujourd'hui ?

Pour que se dessinent de nouvelles logiques, il faut en effet d'autres évolutions, qui affleurent d'ailleurs dans les propos de Pierre Charron ou de d'Alembert que nous venons de rapporter. Des textes de plus en plus nombreux proposent un défi : pour satisfaire l'appétit de savoir, il ne suffit plus de la compilation des livres, il faut se confronter directement au monde. La même formule revient sans cesse, avec diverses variantes : il faut quitter le monde des livres pour étudier le livre du monde. Ce geste décisif est au cœur du projet de Descartes : « Sitôt que l'âge me permit de sortir de la sujétion de mes précepteurs, je quittai entièrement l'étude des lettres [pour prendre la résolution] de ne chercher d'autre science, que celle qui se pourrait trouver en moi-même, ou bien dans le grand livre du monde[48]... » Mais le principe apparaît déjà chez les Utopiens de l'Anglais Thomas More[49] : ceux-ci, grâce à la médecine et à la philosophie, « pénètrent les secrets de la nature, ce qui leur donne des joies admirables et leur vaut la faveur de son auteur, l'ouvrier de toutes choses. Celui-ci, pensent-ils, agissant comme tous les ouvriers, a exposé la machine du monde afin qu'elle soit contemplée par l'homme, seul être capable de la comprendre... ». On le retrouve chez Montaigne, traitant de l'éducation des enfants : « Ce grand monde [...] c'est le miroir où il faut nous regarder pour nous connaître comme il faut. En résumé, je veux que ce soit le livre de mon élève[50]. » Il revient encore chez Pierre Charron décrivant la façon dont le maître doit former l'écolier : « Il doit aussi lui former et mouler son esprit au modèle et au patron général du monde et de la nature, le rendre universel, c'est-à-dire lui représenter en toutes choses la face universelle de nature, que tout le monde soit un livre[51]. »

Le renversement est déterminant, et entraîne avec lui de nombreuses conséquences. Dès lors qu'on s'émancipe de l'autorité des textes, de nouvelles priorités apparaissent avec insistance : voyager, pour découvrir la nature, les pays et les hommes, apprendre les langues étrangères, sortir de l'univers des mots pour explorer les choses. C'est toute la logique « littéraire » sur laquelle, nous l'avons vu, était construit l'enseignement traditionnel qui se trouve remise en cause. C'est aussi la prééminence du latin qui vacille – et ce n'est pas un hasard si Descartes écrit son *Discours de la méthode* en français. Un autre projet devient souhaitable, comme en prend acte le philosophe français Helvétius :

> Je conviendrai, si on le veut, qu'au sortir de ses classes un jeune homme est fort instruit des finesses de l'expression latine; mais, dans cette supposition même, je demanderai si l'on doit payer cette connaissance du prix de huit ou dix ans de travail et si, dans la prime jeunesse, dans l'âge où la curiosité n'est combattue par aucune passion, où l'on est par conséquent plus capable d'application, ces huit ou dix années consommées dans l'étude des mots ne seraient pas mieux employées à l'étude des choses et surtout des choses analogues au poste qu'on doit vraisemblablement remplir[52].

... pour étudier le livre du monde »

Se libérer ainsi des autorités, que ce soit celle de l'Antiquité ou celle des textes sacrés, c'est trancher en faveur de la raison le débat dont nous avons vu qu'il parcourt tout le Moyen Âge. La vérité, les savoirs légitimes qui peuvent devenir objet d'enseignement, ne proviennent plus de l'exégèse des auteurs antérieurs, mais de la mise en œuvre d'une méthode rationnelle : on retrouve ici Descartes, et avant lui Montaigne pour qui il faut d'abord former le jugement :

> Que [le précepteur] fasse tout passer par le [filtre d']étamine, qu'il ne loge rien dans la tête [de son élève] par pure autorité et en abusant de sa confiance ; que les principes d'Aristote ne soient pas pour lui des principes, pas plus que ceux des Stoïciens et des Épicuriens. Qu'on lui expose cette diversité de jugements : il choisira s'il peut ; sinon il demeurera, entre eux, dans le doute. Il n'y a que les sots qui soient sûrs et déterminés. [...] La vérité et la raison sont communes à chacun et n'appartiennent pas plus à celui qui les a dites la première fois qu'à celui qui les dit après.

Retour vers les choses elles-mêmes, primat de la raison : une science au sens moderne devient possible.

Il suffit de se reporter au *Discours préliminaire* de l'*Encyclopédie*, que nous avons déjà rencontré, pour mesurer le déplacement qui s'est opéré. Dans la première partie, il expose et classe les différents champs de la connaissance en renversant délibérément l'ordre traditionnel du *trivium* et du *quadrivium* et en commençant par les sciences et les techniques. Puis, dans une partie historique, il évoque les grands noms de ceux qui ont permis de sortir des ténèbres de la scolastique : Bacon (*De la dignité et de l'accroissement des connaissances humaines*), Descartes, Newton, enfin Locke (*De l'entendement humain*). Avant de mentionner quelques autres noms, dont ceux de Galilée, Pascal ou Leibniz, d'Alembert conclut : « Tels sont les principaux génies que l'esprit humain doit regarder comme ses maîtres, et à qui la Grèce eût élevé des statues, quand même elle eût été obligée pour leur faire place, d'abattre celles de quelques conquérants. » Hommage étonnant, qui rétroactivement érige les pionniers d'un nouveau monde intellectuel au rang de héros de la Grèce antique...

On étudiait naguère dans les classes de première un apologue de Fontenelle, qui illustre cette volonté rationnelle avec un esprit qui est déjà celui du XVIIIe siècle :

En 1593, le bruit courut que les dents étant tombées à un enfant de Silésie, âgé de sept ans, il lui en était venu

> une d'or à la place d'une de ses grosses dents. Horstius, professeur en médecine dans l'université de Helmstadt, écrivit en 1595 l'histoire de cette dent, et prétendit qu'elle était en partie naturelle, en partie miraculeuse, et qu'elle avait été envoyée de Dieu à cet enfant pour consoler les chrétiens affligés par les Turcs. Figurez-vous quelle consolation, et quel rapport de cette dent aux chrétiens ni aux Turcs. En la même année, afin que cette dent d'or ne manquât pas d'historiens, Rullandus en écrit encore l'histoire. Deux ans après, Ingolsteterus, autre savant, écrit contre le sentiment que Rullandus avait de la dent d'or, et Rullandus fait aussitôt une belle et docte réplique. Un autre grand homme, nommé Libavius, ramasse tout ce qui avait été dit de la dent, et y ajoute son sentiment particulier. Il ne manquait autre chose à tant de beaux ouvrages, sinon qu'il fût vrai que la dent était d'or. Quand un orfèvre l'eût examinée, il se trouva que c'était une feuille d'or appliquée à la dent, avec beaucoup d'adresse; mais on commença par faire des livres, et puis on consulta l'orfèvre[53].

L'homme prétend donc connaître le monde par l'exercice de la raison. Il peut le transformer et l'aménager à son usage, et réhabilite les « arts mécaniques », les techniques, longtemps tenues pour indignes d'un homme libre. Du coup, le système d'enseignement traditionnel apparaît comme incomplet, voire obsolète : nous y reviendrons tout à l'heure. Profondément, l'autorité de la religion se trouve mise en cause. Celle-ci n'échappe pas à l'exercice du jugement critique. La Réforme, puis la Contre-Réforme, conduisent à argumenter autour d'interprétations différentes des textes sacrés, à en mettre en évidence les contradictions ou les invraisemblances. Démarche que n'ignoraient pas les théologiens du Moyen Âge, nous l'avons vu, par exemple, en évoquant Abélard, mais qui prend une dimension nouvelle dans un contexte où la crise religieuse est aussi une crise politique majeure. Face aux apories du débat théologique, la raison revendique ses droits : en témoigne une démarche comme celle de l'oratorien français Richard Simon, promoteur d'une approche historique et philologique des textes sacrés[54]. Trop de difficultés chronologiques et d'incohérences internes empêchent de lire les textes sacrés sans réserve : elles pourront inspirer les plaisanteries anticléricales d'un Voltaire, mais l'essentiel n'est pas là : il est dans le droit que s'arroge l'esprit humain de poser, sur les textes révélés, un regard critique.

S'affirme par là même la dignité humaine, selon le titre du célèbre ouvrage de Pic de La Mirandole *De la dignité de l'homme*. L'homme est une créature unique; loin d'être condamné à jamais par la Chute et le péché originel, il a la possibilité d'agir sur lui-même et sur le monde par l'intelligence et les techniques. Il peut progresser, il est perfectible : idée essentielle que développeront les Lumières et qui ouvre la voie à de nouvelles conceptions de l'enseignement. Ce n'est pas un hasard si Condorcet, qui joua un rôle majeur dans les débats de la période révolutionnaire sur l'éducation, est aussi l'auteur d'une ambitieuse *Esquisse d'un tableau historique des progrès de l'esprit humain*, publiée en 1795 après sa mort.

CHAPITRE 11

La reconnaissance de l'enfant

Un nouveau regard

*Cette évolution des esprits, telle que nous la voyons se dessiner, relève pour le moment d'échanges entre philosophes, et des jeux de l'imagination : l'*Utopie *de Thomas More dialogue avec l'*Éloge de la folie *d'Érasme! Cela n'est pas suffisant pour faire évoluer les pratiques d'enseignement…*

Alain Boissinot : Certes, mais d'autres interrogations se font jour à la même époque. Elles concernent notamment la représentation que l'on se fait du public à enseigner et des enjeux de cet enseignement. De nombreux facteurs d'évolution vont ainsi entrer en convergence. Comme l'a montré Philippe Ariès[55], la période qui nous intéresse voit naître un nouveau regard sur l'enfance; on peut même dire qu'elle imagine un statut différent de l'enfance. Dans le domaine de l'histoire des mentalités, les évolutions se dessinent bien sûr très progressivement, et n'affectent pas au même rythme les diverses parties de la société. Mais Philippe Ariès montre qu'il se produit bien, autour du

XVIIe siècle, un virage considérable. L'enfant cesse d'être considéré seulement comme un homme en réduction, et d'être mélangé aux adultes. On lui reconnaît des traits particuliers, qui appellent une prise en charge à l'écart du monde, une *scolarisation.* Cette reconnaissance s'accompagne de liens affectifs beaucoup plus forts qu'auparavant entre les parents et leurs enfants ; alors que, dans un contexte de forte mortalité infantile, on avait longtemps accordé peu d'importance au nouveau-né, le jeune enfant commence à faire l'objet d'une attention beaucoup plus grande, et sa formation devient un sujet d'importance. Elle ne peut plus se faire seulement dans des logiques d'apprentissage, qui plongent précocement l'enfant dans l'univers adulte, mais appelle les précautions d'un enseignement spécifique.

Philippe Ariès a étudié de nombreux traits qui manifestent cette importance de l'enfance. Ainsi, au lieu d'attendre l'occasion plus tardive de baptêmes collectifs, l'Église encourage les familles à faire baptiser le plus tôt possible les nouveau-nés, pour assurer leur salut. L'iconographie est aussi révélatrice : alors que les enfants avaient longtemps été représentés comme des adultes en réduction, la peinture va commencer à leur donner les traits propres de la première enfance. Le XVIIe siècle voit se multiplier les portraits d'enfants seuls, et souvent représentés nus. C'est aussi l'époque où l'on commence à être plus sensible à la différence des âges : alors que l'enseignement médiéval n'hésitait pas à mêler dans les écoles ou les universités des âges très différents, nous verrons qu'une organisation en classes d'âge, plus proche de celle que nous connaissons, se dessine progressivement : « Le collège devient alors un outil pour l'éducation de l'enfance et de la jeunesse en général, écrit Ariès. [...] Le collège constitue, sinon dans les réalités plus désinvoltes de l'existence, du moins dans l'opinion plus rationnelle des éducateurs, parents, religieux, magistrats, un groupe d'âge massif, de huit-neuf ans à plus de quinze, soumis à une loi différente de celle des adultes. »

Reconnaître ainsi l'enfance, c'est rencontrer la question de sa nature. Pendant la période médiévale, c'est une conception négative de l'être humain qui domine. Même si le Nouveau Testament fait à l'occasion l'éloge de l'esprit d'enfance, la tradition chrétienne voit d'abord toutes les faiblesses d'une créature marquée par la faute du péché originel. Saint Augustin, dont nous avons noté l'influence, est très sévère à ce sujet :

> La faiblesse du corps est innocente chez l'enfant, mais non pas son âme. [...] Cet âge que je ne me rappelle pas avoir vécu [...] j'hésite à le compter dans la vie que je mène en ce siècle. Il est pour moi plongé dans un aussi noir oubli que le temps que j'ai passé dans le ventre de ma mère. Que si « j'ai été conçu dans l'iniquité », si « c'est dans le péché que ma mère m'a porté », où donc, je vous prie, mon Dieu, où, Seigneur, moi votre Serviteur, où et quand ai-je été innocent[56] ?

La pensée religieuse, à sa suite, a souvent repris cette vision sombre de la nature humaine, pour qui l'éducation ne peut au mieux que tenter de corriger l'insuffisance initiale, avec d'autant moins d'espoir de réussite que la volonté humaine reste impuissante sans la grâce divine, dont l'octroi est par beaucoup jugé improbable : le jansénisme représente une expression extrême de ce pessimisme. Là encore, Philippe Ariès a montré que, si nous voyons souvent dans l'enfance (malgré Freud !) l'âge de l'innocence, les éducateurs du XVIIe siècle, bien plus méfiants, s'attacheront à civiliser cette liberté de mœurs qui caractérisait le monde de Rabelais, à corriger l'enfance en réprimant notamment tout ce qui pourrait éveiller la sexualité. C'est l'époque des livres de civilité et de nombreux traités d'éducation qui prônent contrôle et retenue.

De Fénelon à Rousseau

Il existe pourtant, au sein même de la tradition chrétienne, une vision plus confiante et plus optimiste de l'enfance et de la nature humaine. François de Sales avait proposé une conception de la « vie dévote » (1608), ouverte et tolérante, aux antipodes de ce que sera le radicalisme pascalien et plus proche de l'humanisme de la Renaissance. Sur cette lancée, s'affirme au long des XVIIe et XVIIIe siècles un nouveau discours sur l'éducation, autour de quelques thèmes récurrents. Par exemple Fénelon, dont *Les Aventures de Télémaque*

(1699) connurent un succès considérable et durable, publie en 1687 un *Traité de l'éducation des filles* qui, en plus d'avoir le mérite de s'intéresser à l'éducation féminine, expose bien des vues novatrices sur l'enseignement en général. Il attire l'attention sur l'importance du premier âge et souligne, en des termes qui annoncent Rousseau, qu'il faut « laisser affermir les organes en ne pressant point l'instruction. [...] Il faut se contenter de suivre et d'aider la nature ». Il faut recourir au jeu, veiller à ce que la contrainte ne dégoûte pas les enfants des études, éviter les châtiments : « Il faut que la joie et la confiance soient leur disposition ordinaire [...]. Rendons l'étude agréable ; cachons-la sous l'apparence de la liberté et du plaisir. » Ce qui compromet quelque peu ce projet, constate Fénelon, c'est malheureusement l'usage d'apprendre à lire en latin... remarque intéressante de la part d'un prélat qu'on ne peut soupçonner de dédain pour la culture antique !

Cet esprit se retrouve dans de nombreux textes qu'il n'est pas possible de citer tous ici. Les ouvrages les plus connus se dégagent en fait d'une production considérable et convergente. Rappelons l'influence de John Locke sur l'Europe entière (*Quelques pensées sur l'éducation*, 1693) : si le livre propose un programme d'instruction, toute sa première partie est une étude du comportement propre des enfants et de la façon de les éduquer, y compris en matière de formation et d'entraînement du corps : on trouve chez Locke toute une théorie de la puériculture. Critique des études de son temps, il prône des méthodes naturelles, par exemple pour l'apprentissage des langues, et condamne les châtiments corporels. Comme le fera Rousseau, il souhaite que l'élève, quel que soit son rang, apprenne un métier manuel.

Impossible évidemment de ne pas évoquer l'influence considérable de Rousseau à ce moment-là...

Rousseau a d'ailleurs le livre de Locke sous les yeux quand il écrit l'*Émile* (1762) et les passages de *La Nouvelle Héloïse* consacrés à l'éducation (1761). On y retrouve toutes les problématiques que nous venons d'évoquer, mais en quelque sorte portées à incandescence dans le cadre de la philosophie rousseauiste, ce qui leur donnera pour des siècles un retentissement exceptionnel. Renversant les perspectives anciennes, Rousseau théorise ce qu'il nomme à plusieurs reprises une « méthode inactive », qui doit laisser le temps à la nature de faire son œuvre chez un enfant mis en présence des choses elles-mêmes, et non de l'univers artificiel des mots, formé à l'exercice de la raison, et non soumis à l'autorité. Il ne s'agit pas de gaver l'enfant de science, mais de lui en donner le goût et de lui permettre de la comprendre, au sens fort du terme. Pour cela, il faut savoir perdre du temps, au lieu de brusquer les étapes :

> Oserai-je exposer ici la plus grande, la plus importante, la plus utile règle de toute l'éducation ? Ce n'est

> pas de gagner du temps, c'est d'en perdre. [...] La première éducation doit donc être purement négative. Elle consiste, non point à enseigner la vertu ni la vérité, mais à garantir le cœur du vice et l'esprit de l'erreur. Si vous pouviez ne rien faire et ne rien laisser faire ; si vous pouviez amener votre élève sain et robuste à l'âge de douze ans sans qu'il sût distinguer sa main droite de sa main gauche, dès vos premières leçons les yeux de son entendement s'ouvriraient à la raison ; sans préjugé, sans habitude il n'aurait rien en lui qui pût contrarier l'effet de vos soins. Bientôt il deviendrait entre vos mains le plus sage des hommes et en commençant par ne rien faire, vous auriez fait un prodige d'éducation[57].

Il ne faut toutefois pas simplifier abusivement la pensée de Rousseau : il ne s'agit pas de suivre aveuglément la nature et de disqualifier la culture : en permanence l'enfant est accompagné par un précepteur qui le mène discrètement : « il faudra le guider un peu, mais très peu, sans qu'il y paraisse[58] ». Et Rousseau écrit dans le livre II : « Qu'il [l'élève] croie toujours être le maître et que ce soit toujours vous qui le soyez. Il n'y a pas d'assujettissement si parfait que celui qui garde l'apparence de la liberté ; on captive ainsi la volonté même. » Où l'on voit que la « méthode inactive » est bien plus éloignée de la non-directivité qu'on ne pourrait le croire... Quoi qu'il en soit, ce nouveau regard sur l'enfance, en même temps que la réévaluation des savoirs à enseigner, ouvre un champ dans lequel s'inscrivent encore pour l'essentiel les débats sur l'éducation.

La rudesse de l'ignorance

L'élève de Rousseau comme celui de Locke, accompagnés par leurs précepteurs, restent toutefois des élèves théoriques, choisis explicitement au demeurant, pour les besoins de la démonstration, dans des milieux privilégiés. Mais qu'en est-il des publics effectivement enseignés ?

Nous abordons ici un autre sujet que notre époque connaît bien : d'une certaine façon, la période qui nous intéresse va rencontrer la question de la « démocratisation » de l'enseignement. Depuis l'Antiquité et le Moyen Âge, nous l'avons vu, il existe bien sûr des formes d'éducation « non formelle », comme on dit aujourd'hui : formation par la famille ou l'entourage et le milieu, apprentissage, diffusion de traditions culturelles et religieuses... Mais l'éducation formelle, c'est-à-dire un enseignement explicitement organisé en tant que tel, ne concerne qu'une minorité de la population, essentiellement masculine, et ce d'autant plus nettement qu'on dépasse le stade des rudiments. S'il continue à en être ainsi durant notre période, on voit toutefois augmenter tant l'offre que la demande de formation. Un débat se dessine : faut-il limiter l'accès à la formation, ou au contraire tendre vers une instruction universelle, et en ce cas jusqu'à quel niveau ?

C'est là une question éminemment politique, qui fera l'objet de vifs débats au XVIIIe siècle et pendant la période révolutionnaire.

Dès le XVIe siècle, la Réforme joue un rôle important dans le développement de l'instruction. Contre les superstitions véhiculées par les moines, Luther insiste non seulement sur la formation supérieure, rejoignant la démarche humaniste et antiscolastique, mais aussi sur une formation élémentaire et populaire, qui recourt à la langue maternelle. Son disciple Mélanchthon, nous l'avons vu, joue un rôle essentiel pour le développement de l'instruction outre-Rhin. En France, les écoles élémentaires et l'alphabétisation se développent particulièrement dans les terres d'influence protestantes, notamment entre l'édit de Nantes (1598) et sa révocation (1685). L'Église catholique, après avoir longtemps voulu garder le monopole de la lecture et de l'interprétation des textes sacrés, doit relever le défi, et le concile de Trente insiste sur la tâche d'éducation qui lui revient. Comme la Réforme, la Contre-Réforme catholique va donc jouer dans le sens de la diffusion de l'instruction, qu'il s'agisse de l'enseignement élémentaire ou des niveaux supérieurs dans lesquels les collèges jésuites ont un rôle déterminant. L'Église catholique encourage le développement d'écoles pour les pauvres : on cite souvent en exemple le réseau organisé à Lyon par Charles Démia à la fin du XVIIe siècle, d'autant qu'il apparaît aussi comme un réformateur sur le plan pédagogique. Le pouvoir royal, sensible à la méfiance des notables à l'égard de l'éducation du peuple, encourage et accompagne ce mouvement de scolarisation plus qu'il ne le suscite.

Cette stratégie rencontre la demande sociale d'une meilleure formation : alphabétisation et instruction progressent nettement sur l'ensemble de la période, même si, nous le verrons plus loin, ce mouvement général recouvre de fortes disparités selon les territoires et selon les moments, des phases de recul liées aux troubles religieux, politiques, économiques, alternant avec des temps de progrès. Mais il ne va pas de soi d'accueillir avec faveur cette demande d'instruction. Certains craignent que même l'acquisition des rudiments ne détourne les enfants des travaux des champs ou de l'apprentissage ; a fortiori, n'est-il pas dangereux que trop d'entre eux prolongent plus loin leur scolarité et s'engagent dans les collèges ? La multiplication de ceux-ci, au XVIIe siècle, inquiète vite, et de nombreux avertissements se font entendre : ne va-t-on pas détourner les jeunes des tâches productives, et fabriquer des aigris dotés d'une culture classique à la fois fragile et inutile ? On cite souvent à ce sujet la crainte exprimée déjà par Richelieu dans son *Testament politique*[59] :

> Comme la connaissance des lettres est tout à fait nécessaire à une république, il est certain qu'elles ne doivent pas être indifféremment enseignées à tout le monde. Ainsi qu'un corps, qui aurait des yeux en toutes ses parties, serait monstrueux, de même un État le serait-il si tous ses sujets étaient savants. On y verrait aussi peu

d'obéissance que l'orgueil et la présomption y seraient ordinaires ; le commerce des lettres bannirait absolument celui de la marchandise, qui comble les États de richesses ; il ruinerait l'agriculture, vraie mère nourrice des peuples, et il déserterait en peu de temps la pépinière des soldats, qui s'élèvent plutôt dans la rudesse de l'ignorance que dans la politesse des sciences ; il remplirait enfin la France de chicaneurs plus propres à ruiner les familles et troubler le repos public qu'à procurer aucun bien aux États.

François de Dainville, auteur d'un ouvrage de référence, *L'Éducation des jésuites* (du XVIe au XVIIIe siècle), a montré comment le développement des collèges rencontrait une demande qui leur donne un caractère plus démocratique qu'on ne le dit souvent, même si la possibilité de scolariser un enfant est très liée à la conjoncture économique et par exemple au cours du blé. Mais il explique aussi que les projets de création de collèges n'étaient pas toujours bien accueillis. Ainsi Nantes, ville de commerce maritime, résiste-t-elle avec acharnement, et son maire, au début du XVIIIe siècle, plaide-t-il même pour un transfert de l'université à Rennes, ville de Parlement plus accueillante aux activités intellectuelles... Ce n'est que progressivement, au XVIIIe siècle, que s'installe dans les milieux éclairés l'idée que l'ignorance est un frein au progrès technique et économique.

La science des femmes

La même prudence marque le sujet de l'éducation des filles. Leur vocation domestique impose une formation morale et une préparation aux activités du foyer, incompatibles, selon un préjugé tenace, avec l'étude des lettres latines ou des sciences. Comme elles sont exclues des collèges, leur instruction dépend de précepteurs, ou d'institutions privées ou religieuses qui leur sont destinées : des initiatives comme celle de Mme de Maintenon, fondant à Saint-Cyr en 1686 une école pour des jeunes filles pauvres mais de solide noblesse, en donnent l'exemple. En 1687, Fénelon, on l'a vu plus haut, publie bien un *Traité de l'éducation des filles.* Mais, outre que l'ouvrage contient surtout des analyses sur l'enfance en général, il continue à subordonner la formation des filles à une représentation de leur rôle futur : « Il doit y avoir, pour leur sexe, une pudeur sur la science [c'est-à-dire sur le savoir], presque aussi délicate que celle qui inspire l'horreur du vice. [...] La science des femmes, comme celle des hommes, doit se borner à s'instruire par rapport à leurs fonctions ; la différence de leurs emplois doit faire celle de leurs études. »

En effet, on est avec l'exemple des édiles de Nantes aux antipodes des élus d'aujourd'hui, prêts à tout pour obtenir une implantation universitaire... Mais n'est-ce pas qu'ici l'intérêt plus ou moins bien compris de la ville l'emporte sur celui des individus ?

Formulée ainsi, la question paraît quelque peu anachronique : comme le dit Helvétius dans les propos que nous avons rapportés plus haut, on ne conçoit guère à l'époque la formation d'un homme indépendamment du « poste qu'[il] doit vraisemblablement remplir », lequel est largement déterminé par sa naissance. Dans cette logique, nous venons de le voir, une éducation trop répandue serait un facteur de désordre social. Les philosophes français du XVIIIe siècle, Rousseau comme Voltaire, se gardent bien d'envisager un enseignement ouvert à tous, et La Chalotais, dans un texte fondateur à bien des égards (*Essai d'éducation nationale*, 1763), s'inquiète de ce qu'il y ait trop de collèges, où même laboureurs et artisans veulent envoyer leurs enfants, et écrit sans ambages : « Le bien de la société demande que les connaissances du Peuple ne s'étendent pas plus loin que ses occupations. Tout homme qui voit au-delà de son triste métier, ne s'en acquittera jamais avec courage et patience. » Il est en effet évident à ses yeux que l'éducation a pour rôle, selon ses propos, de « former des Sujets pour l'État » et doit être organisée en proportion des différentes fonctions à exercer dans la société. Le peuple et les élites ne sauraient donc recevoir la même éducation. François de Dainville cite un *Mémoire* de 1667 qui déjà fait bien apparaître les raisons de ces craintes : un développement excessif de l'instruction « est un grand désordre qui choque la modération chrétienne laquelle oblige un chacun à se tenir dans les bornes de sa condition et à ne pas s'élever au-dessus des droits de sa naissance».

De la même façon, nous venons de le voir, l'éducation des filles, de Fénelon à Rousseau, est entièrement déterminée par le rôle qu'elles auront à jouer dans la famille, et si l'on défend l'idée de les éduquer c'est au bénéfice de celle-ci. Le même La Chalotais, qui s'indigne : «Il est inconcevable qu'on ait tant négligé en France l'instruction des femmes», donne trois arguments significatifs : des femmes plus instruites élèveraient mieux leurs enfants; elles n'en seraient que plus aimables aux yeux des hommes; enfin, ayant une occupation, elles seraient protégées des tentations que fait naître l'oisiveté...

L'instruction pour tous?

Les débats intenses de la période révolutionnaire vont à la fois modifier et radicaliser cette problématique. Dans la société nouvelle qu'on cherche à édifier sur les ruines de l'Ancien Régime, l'éducation ne peut plus être proportionnée aux rangs. Pour autant, la référence à la diversité des fonctions et des responsabilités sociales ne disparaît pas, non plus que la place particulière des femmes, malgré les prises de position de penseurs comme Condorcet.

D'autre part la remise en cause des rangs et des privilèges ne signifie pas nécessairement une libération de l'individu : l'effort d'éducation devra désormais porter, non sur son épanouissement, mais sur la façon d'en faire un citoyen. Pour les concepteurs de projets éducatifs – Condorcet est le plus célèbre – la question devient : comment, dans une société républicaine, donner à chacun l'instruction nécessaire pour qu'il puisse exercer valablement sa part de la responsabilité collective et de l'activité législatrice ? On retrouve alors une problématique dont nous avons vu la prégnance dans l'éducation de la Grèce classique : un lien nécessaire s'établit entre éducation et participation à la vie de la cité. Il faut être (suffisamment) éduqué pour être un bon citoyen, et réciproquement la cité est formatrice (elle impose une forme à l'individu). Plus la participation au corps civique est ouverte, plus l'éducation devient nécessaire et doit être largement offerte. Cette référence antique est familière aux penseurs du XVIIIe siècle et de la période révolutionnaire. Comme l'écrivit quelques années après Chateaubriand, dans son *Essai sur les révolutions*, « notre révolution a été produite en partie par des gens de lettres qui, plus habitants de Rome et d'Athènes que de leur pays, ont cherché à ramener dans l'Europe les mœurs antiques ». Reste que, nous l'avons vu dans la première période, le modèle de l'Antiquité peut s'interpréter de plusieurs façons. Si certains, comme Condorcet, mettent en avant l'éducation et le droit à l'esprit critique, voyant bien que le moule civique peut devenir attentatoire à la liberté, d'autres donnent la priorité à la conformité immédiate au modèle imposé par la cité, quitte à l'obtenir par la Terreur. Ceux-ci se réclament plutôt de Sparte que d'Athènes : c'était la tentation de Rousseau, qui dans l'*Émile* multiplie les éloges des Spartiates et ironise sur ceux qu'il appelle « les babillards Athéniens », ce sera la position de Robespierre ou de Saint-Just pendant le moment montagnard.

Le latin d'abord

Si de nouvelles ambitions et de nouveaux projets en matière d'enseignement s'affirment à cette époque, il nous reste à voir dans quelle mesure ils font véritablement évoluer les pratiques et les institutions. Qu'en est-il dans la réalité ?

Comme toujours, les évolutions en ce domaine se jouent dans un temps long. Pendant le Moyen Âge, nous avons vu comment de nombreuses permanences se combinent avec des nouveautés importantes, en particulier l'affirmation des universités. La période qui nous intéresse maintenant, en même temps qu'elle voit apparaître des éléments de transformation des enseignements élémentaires, est surtout celle du développement des collèges, et à partir de là celle de la naissance d'une caractéristique importante du système éducatif français : l'existence d'un enseignement secondaire fort, voire hégémonique.

Au Moyen Âge, se sont organisés différents types d'écoles, sous le contrôle de l'Église. Les petites écoles se multiplient aux XIVe et XVe siècles, continuant à accueillir des élèves d'âge très divers. Les Frères de la vie commune, par exemple, qui apparaissent aux Pays-Bas à la fin du XIVe siècle, font un travail considérable de formation morale et d'alphabétisation : apprendre à lire, à écrire, connaître les prières. En même temps, la pratique du français progresse aux dépens des autres dialectes du Nord et de la langue d'oc. Les élites continuent à avoir recours à des précepteurs : on songe à l'enseignement que reçoit Montaigne, à la relation entre Fénelon et le duc de Bourgogne, qui donne lieu à la rédaction du *Télémaque*, ou au modèle auquel se réfèrent la plupart des utopies éducatives, jusqu'à Rousseau. Mais les écoles prennent de l'importance et, rappelons-le, deviennent un enjeu dans le cadre des affrontements religieux. À l'aube des Temps modernes, elles relèvent de deux modèles principaux. Dans le nord de la France, ce sont des institutions paroissiales, directement contrôlées par l'Église, et dont les maîtres sont des clercs. Dans le Midi, elles dépendent de l'autorité communale, qui recrute des enseignants le plus souvent laïcs, ce qui bien sûr ne les dispense pas de prôner la morale chrétienne. Si dans le Nord la catéchèse a toute sa place à l'école, dans le Midi elle se déroule plutôt à l'extérieur.

Dans l'ensemble, l'enseignement élémentaire reste très traditionnel : lire, c'est-à-dire déchiffrer, puis écrire en reproduisant des modèles, aborder au mieux les rudiments du calcul. Ces étapes sont passées successivement : l'idée d'enseigner simultanément lecture et écriture n'apparaît que chez certains théoriciens du XVIIIe siècle. Toutefois des éléments de renouvellement apparaissent. Ils concernent d'abord la langue d'enseignement. L'utilisation du latin reste très majoritaire, d'autant que ses partisans peuvent avancer que la correspondance phonème-graphème est plus simple en latin qu'en français et que le recours au latin, langue de l'Église considérée comme universelle, permet de contourner la diversité des parlers régionaux. Malgré cela, le recours au français progresse : c'est notamment la pratique des Frères des écoles chrétiennes, de Jean-Baptiste de La Salle, à qui leur réputation d'excellents pédagogues, soigneusement formés, donne une grande influence et dont l'action se développe à partir de 1680.

Premières classes d'âge

Une autre évolution majeure porte sur l'organisation des écoles. L'enseignement traditionnel pratique une méthode dite « individuelle » : le maître s'occupe successivement d'un seul élève à la fois, d'autant que la grande diversité des âges et des temps de scolarisation ainsi que l'absence d'outils communs empêchent de s'adresser à un groupe trop hétérogène. Pendant ce temps-là, les autres ne peuvent guère être dirigés. Mais peu à peu va apparaître une méthode « simultanée » : c'est le cas par exemple à Lyon dans les écoles de Charles Démia. Elle suppose que le maître, relayé au besoin par un élève-moniteur, s'adresse collectivement à un groupe d'élèves plus homogène, ce qui préfigure notre organisation en classes liées à l'âge. Cette méthode simultanée, appuyée par des livres adaptés, sera également celle des Frères des écoles chrétiennes (souvent appelés « Frères ignorantins »).

Si la qualité des Frères des écoles chrétiennes est fréquemment soulignée, c'est aussi que, contrairement à eux, la plupart des maîtres, clercs, en particulier dans les écoles paroissiales, ou laïcs, n'ont aucune formation spécifique. Ils sont souvent choisis pour leur réputation morale plus que pour leurs compétences. Certains ne sont capables d'enseigner que la lecture... Mal rémunérés, même si à leurs gages peuvent s'ajouter quelques avantages en nature, de petites contributions des élèves (l'« écolage »), ou la rétribution d'activités liturgiques auprès du curé, ils sont installés dans des locaux souvent très médiocres qui servent à la fois d'habitation et de salle de classe. Leur statut reste modeste, s'il n'est pas misérable. Les effectifs des écoles peuvent être très importants, d'où la nécessité d'une discipline rigoureuse. L'Église veille à ce qu'on ne mêle pas garçons et filles dans les petites écoles, ce qui suppose que se développent, dès le XVIIe siècle, des congrégations féminines vouées à l'éducation des filles. Gratuit pour les pauvres, leur enseignement peut être payant et de niveau plus élevé pour des pensionnaires de milieu aisé.

L'efficacité de cet enseignement est difficile à évaluer précisément. L'évolution n'est pas linéaire :

les désordres dus aux guerres de Religion fragilisent la scolarisation, avant une reprise au XVIIe siècle. Les enquêtes qui ont été conduites, à partir des signatures de contrats de mariage ou de testaments, font apparaître un développement progressif de l'alphabétisation. Mais il est très inégal : il concerne les hommes plus que les femmes, les zones urbaines plus que les campagnes, la France du Nord plus que celle du Midi, et à l'intérieur de celui-ci le Sud-Est plus que le Sud-Ouest. Bien sûr la fracture est aussi sociale, nobles, clercs, hommes de loi et bourgeois se distinguant des simples travailleurs des villes et des campagnes. Selon les historiens Marc Venard et Jean Quéniart, « à la fin du XVIIe siècle, 71 % des Français et 89 % des Françaises – à la campagne, moins sans doute en ville – [sont] encore parqués dans l'analphabétisme ». Si la langue française progresse au long du XVIIe siècle, notamment dans les villes, au moment de la Révolution, la grande majorité des habitants s'exprime dans les langues et parlers régionaux : cela ne facilite pas les progrès de l'alphabétisation. Ils sont pourtant nets au XVIIIe siècle, notamment chez les femmes, même si l'on retrouve les fractures évoquées ci-dessus. À la veille de la Révolution, près d'un homme sur deux est capable de signer de son nom. Un long processus est en cours, qui se poursuivra avec la consolidation de l'enseignement primaire à partir du XIXe siècle.

CHAPITRE 12

La floraison des collèges

Grammaire et humanités

Pendant ce temps, que deviennent les niveaux d'instruction supérieurs ? Nous avons évoqué tout à l'heure le débat sur la multiplication des collèges...

Alain Boissinot : C'est en effet autour des collèges que va se nouer une phase essentielle de l'histoire de l'enseignement. À l'origine, nous l'avons vu dans la période précédente, les collèges sont des lieux d'hébergement pour les étudiants des universités et notamment pour ceux des facultés des arts, les plus jeunes et les plus nombreux. Même si des activités pédagogiques peuvent s'y organiser et si certains à partir de là proposeront des cours, ils ne sont pas au départ définis en tant que tels comme institutions d'enseignement. C'est cette situation qui va évoluer à partir de la fin du Moyen Âge, sous l'effet conjugué de différents facteurs. L'université est fragilisée par les troubles externes et par la sclérose interne de la scolastique. Elle est contestée par le courant humaniste, qui gagne de l'influence dans les collèges parisiens et, à partir du milieu du XVIe siècle, donne une nouvelle vitalité au monde des « arts » qui évolue davantage que les facultés supérieures et spécialisées (droit, théologie, médecine). Le périple universitaire de Gargantua, accompagné de son maître Ponocrates, illustre une effervescence que décrit longuement Rabelais. Essor fragile, car la Réforme et les guerres de Religion divisent le monde universitaire, font baisser le nombre des étudiants et en limitent la circulation. Les effectifs des facultés des arts chutent fortement. C'est dans ce contexte que se cherchent de nouveaux modes de scolarisation. Les réformés développent, sous le nom d'« académies », des établissements associant formation humaniste et religieuse. Également appelées académies, des écoles se créent pour former les fils de la noblesse. Mais c'est surtout un réseau de collèges, en un nouveau sens du terme, qui va se développer rapidement à partir du XVIe siècle : prenant le relais des facultés des arts, lieu d'instruction plus que d'hébergement, couvrant plus largement le territoire, les collèges constituent la base d'un enseignement secondaire.

Ce qui va les caractériser, c'est aussi une organisation interne forte, qui contraste avec l'ouverture et la souplesse des modes de fonctionnement universitaires du Moyen Âge. Les collèges, à commencer par les établissements parisiens, s'inspirent d'un mode d'organisation qui avait été expérimenté dès le XVe siècle par les Frères de la vie commune, animateurs d'un réseau d'écoles né aux Pays-Bas. Ce sont eux qui ont introduit la répartition des élèves en classes, désignées par des niveaux numérotés en partant de la fin du parcours : d'où les appellations que nous connaissons encore de première, après la terminale, puis seconde, troisième, etc. À cette succession des classes correspond une progression des apprentissages qui reprend successivement les éléments traditionnels du *trivium* et du *quadrivium*. Le collège classique comprend cinq classes, à partir de la cinquième. La sixième constitue éventuellement une classe préparatoire. On suit trois ou quatre classes de grammaire (selon le statut de la sixième), puis une classe d'humanités et une de rhétorique. Vient ensuite un cycle de philosophie en un ou deux ans. Ainsi recule peu à peu le mélange des âges qui a longtemps caractérisé l'enseignement, le parcours allant d'environ onze à dix-huit ans. Mais la diversité ne disparaît pas pour autant, d'autant qu'une classe, dans les grands collèges, peut réunir de cent à plus de deux cents élèves, ce qui ne va pas sans nécessiter une discipline sévère... C'est dans un établissement de ce type que Montaigne, après un temps de formation domestique par un précepteur, fait ses études à Bordeaux – sans enthousiasme au demeurant : le collège de Guyenne, fondé en 1533 et développé par des maîtres venus de Paris, « alors très florissant et le meilleur de France[60] ».

Le modèle jésuite

Tous les établissements n'assurent pas le cycle complet des études, certains n'allant pas jusqu'au niveau du cycle de philosophie, ou ne faisant que prolonger l'enseignement élémentaire par une initiation au latin. Mais le modèle classique sera donné par les collèges jésuites : au milieu du XVIe siècle, la Compagnie de Jésus s'engage dans l'enseignement, conçu au départ, dans une logique de reconquête catholique, comme une forme d'apostolat. En dépit d'oppositions universitaires, les collèges jésuites se multiplient rapidement, avec des implantations soigneusement préparées sur l'ensemble du territoire. Le collège de Clermont, actuel lycée Louis-le-Grand, est appelé à devenir une référence durable. Les jésuites imposent un modèle pédagogique reconnu pour sa qualité qui sera codifié à partir de 1599 dans le *Ratio studiorum* (nous dirions aujourd'hui un « référentiel d'enseignement »), et qui influencera les collèges concurrents que développent d'autres ordres, comme les oratoriens. En un renversement significatif par rapport à la tradition du Moyen Âge, les collèges jésuites sont conçus comme des externats : ce n'est que peu à peu et avec réticence que pour répondre à une forte demande sociale ils s'ouvriront à l'internat. Le pensionnat est d'ailleurs coûteux, et réservé à une élite sociale ; il connaîtra une démocratisation relative au XVIIIe siècle.

Le succès du collège se lit dans les chiffres : Marc Venard, à partir des travaux de François de Dainville[61], estime à 60 000 le nombre des élèves des collèges vers 1627, dont les deux tiers dans les seuls établissements tenus par les jésuites. L'ordre de grandeur semble le même à la veille de la Révolution. Il rapproche ce nombre de l'effectif des garçons dans le secondaire à la fin du XIXe siècle (187 000), et conclut que, la population française ayant doublé entre-temps, le niveau de scolarisation atteint au début du XVIIe siècle n'est pas si loin de celui des débuts de la IIIe République. Pour l'essentiel, ce réseau est en place au milieu du XVIIe siècle et n'évolue que marginalement ensuite. La fin du règne de Louis XIV est même une période de net recul, comme celle de l'Ancien Régime, fragilisée par la crise qu'ouvre l'expulsion des jésuites en 1762.

La large implantation des collèges jésuites permet une « démocratisation » de l'enseignement plus large qu'on ne l'a longtemps cru, comme l'a montré l'historien François de Dainville ; toutefois la scolarisation des enfants les plus modestes, fils de paysans aisés ou d'artisans, se limite souvent aux premières années et reste très dépendante du contexte économique. Même si les droits de scolarité restent limités, il faut acheter des livres, payer un logement ou un trousseau ; scolariser un enfant, c'est perdre une force de travail. Des bourses existent néanmoins, accessibles sur concours ou offertes dans une logique de charité, par exemple pour aider des jeunes issus de bonnes familles désargentées.

Cinq heures de cours par jour

Si le collège apparaît comme une institution nouvelle, marque-t-il aussi une évolution des méthodes et programmes d'enseignement ?

Les temps d'enseignement paraissent raisonnables par rapport à nos usages : environ cinq heures de cours par jour, auxquelles il faut ajouter des temps d'étude pour les pensionnaires et des activités religieuses. Les jours fériés sont nombreux et la durée des vacances estivales croît avec le niveau des cours.

À noter qu'il n'y a pas de notation chiffrée, mais un classement des compositions faites en classe, et des marques d'honneur décernées aux élèves les plus méritants. Une appréciation globale décernée par plusieurs maîtres classe les élèves en trois niveaux en fin d'année et détermine le passage dans la classe supérieure.

À côté de l'enseignement religieux, l'essentiel des études repose sur une formation d'inspiration humaniste, délivrée en latin, même si des congrégations rénovatrices, comme les oratoriens ou les doctrinaires, tendent à répandre l'usage du français. On lit et on commente les classiques latins, porteurs de références morales supposées exemplaires. Ce travail d'analyse des textes, héritier d'une longue tradition, est soigneusement codifié sous le nom de *praelectio*, lecture préparatoire, car il s'agit pour le maître de rendre l'élève capable de lire ensuite le texte par lui-même. Une introduction présente l'auteur et l'œuvre, l'idée principale du passage. Ensuite, phrase à phrase, on élucide les difficultés et on apprécie les points remarquables. Une conclusion résume la portée philosophique et morale du texte. On aura reconnu là sans peine le moule de toutes nos explications de texte ultérieures...

Les autres enseignements restent minoritaires, mais François de Dainville, apologiste des collèges jésuites, a insisté sur le développement qu'y connaissent l'histoire et la géographie, ainsi que les sciences, soutenues par l'autorité royale qui encourage la création de chaires de mathématiques et d'hydrographie, nécessaires à l'aménagement et à la défense du royaume. Les mathématiciens des collèges jésuites ont beaucoup pratiqué l'astronomie. Les mathématiques sont largement ouvertes aux applications : outre l'astronomie, l'optique, la musique, la mécanique, l'hydraulique, l'arpentage et la topographie, la technique des fortifications... La physique couvre aussi un domaine large, qui s'étend à la philosophie de la nature, à la chimie et à l'histoire naturelle, à la géographie physique. Elle se dégage de l'autorité d'Aristote pour suivre le plus souvent Descartes, mais est plus réticente au XVIIIe siècle face à Newton, qui a le double défaut d'être anglais et d'être suspect de matérialisme. Il ne faut toutefois pas oublier que les effectifs des classes des collèges diminuent nettement au fil des années. Beaucoup arrêtent après la rhétorique, ce qui limite fortement l'influence d'un enseignement scientifique qui relève pour l'essentiel du cycle de philosophie.

Théâtre et éloquence

Des nouveautés pédagogiques sont aussi restées célèbres, comme la pratique du théâtre, importante chez les jésuites, qui est à la fois un outil d'édification morale et un moyen d'ouvrir le collège sur son environnement et de permettre aux parents d'en constater l'excellence. Sur ce point, Montaigne garde un bon souvenir de ses études : « Ferai-je état de cette qualité que j'avais en mon enfance : une assurance de visage, et une souplesse de la voix et du geste pour m'adapter aux rôles que j'entreprenais ? Car avant l'âge, j'ai tenu ceux des premiers personnages dans les tragédies latines de Buchanan, de Guérente et de Muret qui furent représentées avec éclat dans notre Collège de Guyenne[62]. »

Que penser de cette formation où, malgré les ambitions humanistes, la fidélité à la tradition semble l'emporter ? Descartes, même si, nous l'avons vu, le début du *Discours de la méthode* est un acte de rupture, évoque avec une certaine indulgence ses études au collège jésuite de La Flèche :

> Je ne laissais pas [...] d'estimer les exercices, auxquels on s'occupe dans les écoles. Je savais que les langues, qu'on y apprend, sont nécessaires pour l'intelligence des livres anciens ; que la gentillesse des fables éveille l'esprit ; que les actions mémorables des histoires le relèvent, et qu'étant lues avec discrétion, elles aident à former le jugement ; que la lecture de tous les bons livres est comme une conversation avec les plus honnêtes gens des siècles passés [...] ; que l'éloquence a des forces et des beautés incomparables, que la poésie a des délicatesses et des douceurs très ravissantes ; que les mathématiques ont

> des inventions très subtiles, et qui peuvent beaucoup servir, tant à contenter les curieux qu'à faciliter tous les arts, et diminuer le travail des hommes[63].

Mais un peu plus d'un siècle plus tard, l'article « Collège » de l'Encyclopédie, rédigé par d'Alembert, est une charge violente :

> Un jeune homme après avoir passé dans un *collège* dix années, qu'on doit mettre au nombre des plus précieuses de sa vie, en sort, lorsqu'il a le mieux employé son temps, avec la connaissance très imparfaite d'une langue morte, avec des préceptes de rhétorique et des principes de philosophie qu'il doit tâcher d'oublier ; souvent avec une corruption de mœurs dont l'altération de la santé est la moindre suite.

Le projet d'éducation nationale

Ces critiques du collège sont liées notamment aux redéfinitions des savoirs que nous avons rencontrées en commençant à étudier cette période. Mais, par-delà la remise en cause, voit-on se dessiner des pratiques et des institutions nouvelles ?

Nous n'avons pas fini de constater, dans l'histoire du système éducatif, une caractéristique : son inertie rend très difficile toute évolution des institutions existantes, et les nouveautés se manifestent plutôt dans la création de dispositifs parallèles.

Vers 1760, la crise paraît évidente. Les critiques des philosophes se multiplient, les traités sur l'éducation paraissent en nombre, l'*Émile* de Rousseau étant le plus célèbre. En 1762, les jésuites sont expulsés du royaume, victimes de l'hostilité conjuguée des gallicans, qui n'acceptent pas leur sujétion au Saint-Siège, des milieux jansénistes, des tenants des Lumières. Les parlements ferment leurs collèges, ce qui entraîne un manque considérable d'enseignants, et suscite de nombreux débats : comment les remplacer ? Parmi les contributions qui se multiplient, l'une des plus marquantes est celle de La Chalotais, procureur général du parlement de Bretagne. Son titre est significatif : *Essai d'éducation nationale ou Plan d'études pour la jeunesse* (1763). Au lieu de s'en remettre à l'Église et aux congrégations, il s'agit pour la Nation de se saisir de la question de l'enseignement : « La Nation est pleinement convaincue aujourd'hui de la nécessité d'une réformation générale dans la méthode ordinaire des Collèges. » Prise de conscience qu'on retrouvera par exemple chez Turgot, qui en 1775 remet au roi un *Mémoire sur les municipalités* où il prône la création d'un « Conseil de l'instruction nationale ».

Les propositions de La Chalotais reprennent des thèmes que nous avons déjà rencontrés. Il insiste sur le rôle de l'instruction pour « perfectionner les hommes » : la nature ne fait pas tout. Il critique la formation scolastique, que la Renaissance n'a pas suffisamment corrigée, et qui était faite par et pour des clercs. Or on ne peut faire confiance à l'Église pour l'éducation, ni à des hommes qui mettent le pape au-dessus des États et les ordres religieux au-dessus de la patrie; position gallicane qui entraîne une conclusion catégorique : « Le bien de la société exige manifestement une éducation civile; et si on ne sécularise pas la nôtre, nous vivrons éternellement sous l'esclavage du pédantisme. »

Une éducation nationale, civile, sécularisée : on voit le nouveau cap que prend la réflexion sur l'enseignement... La Chalotais brosse alors un plan d'études orienté vers l'utilité : il ne s'agit pas de généraliser l'instruction, mais de donner à chacun ce dont il aura besoin selon sa fonction. Il remet en cause l'hégémonie du latin, valorise l'histoire et la géographie, les sciences de la nature (il faut « étudier la nature sur la nature même »), la langue maternelle et les langues vivantes, l'art d'inventer... Mais tout cela doit être conçu en fonction des besoins de la collectivité : « Mon but est de prouver qu'à la place d'une éducation qui n'était propre tout au plus que pour l'École, on peut en substituer une qui formât des Sujets pour l'État. »

On retrouve cet esprit dans les nouveautés qui apparaissent à la fin de l'Ancien Régime. Malgré les préconisations, l'enseignement des collèges, au demeurant fragilisé par le départ des jésuites, peine à évoluer : il faudra attendre l'expérience des écoles centrales, sous la Révolution, pour constater un véritable changement. Le renouvellement passe plutôt par la création d'autres établissements, souvent à l'initiative de l'État lorsqu'il s'agit de répondre à des besoins du royaume, en matière de défense ou d'aménagement du territoire. Naissent ainsi des écoles militaires, accueillant des pensionnaires, avec un programme de formation scientifique. Se développent aussi des établissements correspondant aux premières années du collège, mais proposant, aux dépens du latin, un enseignement technique et pratique plus marqué. Des écoles spécialisées se créent pour répondre aux besoins des techniques et de l'industrie.

Dans l'enseignement supérieur, si les facultés de droit et de médecine gardent leur légitimité et leur rôle professionnalisant, l'effacement des facultés des arts et la contestation des collèges vont entraîner la création d'un nouveau type d'établissements, qui préfigure nos grandes écoles. Apparaît ainsi une caractéristique française qui se révélera très durable, le dualisme d'un enseignement supérieur qui, à côté d'universités fragiles, confie la formation des élites à des écoles spécialisées. Dans les dernières années de l'Ancien Régime, naissent ainsi des écoles vétérinaires, l'École royale du génie et des écoles d'artillerie, et surtout des écoles d'ingénieurs : École des ponts et chaussées, ou École des mines. Comme dans beaucoup d'autres domaines, la création de l'École polytechnique, en 1795, prolongée par des écoles d'application, ou celle du Conservatoire des arts et métiers (1794) et de divers instituts seront moins une création originale de la Révolution que la continuation d'un mouvement largement amorcé dès l'Ancien Régime.

L'éducation en Révolution

Nous voici donc parvenus à la période révolutionnaire, et à l'aube de ce que les historiens considèrent comme l'époque contemporaine. L'éducation va être l'objet d'un débat permanent et enflammé...

En fait deux remarques s'imposent d'emblée. La première est que la Révolution ne constitue pas une rupture aussi nette que certaines représentations ont pu autrefois le laisser entendre. Il y a désormais longtemps que les historiens ont montré que la pensée républicaine, à ses débuts, a eu tendance à durcir à l'excès la frontière entre Ancien Régime et Révolution, de même d'ailleurs, nous le verrons par la suite, que celle que marquent les grandes lois républicaines sur l'école de la fin du XIXe siècle. En fait, en matière d'enseignement plus encore peut-être que dans d'autres domaines, les évolutions sont très progressives. Beaucoup d'entre elles, nous venons de le voir, sont largement amorcées dans la deuxième partie du XVIIIe siècle, dès la fin de l'Ancien Régime.

La seconde remarque est qu'il y a un décalage entre l'intensité des débats sur l'éducation, tout au long de la période révolutionnaire, et la portée des réalisations effectives, qui pour l'essentiel n'interviendront d'ailleurs qu'après Thermidor, voire pendant le Consulat et l'Empire. L'urgence et les contraintes qui caractérisent les temps de la Révolution, la dramatisation des enjeux, expliquent la dureté d'affrontements qui ne séparent pas réflexion sur l'enseignement et projet politique. Ils donnent lieu à de nombreux plans d'éducation, que les guerres, les difficultés économiques et financières, l'instabilité politique empêchent d'entrer en vigueur. Pour autant, dans la radicalité même dont ils font souvent preuve, ils serviront longtemps de référence pour les débats publics : il suffit de penser au prestige mérité dont continue de jouir Condorcet. Par rapport à cette effervescence intellectuelle et politique, les réalisations paraissent modestes, la plus notable étant sans doute l'expérience des écoles centrales. Pourtant les besoins sont d'autant plus urgents que la part de la jeunesse est considérable dans la France de l'époque : Françoise Mayeur rappelle que les moins de dix-neuf ans représenteraient les deux cinquièmes d'une population d'environ vingt-sept millions d'habitants. Mais il faudra attendre l'œuvre législative et organisatrice du Consulat et de l'Empire pour que commence à se dessiner un nouveau « système éducatif ».

L'enseignement élémentaire évolue peu, la politique anticléricale fragilise les petites écoles, même si souvent les mêmes maîtres continuent de fait à enseigner. Des établissements privés se développent. L'une des faiblesses principales du système tient plus que jamais à la faiblesse du niveau des maîtres : une tentative de création d'une École normale, pendant la période thermidorienne, n'aura pas de lendemain.

L'intérêt principal de la période réside dans les plans présentés successivement devant la Constituante, la Législative ou la Convention. Même s'ils ne sont pas appliqués, ils ont l'avantage de clarifier les positions en présence et de structurer le débat sur l'éducation. Ils ont en commun de penser celle-ci dans le cadre d'un système d'ensemble, dont la Nation a la responsabilité. Pour autant, héritant des problématiques que nous avons rencontrées, par exemple, à propos de La Chalotais et qui visent à ajuster la formation aux positions sociales futures, ils limitent en général l'instruction pour tous au niveau élémentaire. Et si, à ce niveau, le principe de gratuité est le plus souvent proposé, on constate plus d'hésitations sur la notion d'obligation scolaire, à la fois faute de moyens pour l'imposer et, pour certains, par attachement à la notion de liberté d'enseignement. Le décret du 24 octobre 1795 est très prudent sur ces questions, qu'il reviendra à la IIIe République de traiter : il ne mentionne pas d'obligation scolaire et prévoit que les élèves devront verser aux instituteurs une rétribution annuelle, dont ils peuvent seulement être dispensés en cas d'indigence. À noter que si le dispositif s'applique aux filles comme aux garçons, c'est à condition que les classes soient séparées : ce refus de la mixité était déjà porté par l'Église sous l'Ancien Régime.

« La saine loi de l'égalité »

Tout cela reste en effet assez modeste. Dans ces conditions, comment expliquer la passion des débats qui ont accompagné l'élaboration des plans révolutionnaires ?

Le point le plus sensible est sans doute la question de l'articulation entre le projet d'enseignement et le projet républicain lui-même. Dans un pays comme le nôtre, où l'éducation se retrouve souvent au cœur des débats politiques, il n'est pas inutile d'y revenir un peu. Nous avons vu tout à l'heure que les révolutionnaires s'étaient souvent référés au « modèle spartiate ». C'est bien là le sujet qui oppose deux programmes particulièrement significatifs, élaborés tous deux en 1792, celui de Condorcet et celui de Lepeletier de Saint-Fargeau.

On peut aisément se reporter aux textes de Condorcet, notamment les *Cinq Mémoires sur l'instruction publique* (1791) et le *Projet de décret sur l'organisation générale de l'instruction publique* (1792). Il y propose une organisation générale du système éducatif qui, notons-le parce que c'est une position originale, préconise la mixité des élèves comme des maîtres. Il prévoit cinq degrés successifs. Les écoles primaires délivrent les connaissances dont chacun a besoin pour exercer ses droits et être capable d'assurer des fonctions publiques. Viennent ensuite des écoles secondaires, des instituts, puis des lycées qui constituent en fait un enseignement supérieur, traitant « les parties les plus relevées des sciences et des arts ». Une Société nationale des sciences et des arts coiffe l'ensemble : composée par cooptation, elle réunit des savants qui sont garants de la qualité de la science et de l'indépendance de l'instruction.

Mais un aspect de la pensée de Condorcet qui a particulièrement été retenu est celui qu'il développe dans le premier *Mémoire*, en expliquant que « l'éducation publique doit se borner à l'instruction ». Cette idée n'a pas toujours été bien comprise, certains y voyant une caution pour la thèse selon laquelle l'enseignement devrait se limiter à une transmission de connaissances, de purs savoirs, en tenant à l'écart toute préoccupation éducative. Or rien n'est plus étranger à la pensée de Condorcet, qui affirme avec insistance que l'enseignement a une responsabilité essentielle dans la formation morale et civique, et qui ne sépare jamais, bien au contraire, les savoirs de leurs applications et des usages sociaux. Autrement dit, pour lui, distinguer l'instruction et l'éducation ne signifie nullement que l'instruction n'ait pas une portée éducative ! Il veut seulement, et c'est là le point essentiel, préserver les droits de la famille sur l'enfant, et éviter d'intervenir sur le terrain des croyances personnelles, au risque de remplacer la religion par une idéologie officielle : en un mot, il rejette le « modèle spartiate » qui asservit l'individu et la science elle-même à l'État.

C'est là ce qui l'oppose au plan que propose en réponse, quelques mois après, Lepeletier de Saint-Fargeau.

Après l'assassinat de celui-ci, son programme sera repris en juillet 1793 par Robespierre. Si Lepeletier n'est pas en désaccord avec l'organisation générale prévue par Condorcet, il préconise que tous les enfants, de cinq à onze ans pour les filles, douze ans pour les garçons, soient retirés à leurs familles pour être pensionnaires dans des maisons d'éducation où, sous l'autorité de l'État et de « la saine loi de l'égalité », on leur inculquerait les principes capables de « régénérer l'espèce humaine » et de former de parfaits citoyens. Tentation radicale, à laquelle Saint-Just donnera des accents encore plus catégoriques. Dans cette perspective, la formation du citoyen l'emporte sur l'éducation des individus, avec le rêve d'une fusion dans la collectivité républicaine, qui s'exprimera également dans le goût des révolutionnaires pour les fêtes civiques, étudiées par Mona Ozouf. On sait que, jusqu'à nos jours, bien des circonstances historiques réactiveront cet affrontement entre deux conceptions de l'enseignement, qui s'opposent sur les droits respectifs de la personne et de la collectivité.

Les collèges, nous l'avons vu, faisaient l'objet de critiques souvent violentes. Que deviennent-ils pendant la période révolutionnaire ?

Le délitement des collèges, amorcé avec l'expulsion des jésuites, se poursuit pendant la Révolution. Le manque de moyens et la pénurie d'enseignants, accentuée par la politique anticléricale, expliquent que la scolarisation recule fortement. Des écoles privées compensent partiellement cette faillite, mais c'est surtout la création des écoles centrales, en 1795, qui manifeste la volonté de remplacer l'ancien système.

Cette création originale innove fortement sur le plan des programmes comme sur celui du mode d'organisation. Fidèles aux idées des encyclopédistes, les écoles centrales réduisent résolument la place du latin pour faire place à la langue française, d'autant que celle-ci apparaît, contre les parlers régionaux, comme un facteur d'unification du corps social et de cohérence républicaine. Les humanités traditionnelles, fortement amputées, sont remplacées par un enseignement qui s'appuie sur les sciences, l'histoire, les langues vivantes. D'autre part l'organisation en niveaux successifs, dont nous avons vu comment elle s'était progressivement mise en place, est abandonnée au profit de cours autonomes que les élèves peuvent suivre « à la carte », combinant éventuellement des niveaux différents selon les domaines. Même si, à l'usage, cette liberté extrême fut partiellement corrigée, l'esprit des écoles centrales rompt donc clairement avec la tradition. Des maîtres parfois prestigieux y enseignèrent : pour autant, elles eurent souvent du mal à trouver les professeurs nécessaires. Leur succès fut inégal, et elles furent loin de trouver un public équivalent à celui des anciens collèges : en 1802, Bonaparte les remplacera par des écoles secondaires et des lycées.

Éphémères, les écoles centrales n'en représentent pas moins, dans l'enseignement français, l'expérience originale d'une organisation des cours fonctionnant « à la carte » et non « au menu », ainsi que d'une redistribution radicale des savoirs. Les lycées napoléoniens reviendront à un fonctionnement beaucoup plus proche de celui des collèges d'Ancien Régime, dans le cadre d'une complète réorganisation d'ensemble. Pour entrer dans une nouvelle période, qui verra la naissance progressive d'un système éducatif au sens moderne, il va donc nous falloir partir du Consulat et de l'Empire.

CHAPITRE 13

Le nouveau sens de l'enseignement

Du nain au géant

Période de « crise de la conscience européenne », les temps qui vont de la Renaissance à la Révolution française sont donc ceux pendant lesquels s'affirment une nouvelle vision du monde, et de nouveaux enjeux pour l'enseignement. En parcourant le Moyen Âge, nous avons rencontré la célèbre formule de Bernard de Chartres : « Nous sommes des nains juchés sur des épaules de géants [c'est-à-dire les Anciens]. » Mais, avec les utopies rabelaisiennes, ce sont les modernes qui se pensent désormais comme des géants et qui s'ébrouent avec confiance et allégresse dans l'univers... Comment peut-on expliquer ce retournement ?

Luc Ferry : Ce qui s'affirme alors, c'est une conception nouvelle de la place de l'homme dans la création. Une fable illustre bien la révolution qui s'opère, c'est celle que développe Pic de La Mirandole dans un ouvrage au titre significatif, *De la dignité de l'homme* (publié après sa mort, survenue en 1494). Pic s'inspire d'ailleurs du mythe de Prométhée, tel que le raconte

Protagoras – dont nous avons vu l'importance pour une réflexion sur l'éducation – dans le dialogue de Platon qui porte son nom. Il nous raconte l'histoire suivante. Quand Dieu crée le monde, il répartit entre toutes les créatures les diverses qualités disponibles, et donne à chacune sa place dans l'univers : par exemple, l'oiseau, doté d'ailes, pourra occuper le ciel ; le lapin, petit et faible, reçoit la rapidité à la course qui lui donne une chance, sur terre, d'échapper à ses prédateurs, et ainsi de suite. Le monde apparaît ainsi comme un ensemble organisé – les Grecs, nous l'avons vu, disaient un « cosmos » –, où chacun a sa place en fonction de l'archétype auquel il correspond. Mais au moment de créer l'homme, afin « qu'il y eût quelqu'un pour peser la raison d'une telle œuvre, pour en aimer la beauté, pour en admirer la grandeur », voilà que toutes les qualités et toutes les places ont été attribuées. C'est alors qu'intervient, dans la fable de Pic, une idée extraordinaire : puisque l'homme n'a en propre, au départ, aucune caractéristique particulière, sa chance va être précisément cette indétermination, cette liberté qui lui ouvre la possibilité d'inventer son histoire :

> Si nous ne t'avons donné, Adam, ni une place déterminée, ni un aspect qui te soit propre, ni aucun don particulier, c'est afin que la place, l'aspect, les dons que toi-même aurais souhaités, tu les aies et les possèdes selon ton vœu, à ton idée. Pour les autres, leur nature définie est tenue en bride par des lois que nous avons prescrites : toi, aucune restriction ne te bride, c'est ton

propre jugement, auquel je t'ai confié, qui te permettra de définir ta nature[64].

Puisqu'il n'est rien a priori, l'homme peut tout devenir ; tous les destins possibles et imaginables sont à sa portée : il n'a pas de programme de vie prédéterminé, contrairement au petit chat, par exemple, qui n'a d'autre choix que de chasser les souris, comme les souris fuiront les chats, répétant depuis des millénaires les mêmes gestes qui semblent pour ainsi dire inscrits dans la nature pour l'éternité.

Cette conception permet de penser une « perfectibilité » de l'homme et de la société, comme le montreront Rousseau et Condorcet. Elle donne un rôle nouveau et essentiel à l'éducation, qui devient une tâche sans fin, une « éducation tout au long de la vie », disons-nous aujourd'hui. D'une certaine manière, cette idée contemporaine est déjà présente chez Pic de La Mirandole : pour lui, il n'y a pas de limite à l'inventivité et à la créativité de l'histoire humaine, qu'elle soit individuelle (éducation) ou collective (politique et culturelle).

L'homme et la bête

La reprise par Rousseau des thèmes ainsi esquissés par Pic aura dans l'histoire de la philosophie moderne des conséquences d'une importance sans égale. Comme je voudrais le montrer maintenant, c'est à lui qu'il reviendra de formuler le critère de différenciation qui deviendra réellement fondateur pour l'humanisme moderne. Et cela, il le fait dans un petit texte génial, tout à la fois d'une simplicité parfaite et d'une profondeur abyssale, que j'ai souvent commenté dans mes livres et dont je dois, pour la clarté du propos, vous dire encore aujourd'hui quelques mots.

Il se trouve dans les premières pages du fameux *Discours sur l'origine et les fondements de l'inégalité parmi les hommes* (1755). Si j'avais, dans toute la philosophie moderne, un texte à emporter, comme on dit, sur une île déserte, c'est sans doute lui que je choisirais tant il me semble décisif pour comprendre en profondeur sur quel principe nouveau la philosophie – l'humanisme – moderne va se reconstruire en vue de l'emporter à son tour sur la pensée chrétienne. Car ce texte prétend tout simplement nous expliquer ce qui, dans l'être humain et à la différence de l'animal, va nous permettre de refonder une théorie, une éthique et une doctrine du salut radicalement inédites. En ce sens, il vaut le détour.

Que dit au fond Rousseau sur l'homme, et sur la différence entre humanité et animalité ?

En première approximation ceci, que je résume librement : l'animal est tout entier guidé par la nature, l'homme, au contraire, possède une part de liberté, c'est-à-dire une part d'excès par rapport à toute logique naturelle, une capacité à s'évader de tous les « programmes », tous les logiciels dans lesquels certains prétendent l'enfermer. Et c'est par quoi, comme on va voir dans un instant, il pourra posséder une double histoire, individuelle (c'est l'éducation comme histoire de l'individu) et collective (la politique et la culture comme histoire de l'espèce), que l'animal ne connaît pas ou très peu[65], une éthique, et une métaphysique, au sens propre : une capacité à s'interroger, au-delà (*méta*) de la nature (*physis*) sur le sens ou le non-sens de la vie et de la mort (ce pourquoi il sera le seul être à enterrer les siens).

Pour bien comprendre Rousseau, il faut rappeler qu'à son époque, deux autres théories de la différence entre animalité et humanité se partagent le marché des idées. Quand on évoque le sujet, on pense d'abord à la définition d'Aristote selon laquelle l'homme serait un animal rationnel ou, en tout cas, capable de raison. C'est donc cette dernière qui ferait la vraie différence, la différence spécifique comme dit Aristote, d'avec l'animal. Mais nous savons bien que, sur ce point, l'homme et la bête ne diffèrent en vérité que par le degré, en quantité et pas en qualité : les animaux, eux aussi, sont capables d'intelligence, parfois même davantage que certains humains, et l'éthologie contemporaine nous le confirme chaque jour. On se tourne alors vers Descartes, pour en déduire que la vraie différence ne résiderait pas dans la raison ou dans l'intelligence, mais dans la sensibilité, l'affectivité, dont seuls les humains seraient pourvus – à la différence de ces machines perfectionnées mais sans âme que seraient les animaux. Mais là encore, nous voyons bien que les animaux, contrairement à ce que disent les cartésiens, éprouvent du plaisir et de la peine : non seulement ils souffrent quand on leur fait du mal, mais ils peuvent être affectueux, sociables, comme en témoigne le fait qu'ils s'attachent à leurs maîtres...

La vérité, pour Rousseau, est donc ailleurs. Si l'humain diffère vraiment de l'animal, ce n'est ni par la raison, ni par la sensibilité, mais par sa capacité à s'arracher, à s'émanciper de tout code, de tout « logiciel » naturel. Pour le faire comprendre, Rousseau donne deux arguments.

Le premier, c'est que « la bête ne peut s'écarter de la règle qui lui est prescrite, même quand il lui serait avantageux de le faire, et que l'homme s'en écarte souvent à son préjudice. C'est ainsi qu'un pigeon mourrait de faim près d'un bassin rempli des meilleures viandes et un chat sur des tas de fruits ou de grains quoique l'un et l'autre pût très bien se nourrir de l'aliment qu'il dédaigne s'il s'était avisé d'en essayer ». Au contraire, l'homme peut commettre des excès jusqu'à en mourir, car en lui, ajoute Rousseau d'une phrase qui fonde toute la politique moderne, « la volonté parle encore quand la nature se tait ». On voit le sens de l'argument, qui laisse percevoir en creux toute la définition moderne de la liberté : l'animal n'est pas libre en ce sens qu'il est prisonnier d'un instinct naturel. Ce dernier fonctionne, dirions-nous aujourd'hui, comme une espèce de programme, de logiciel dont il ne peut jamais s'évader. À l'inverse, l'homme est si peu programmé par la nature qu'il peut s'en arracher pour le pire (il peut fumer et boire jusqu'à se tuer) comme pour le meilleur (il peut, parfois, faire preuve d'une générosité totalement sans équivalent dans la nature). Là est sa liberté entendue comme une capacité de s'évader de tous les codes, de toutes les catégories qui fonctionneraient comme une prison. Sous la Révolution française, Rabaut Saint-Étienne avait eu ce mot célèbre : « Notre histoire n'est pas notre code », ce qui voulait dire : nous ne sommes pas prisonniers des traditions, de l'Ancien Régime, nous pouvons inventer notre histoire, faire la révolution. L'inspiration de la sentence est rousseauiste, à ceci près que Rousseau, pour être plus complet, aurait pu dire : « Ni la nature ni l'histoire ne sont pour nous des codes », car nous sommes libres. Et cette liberté, Rousseau la désigne sous le nom de « perfectibilité », car c'est elle qui va être pour ainsi dire le nouveau moteur d'une histoire dont nous ne sommes pas prisonniers, mais que nous inventons nous-mêmes librement.

Les animaux n'ont pas d'éducation

C'est là, justement, ce que précise le second argument qui rejoint Pic de La Mirandole, et que Rousseau formule de la façon suivante : il y a en nous, dit-il, une faculté de se perfectionner qui réside autant dans l'individu (c'est le rôle de l'éducation) que dans l'espèce (c'est le domaine de la culture et de la politique), « au lieu qu'un animal est au bout de quelques mois ce qu'il sera toute sa vie, et son espèce au bout de mille ans ce qu'elle était la première année de ces mille ans ». Rousseau n'a pas tort. Voyez par exemple les petites tortues marines : à peine sorties de l'œuf, elles savent trouver toutes seules la direction de l'océan, elles parviennent sans aide à marcher, nager, manger... tandis que le petit d'homme reste volontiers à la maison jusqu'à l'âge de vingt-cinq ans ! C'est que les animaux n'ont guère d'éducation... Mais au niveau de l'espèce, le constat est le même. Alors que nos villes – pensez à Paris, Londres ou New York – changent sans cesse, au point qu'en mille ans elles sont tout à fait méconnaissables, les sociétés animales sont rigoureusement immuables : ruches, fourmilières, termitières sont les mêmes, parfaitement identiques à elles-mêmes, depuis des milliers et des milliers d'années... Conclusion du raisonnement : c'est parce que l'animal est de part en part programmé par la nature qu'il n'a pas besoin d'histoire. C'est parce que le logiciel naturel le guide en permanence qu'il ne se perfectionne jamais, tout parfait qu'il est déjà en son genre, comme ma petite tortue, dès sa sortie de l'œuf. Au contraire, c'est parce qu'il est libre, en excès par rapport à la nature, que l'homme doit pour ainsi dire s'inventer lui-même, s'éduquer et se perfectionner sans cesse, sans autres limites que celles de sa vie... L'historicité, ainsi entendue, non comme un code mais comme un effet de la liberté, est le signe même de sa non-appartenance à la nature.

Bien entendu, l'homme est aussi un animal, et tout biologiste pourrait nous dire qu'il a acquis au fil d'une autre histoire, celle de l'évolution, cette capacité à être libre. Il est, pour ainsi dire, programmé pour cette liberté et cette historicité qui en découle est comme inscrite dans ses gènes. De même, le biologiste insistera sur le fait que certains animaux, à la différence de la tortue, ont des embryons de culture et d'histoire qui les rapprochent de nous. Tout cela n'est pas douteux. Mais le fait demeure : au total et quelle que soit l'explication qu'on en donne, c'est bien cette liberté, cette extraordinaire capacité d'arrachement à la naturalité en nous comme hors de nous qui caractérise l'humain comme tel. Et c'est là-dessus que la philosophie moderne va reconstruire et refonder une théorie, une morale et une nouvelle doctrine du salut pour remplacer enfin les cosmologies et les théologies d'antan... C'est sur cette base aussi que de nouvelles ambitions s'affirment pour l'école. Il ne s'agira plus seulement, pour l'enseignement, de favoriser l'épanouissement des potentialités inscrites en chacun, ni de rechercher la conformité aux modèles laissés par les Anciens, fussent-ils glorieux. Il devient possible de chercher à « élever » l'enfant, par exemple pour en faire un homme et un citoyen capable de contribuer à l'édification d'une société nouvelle.

« Peut mieux faire ! »

La période que nous venons de décrire, qui s'ouvre avec Pic de La Mirandole et les humanistes pour aller jusqu'à

Condorcet et aux programmes éducatifs des révolutionnaires, redéfinit donc la place de l'homme, et lui donne la possibilité de s'arracher à la nature, de l'aménager ou de la transformer à son usage. S'il travaille, l'homme « peut mieux faire », comme l'on disait sur les bulletins scolaires de notre enfance. Il peut s'améliorer lui-même, progresser (autre terme très important dans le langage scolaire). Il peut aussi, selon la célèbre formule de Descartes, se rendre « comme maître et possesseur de la nature »...

Il y a là en effet un autre renversement essentiel pour comprendre le sens que va désormais revendiquer le projet d'enseignement. La valorisation à la fois catholique et républicaine de l'effort et du mérite liés au travail marque une rupture totale avec les visions morales du monde à la fois aristocratiques et eudémonistes (c'est-à-dire orientées vers le bonheur) qui caractérisaient la pensée antique, comme nous l'avons vu à propos de la première période de notre histoire. Ce point mérite d'être précisé.

Dans l'univers grec, aristocratique par excellence, seuls les esclaves étaient voués à ce malheur qu'est l'obligation de travailler, comme le montre Hannah Arendt dans un texte qui vaut d'être cité :

> [Les Anciens] jugeaient qu'il fallait avoir des esclaves à cause de la nature servile de toutes les occupations qui pourvoyaient aux besoins de la vie. C'est même par ces motifs que l'on défendait et justifiait l'institution de

> l'esclavage. Travailler, c'était l'asservissement à la nécessité, et cet asservissement était inhérent aux conditions de la vie humaine. Les hommes étant soumis aux nécessités de la vie, ils ne pouvaient se libérer qu'en dominant ceux qu'ils soumettaient de force à la nécessité. La dégradation de l'esclave était un coup du sort, un sort pire que la mort, car il provoquait une métamorphose qui changeait l'homme en un être proche des animaux domestiques... L'institution de l'esclavage dans l'Antiquité, au début au moins, ne fut ni un moyen de se procurer de la main-d'œuvre à bon marché, ni un instrument d'exploitation en vue de faire des bénéfices, mais plutôt une tentative pour éliminer des conditions de vie le travail. Ce que les hommes partagent avec les autres animaux, on ne le considérait pas comme humain... L'*animal laborans* n'est en effet qu'une espèce, la plus haute si l'on veut, parmi les espèces animales qui peuplent la Terre[66].

Dans *Les Travaux et les Jours*, Hésiode, l'un des plus anciens poètes grecs, raconte comment le travail résulte d'une malédiction. Au sein de l'âge d'or, quand les humains étaient encore proches des dieux et vivaient dans l'insouciance, nul n'avait besoin de travailler. La terre bienveillante pourvoyait à tous leurs besoins sans qu'ils aient le moindre besoin de s'échiner à cultiver les sols. C'est seulement pour punir les humains des crimes commis en leur faveur par Prométhée que Zeus décide d'enterrer dans les profondeurs de la terre les graines qui font pousser les céréales, les légumes et les fruits, et cet acte n'a qu'une seule et unique finalité : obliger les êtres humains à gagner leur vie à la sueur de leur front, dans l'effort et la souffrance : « La race humaine vivait auparavant sur la terre à l'écart et à l'abri des peines, de la dure fatigue et des maladies douloureuses qui apportent le trépas aux hommes... Le sol fécond produisait de lui-même une abondante et généreuse récolte et eux, dans la joie et la paix, vivaient de leurs champs, au milieu de biens sans nombre... » S'il en va différemment de nos jours, c'est parce que nous sommes sortis de l'âge d'or et « que les dieux ont caché ce qui fait vivre les hommes, sinon, sans effort, tu travaillerais seulement une journée pour récolter de quoi vivre toute une année sans rien faire ! ». Le travail, même s'il peut être enrichissant dans tous les sens du terme pour les hommes, puisqu'il est le seul moyen de vivre dans la justice (sinon il faudrait voler le fruit du travail des autres), est donc d'abord et avant tout une punition, une malédiction, à vrai dire un malheur si l'on compare la situation des hommes d'aujourd'hui à celle qui était la leur du temps de Cronos, c'est-à-dire pendant l'âge d'or où rien ne les obligeait encore à quelque labeur que ce soit.

Pour les Anciens, donc, l'esclave n'étant finalement qu'un animal, supérieur aux autres, certes, mais animal quand même, impossible à qui travaille de parvenir au bonheur, en quoi l'aristocrate se définira volontiers, et ce jusqu'à la Révolution française, comme celui qui ne travaille pas, qui a des « gens » pour cela, des esclaves ou des serfs, car dans ces conditions, travailler n'est plus gagner sa vie, mais c'est la perdre en renonçant au bonheur. Le christianisme va inverser cette vision, en valorisant par exemple, le travail des moines, comme l'a bien montré l'historien Marc Ferro à propos des bénédictins :

> [Ceux-ci] ont vite été considérés comme des saints, revalorisaient le travail dans une société qui n'admettait que deux choses : la guerre et la prière. Ils donnaient ainsi un sens social à une idée-force des Évangiles selon laquelle le mérite de chacun tient à ce qu'il fait de ses talents ou qualités personnelles et non aux dons qu'il a reçus : car on n'est pas responsable de ses facilités ou difficultés naturelles alors qu'on l'est de ses efforts pour bien agir. Cette conception, que Jésus exprime par la parabole des talents, rompt avec la vision traditionnelle dans l'Antiquité selon laquelle il y aurait une hiérarchie naturelle parmi les hommes... Le christianisme insiste au contraire sur l'unicité de l'humanité et l'égale dignité des hommes qui ont tous la même faculté de manifester leur bonne volonté. C'est là ce qui fonde la dignité du travail... [ainsi que] la conviction que les hommes naissent libres et égaux en droit[67].

« Le travail humanise »

Que nous enseigne à ce sujet cette parabole des talents ?

La parabole des talents, qu'on trouve dans l'Évangile selon Matthieu, peut servir de fil conducteur idéal pour comprendre ce que la révolution judéo-chrétienne nous apporte encore aujourd'hui sur le plan éthique. C'est sans doute le texte le plus simple, peut-être aussi le plus profond, qui puisse nous permettre de saisir parfaitement le bouleversement radical que le christianisme, dans le sillage du judaïsme, va instaurer par rapport à la morale aristocratique des Grecs.

Il raconte, en résumé, l'histoire d'un seigneur qui, partant en voyage, confie trois sommes d'argent différentes à trois de ses serviteurs. Cinq talents au premier, deux au second, un au troisième – le mot « talent » désignant des pièces d'argent mais symbolisant aussi les dons naturels que l'on reçoit à la naissance. À son retour, il demande des comptes. Le premier serviteur lui rend dix talents, le second quatre, et le troisième, qui a eu peur et qui a enterré la pièce, la lui rend intacte, sans l'avoir fait fructifier. Le maître le chasse en l'insultant et il félicite également, en termes identiques, les deux premiers.

Que signifie cette parabole ? D'abord et avant tout ceci : à l'encontre de ce que prétend la vision morale aristocratique, la dignité d'un être ne dépend pas des talents qu'il a reçus à sa naissance, mais de ce qu'il en fait, non pas de la nature et des dons naturels, mais de la liberté et de la volonté, quelles que soient les dotations de départ. Bien entendu, il existe entre nous des inégalités naturelles. Il serait tout à fait vain de vouloir le nier au nom d'un égalitarisme mal compris. Vain pour deux raisons : d'abord parce que ce serait contester l'évidence, ensuite parce que, d'un point de vue moral, ce n'est de toute façon pas le sujet. Nous n'y pouvons rien, c'est un fait : certains sont *de facto* plus forts, plus beaux et même plus intelligents que d'autres. Qui peut nier qu'Einstein ou Newton soient plus intelligents que la moyenne, a fortiori qu'un petit trisomique ? C'est un fait, comme c'en est un que le premier serviteur a cinq talents tandis que le deuxième n'en a que deux. Et alors ? En quoi cela importe-t-il sur le plan éthique ? Réponse chrétienne : en rien ! Car ce qui compte, c'est ce que chacun va en faire. C'est le travail qui valorise l'homme, pas la nature. Et il faut bien saisir la portée morale incomparable que possède cette simple proposition. Dans un univers encore tout pétri d'éthique aristocratique, elle représente un véritable séisme, une révolution dont il faut prendre la mesure. Elle introduit l'idée moderne d'égalité. Dans cette nouvelle perspective en effet, le génie le plus sublime ne « vaut » pas plus moralement que le petit trisomique que nous venons d'évoquer. D'un point de vue moral, c'est-à-dire du point de vue de la dignité humaine, ils sont rigoureusement à *égalité*. Avec cette dernière notion, c'est aussi une nouvelle représentation de l'humanité qui fait son entrée en scène : non pas hiérarchisée, mais égalitaire, non pas aristocratique mais démocratique, non pas divisée en ordres, mais une et indivisible. Du même coup, la vertu n'a plus rien à voir avec l'actualisation de dispositions naturelles « bien nées », celles de l'aristocrate, avec la réalisation de talents donnés dès le départ. Tout au contraire, elle apparaît désormais comme une lutte douloureuse et fatigante de la liberté contre la naturalité en nous. C'est-à-dire comme un travail, notion que le monde moderne va sans cesse davantage valoriser, du moins jusqu'aux années 1960, là où le monde aristocratique n'y voyait qu'une activité servile et animale.

On comprend dès lors comment républicains et démocrates modernes ont pu reprendre, en le sécularisant, l'héritage antigrec du christianisme et le message de la parabole des talents. Le travail, pour pénible et à première vue contraire au bonheur qu'il puisse être, est tout sauf une activité animale, tout sauf le signe d'une non-appartenance à l'humanité. Le travail est non seulement le propre de l'homme, non seulement la condition de sa survie, mais il est aussi celle de son humanisation, car il se cultive en cultivant. Un homme qui ne travaillerait pas ne serait pas seulement un homme pauvre, mais ce serait un pauvre homme. Peu importe, dès lors, que le travail soit pénible, qu'il nous empêche le plus souvent de parvenir au bonheur, car ce qui compte, c'est l'humanisation de l'humain, la culture de soi qui passe toujours par une somme colossale d'efforts. En d'autres termes, pour un républicain authentique, l'essentiel, c'est la liberté, pas le bonheur, l'émancipation et l'humanisation de l'humain sous toutes ses formes étant infiniment plus importantes que ce dernier. Or elles n'ont rien de donné a priori, rien de gratuit comme en témoigne du reste assez l'éducation de nos enfants : le hussard de la République ne demande pas à ses élèves de s'amuser et d'être heureux en classe, il leur demande de travailler, de faire des efforts, bref, de souffrir autant qu'il le faut pour apprendre et devenir des hommes et des femmes libres, cette liberté dût-elle s'acquérir au détriment du bien-être. Certes, on en jouira peut-être plus tard comme d'un bien, mais un bien pour l'obtention duquel il aura fallu mettre son aspiration au bonheur très largement de côté, un homme de bien n'étant pas d'abord un homme heureux, mais un homme libre et si possible, ouvert aux autres et utile au progrès de sa nation, voire de l'humanité en général.

Cette vision nouvelle du travail inaugure un dessein politique, et tout à la fois justifie un projet d'école, comme le montre bien ce passage des *Réflexions sur l'éducation* de Kant :

> Il est de la plus haute importance que les enfants apprennent à travailler. L'homme est le seul animal qui doit travailler. Il lui faut beaucoup de préparation pour en venir à jouir de ce qui est supposé par sa conservation. La question de savoir si le Ciel n'aurait pas pris soin de nous avec plus de bienveillance en nous offrant toutes les choses déjà préparées de telle sorte que nous ne serions pas obligés de travailler doit recevoir une réponse négative : l'homme, en effet, a besoin d'occupations et même de celles qui impliquent une certaine contrainte. C'est tout autant une erreur que de s'imaginer que si Adam et Ève étaient demeurés au Paradis ils n'auraient rien fait d'autre que d'être assis ensemble, chanter des chants pastoraux et contempler la beauté de la nature. L'ennui les eût torturés tout aussi bien que d'autres hommes dans une situation semblable... Et où

donc le penchant au travail doit-il être cultivé si ce n'est à l'école ? L'école est une culture par contrainte. Il est extrêmement mauvais d'habituer l'enfant à tout regarder comme un jeu. Il doit avoir du temps pour ses récréations, mais il doit aussi y avoir pour lui un temps où il travaille. Et si l'enfant ne voit pas d'abord à quoi sert cette contrainte, il s'avisera plus tard de sa grande utilité[68].

QUATRIÈME PÉRIODE

L'époque contemporaine

L'âge de la démocratisation

CHAPITRE 14

Église ou État ?

« Un grandiose enseignement public ! »

Au fil des débats qui caractérisent la fin du XVIIIe *siècle et la période révolutionnaire, nous avons vu se dessiner de nouvelles logiques qui ont pris forme pendant le Consulat et le Premier Empire. Peut-on dire que les deux siècles qui débutent ouvrent une nouvelle ère de l'éducation ?*

Alain Boissinot : Pour tenter de répondre à cette question, et d'entrer dans une nouvelle vision du monde, sautons quelques décennies. Nous sommes le 15 janvier 1850. L'Assemblée législative examine le projet qui deviendra quelques semaines plus tard la « loi Falloux » et qui donne au clergé des prérogatives importantes en matière d'instruction publique. Victor Hugo monte à la tribune et prononce un discours resté célèbre : « La liberté de l'enseignement ». Orchestrés avec la solennité qui caractérise l'éloquence hugolienne, s'y expriment les grands thèmes du débat sur l'éducation, mêlés d'intuitions visionnaires :

> Pour moi, l'idéal de cette question de l'enseignement, le voici. L'instruction gratuite et obligatoire. Obligatoire au premier degré seulement, gratuite à tous les degrés. L'instruction primaire obligatoire, c'est le droit de l'enfant, qui, ne vous y trompez pas, est plus sacré encore que le droit du père et qui se confond avec le droit de l'État. […] Un grandiose enseignement public, donné et réglé par l'État, partant de l'école de village et montant de degré en degré jusqu'au Collège de France, plus haut encore, jusqu'à l'Institut de France. Les portes de la science toutes grandes ouvertes à toutes les intelligences. Partout où il y a un champ, partout où il y a un esprit, qu'il y ait un livre. Pas une commune sans école, pas une ville sans un collège, pas un chef-lieu sans une faculté. Un vaste ensemble, ou, pour mieux dire, un vaste réseau d'ateliers intellectuels, lycées, gymnases, collèges, chaires, bibliothèques, mêlant leur rayonnement sur la surface du pays, éveillant partout les aptitudes et échauffant partout les vocations. En un mot, l'échelle de la connaissance humaine dressée fermement par la main de l'État, posée dans l'ombre des masses les plus profondes et les plus obscures, et aboutissant à la lumière. Aucune solution de continuité. Le cœur du peuple mis en communication avec le cerveau de la France.

Victor Hugo aborde ensuite la question de la liberté de l'enseignement. Dans l'idéal, celle-ci devrait être totale, y compris pour les instituteurs privés ou les « corporations religieuses ». Mais, au moment où il parle, cette liberté, dit-il, ne peut s'exercer que sous la surveillance de l'État, ce qui suppose un État « purement laïque, exclusivement laïque » : Hugo parle même alors de « séparation de l'Église et de l'État ». La suite du discours, tout en défendant la spiritualité religieuse authentique, la distingue du cléricalisme présenté comme une « pensée d'asservissement » et d'obscurantisme.

Dans ces quelques lignes de Victor Hugo, qui pour la première fois évoque « les droits de l'enfant », se nouent toutes les grandes questions que rencontre la politique éducative au long des XIXe et XXe siècles. D'abord, les rôles respectifs de l'Église et de l'État. Par-delà la longue rivalité entre ces deux acteurs pour la prééminence, Hugo pose le principe de cette séparation qu'il reviendra à la IIIe République d'organiser, avant que la seconde partie du XXe siècle, non sans difficulté, ne débouche sur une forme de complémentarité pacifiée et sur l'acceptation de la laïcité.

Construire une « école française »

Deuxième enjeu : il revient donc à l'État de « donner et [de] régler » un enseignement public. On retrouve ici le projet d'éducation nationale de La Chalotais aussi bien que les propositions de Condorcet. L'éducation devient un enjeu national, dans tous les sens du terme : elle relève de la responsabilité de l'État ; elle concerne toute la nation ; enfin, elle est un projet pour la France. Alors que jusque-là, nous l'avons vu, les préoccupations intellectuelles et éducatives ignoraient largement les frontières, elles s'inscrivent désormais dans le cadre de la construction d'une identité nationale. Cela n'exclut ni les comparaisons internationales ni les emprunts. L'enseignement mutuel, en vogue sous la Restauration, vient d'Angleterre. Les volontés de réforme de l'enseignement, à partir de la seconde partie du XIXe siècle, participent largement de la rivalité avec la Prusse, puis l'Allemagne. Et dans son célèbre discours du 10 avril 1870, Jules Ferry donne longuement en exemple les États-Unis... Mais précisément, par imitation ou différenciation, il s'agit de construire une école française. Ce n'est qu'à partir de la fin du XXe siècle que la construction européenne et la mondialisation conduiront à dépasser à nouveau les frontières.

Enfin, la période contemporaine est celle qui voit des ordres d'enseignement divers s'organiser progressivement en un « système scolaire », tendant à accueillir de plus en plus longtemps la quasi-totalité des générations au sein d'une institution qui se veut cohérente et exhaustive. La contrepartie de cette ambition globale, c'est que du coup le système éducatif[69] doit rendre compte de la façon dont il traite des inégalités qui précédemment étaient réglées a priori par l'affectation à ces ordres d'enseignement différents : la période la plus récente, en même temps qu'elle revendique une école plus « inclusive » que jamais, voit se développer la suspicion à l'égard de l'Éducation nationale, sur laquelle la société se décharge de tant de problèmes que la déception en devient inévitable.

Bien sûr, ces deux siècles de construction d'un système éducatif ne pouvaient laisser inchangés ni les contenus de l'enseignement, ni les pratiques pédagogiques, ni l'identité professionnelle de ce groupe social que, par une formule fidèle au projet napoléonien, on a coutume de désigner comme le « corps enseignant ». Plus profondément peut-être, l'importance des évolutions exacerbe une contradiction. L'enseignement, nous l'avons vu dans les périodes précédentes, se laisse définir plus volontiers comme transmission des valeurs du passé que comme anticipation de l'avenir. Dans cette perspective, les changements sont souvent vécus comme les signes d'un déclin, et le regard porté sur l'école se teinte de nostalgie. Aux enthousiasmes révolutionnaires et hugoliens, à la croyance au progrès par la scolarisation, succèdent les discours pessimistes et désabusés qui se multiplient au seuil du XXIe siècle : nous voyons une nouvelle période, encore incertaine, s'ouvrir de nos jours.

À l'école de Napoléon

S'affirme donc le projet d'une « éducation nationale », défini explicitement dès la seconde partie du XVIIIe siècle, et maintenant fortement réaffirmé par Victor Hugo. Mais ce projet se heurte à une difficulté majeure : depuis le Moyen Âge, les compétences en matière d'enseignement sont largement celles de l'Église. L'expulsion des jésuites, la politique anticléricale des révolutionnaires ont entraîné, de fait, des reculs de l'enseignement. Comment sortir de cette contradiction ?

Non seulement l'Église détient des compétences, mais elle porte un projet qui a une grande cohérence, articulant une instruction classique avec une démarche éducative qui repose sur les valeurs chrétiennes. Il va donc falloir à la fois trouver et former des maîtres, et construire un projet alternatif. Là encore, le discours de Victor Hugo, tel que nous venons de le citer, est exemplaire : à la logique descendante de la révélation religieuse, il oppose la croyance dans les progrès de la connaissance, progressant de chaque école jusqu'à l'Institut. Les « portes de la science » remplacent celles du paradis, et c'est la connaissance humaine qui permet d'accéder à la lumière. Cet optimisme à la fois social et épistémologique va accompagner, pendant plus d'un siècle, l'élaboration du système scolaire.

La première décennie du XIXe siècle est celle de la construction de l'« Université impériale », voulue par Bonaparte, Premier consul, puis empereur. Celui-ci dessine, au fil des textes législatifs, les traits qui sont encore largement ceux de notre système éducatif. Il s'agit à la fois pour lui de pacifier les relations avec l'Église (c'est le rôle du Concordat signé le 15 juillet 1801) et de donner à l'État les moyens de maîtriser l'enseignement.

Deux traits essentiels caractérisent le système qui se met ainsi en place. Le premier est sa centralisation. Une architecture articulant les différents niveaux d'enseignement, des petites écoles jusqu'aux facultés, est placée sous l'autorité d'un grand maître (Louis de Fontanes), assisté par des inspecteurs généraux et s'appuyant sur les recteurs placés à la tête des académies. Le second tient à la conception même de l'Université, le mot ayant un sens différent de celui qu'il a aujourd'hui. Comme au Moyen Âge, l'Université est ici une corporation, « un corps exclusivement chargé de l'enseignement et de l'éducation publics dans tout l'Empire » (loi de 1806). Elle en a d'ailleurs bien des traits : une hiérarchie rigoureuse, une prestation de serment, des règles de vie strictes qui vont jusqu'à l'obligation du célibat, ou une forte incitation à celui-ci.

Si le modèle des congrégations s'impose ainsi, c'est que pour l'Empereur, il ne s'agit en rien de s'écarter des principes religieux, indispensables à ses yeux au bon ordre de la société, mais bien d'assurer à l'État la maîtrise du dispositif. Le monopole de l'Université n'interdit donc ni l'existence d'établissements privés, ni l'exercice de l'enseignement par des congrégations, dont les compétences restent largement nécessaires. Mais, en dehors du cas des séminaires, tout cela n'est possible que dans le cadre et avec l'autorisation de l'Université.

Le prêtre et l'instituteur

Par un apparent paradoxe, la Restauration ne remet pas vraiment en cause l'Université. Supprimée dans un premier temps, la fonction de grand maître est rétablie en 1822, mais au profit d'un évêque, Mgr de Frayssinous. Tout en voulant maintenir les prérogatives de l'État, le pouvoir, souvent pris entre les pressions catholiques et des mouvements d'opinion anticléricaux, recherche un compromis et tantôt renforce, tantôt relâche les modalités de contrôle : par exemple, tout maître, pour enseigner, doit-il détenir le brevet de capacité délivré par l'Université, ou l'appartenance à une congrégation l'en dispense-t-elle ? Quel rôle donner au curé dans le contrôle de l'école communale ? Quel degré de tolérance envers les tentatives des jésuites pour rouvrir des collèges ? Quelle place accorder aux petits séminaires, qui théoriquement sont réservés à la formation des prêtres, mais qui de fait permettent souvent à l'Église de développer un enseignement qui échappe au contrôle de l'État ?

La lettre que Guizot, le 18 juillet 1833, adresse aux instituteurs, témoigne de cette recherche d'un équilibre. Elle fait l'éloge d'une fonction essentielle pour l'État et l'intérêt public. Elle présente l'enseignement comme une magistrature qui s'exerce dans le cadre de l'Université. Mais en même temps Guizot en appelle à une bonne entente avec l'Église : « Rien n'est plus désirable que l'accord du prêtre et de l'instituteur ; tous deux sont revêtus d'une autorité morale ; tous deux peuvent s'entendre pour exercer sur les enfants, par des moyens divers, une commune influence. »

L'épisode de la loi Falloux va montrer à quel point un tel équilibre est problématique. Préparée dans le climat de réaction qui suit les journées de juin 1848, la loi Falloux (15 mars 1850) fait fortement pencher la balance du côté catholique. Elle ne supprime pas l'Université, mais l'affaiblit et donne à l'Église de nombreux moyens de contrôle. De nombreux religieux sont nommés au Conseil supérieur de l'instruction publique. Les académies sont remplacées par une organisation départementale qui donne une grande influence aux évêques. En même temps, elle encourage le développement d'un enseignement «libre». L'accès à l'enseignement des congréganistes est facilité, notamment pour les écoles de filles. C'est ce double déplacement qui explique des protestations comme celles, nous l'avons vu, de Victor Hugo. Dans ce contexte, les maîtres de l'enseignement public, soumis à une surveillance sévère, se retrouvent en butte à des difficultés qui expliquent la popularité que connaîtront plus tard les lois républicaines, perçues comme libératrices. Dans le secondaire, dont les effectifs totaux triplent au cours du siècle, l'enseignement public, initialement majoritaire, est nettement devancé par le privé sous le Second Empire, l'équilibre ne se retrouvant qu'à la fin du siècle. Et, au sein du privé qui au départ était plus souvent laïc, l'enseignement confessionnel devient dominant.

Avec les conséquences de la loi Falloux, dont beaucoup de dispositions s'appliquent encore de nos jours, on est donc très loin des thématiques de la laïcité et de la séparation des Églises et de l'État, qui vont s'imposer à la charnière des deux siècles...

La IIIe République et les grandes lois des années 1880 vont en effet engager des évolutions très importantes : en même temps qu'elles confortent et organisent l'enseignement public, elles renouvellent en profondeur la question des relations avec l'Église. Dès le Second Empire, un rééquilibrage en faveur de l'Université s'était vite dessiné. Les grandes académies sont rétablies en 1854. Sous l'impulsion notamment de Victor Duruy, ministre de 1863 à 1869, les congrégations sont mieux contrôlées. Mais c'est à partir de la fin des années 1870, une fois les républicains solidement installés au pouvoir, que la situation se modifie. La volonté de redressement national et de revanche qui suit la guerre de 1870, les progrès de la science et d'un rationalisme positiviste, la nécessité de conforter la République par la formation des citoyens, conduisent à donner à l'éducation un rôle essentiel. On renoue à la fois avec l'héritage de Condorcet et avec l'idée de l'Université conçue comme une congrégation laïque, réunissant ceux que Charles Péguy appellera les « hussards noirs » au service de l'idéal républicain.

L'inévitable séparation

Dans un premier temps, sous l'impulsion de Jules Ferry et des nombreux ministres et hauts fonctionnaires de premier plan qui l'entourent, une série de mesures vise à la fois, en revenant sur de nombreux aspects de la loi Falloux, à séculariser l'enseignement public et à contrôler l'enseignement confessionnel. Dans l'enseignement supérieur, contrairement à une loi de 1875, la collation des grades redevient privilège exclusif de l'État et les établissements libres perdent le titre d'« université » (1880). Les établissements des jésuites sont à nouveau interdits et les congrégations soumises à une procédure d'autorisation (1880). La gratuité des écoles publiques (loi du 16 juin 1881) avantage cet enseignement. La loi du 28 mars 1882 remplace, dans les programmes de l'école primaire, l'instruction morale et religieuse par l'instruction morale et civique, et renvoie la religion et ses manifestations hors de l'école. La loi Goblet (30 octobre 1886), parmi de nombreuses mesures, impose une laïcisation progressive du personnel des écoles publiques. Ce qui se dessine ainsi, c'est une séparation avant la lettre, d'autant mieux acceptée que le rapport des forces est favorable aux républicains, que les mesures nouvelles sont le plus souvent appliquées avec une modération au moins tactique, et que Léon XIII (pape de 1878 à 1903) joue un rôle modérateur.

Mais l'affaire Dreyfus ravive les clivages politiques et idéologiques. Le gouvernement d'Émile Combes (1902-1905) durcit les mesures prises contre les congrégations, toujours suspectes, comme les jésuites, d'ultramontanisme. C'est désormais la logique même du Concordat[70] voulu par Napoléon, qui est remise en cause au profit d'un nouveau cadre, que pose la loi de séparation de l'Église et de l'État (9 décembre 1905).

Cette loi, faut-il le rappeler, commence par garantir les libertés religieuses : « La République assure la liberté de conscience. Elle garantit le libre exercice des cultes sous les seules réserves édictées ci-après dans l'intérêt de l'ordre public » (art. 1). Ce n'est qu'ensuite qu'elle pose le principe de ce que nous appelons la « laïcité » – même si elle n'emploie pas le mot : « La République ne reconnaît, ne salarie ni ne subventionne aucun culte » (art. 2). On sait les débats auxquels aujourd'hui encore donne lieu la notion de laïcité, et les divergences qui ont existé dès l'origine entre les républicains sur le sujet. Contrairement à certaines interprétations, elle n'est pas une machine de guerre contre les religions, dont la légitimité propre est reconnue, mais elle vise à permettre la coexistence pacifique, dans l'espace public, des différentes croyances, ou absence de croyances, dès lors que les principes de l'État républicain ne sont pas contestés.

À partir de là, il ne sera plus question pour l'Église de remettre en cause le rôle de ce que le XIXe siècle a appelé l'Université ni d'en revendiquer le contrôle. En revanche, deux questions se posent. La première est celle de savoir si les élèves, et éventuellement les enseignants, catholiques peuvent se sentir chez eux au sein de l'enseignement public, et à quelles conditions. La seconde concerne la place et les moyens accordés à un enseignement « libre ». C'est pour l'essentiel autour de ces enjeux que vont se développer les nouvelles formes de la querelle scolaire. Par exemple, les programmes et manuels scolaires sont-ils acceptables pour des familles catholiques? On se souvient de la prudence, en ce domaine, de la célèbre lettre adressée aux instituteurs par Jules Ferry (27 novembre 1883).

La guerre scolaire

Malgré cette prudence, le XXe siècle reste bien un siècle de « guerre scolaire » : n'a-t-on pas vu, jusque dans les dernières années du XXe siècle, des crises politiques graves naître de l'affrontement des deux camps ?

En dépit de la séparation, le conflit se poursuit en effet au long du XXe siècle, l'enseignement libre réclamant des moyens et le camp laïc revendiquant un grand service public unifié. Toutefois, ni le Cartel des gauches (1924), qui renonce à appliquer la loi de séparation aux départements concordataires, ni le Front populaire ne modifient la situation. En revanche, le régime de Vichy annule l'interdiction d'enseigner faite aux congrégations et subventionne les écoles catholiques. Mais c'est dans la seconde partie du XXe siècle que la situation évolue de façon décisive, pour plusieurs raisons. L'explosion de la démographie scolaire crée des besoins auxquels l'État et l'enseignement public ont du mal à répondre. De son côté, l'enseignement catholique, qui repose de plus en plus sur des maîtres laïcs, rencontre des difficultés de financement et peine à maintenir ses implantations. Enfin, la société évolue : la question religieuse devient moins discriminante, le regard porté sur l'enseignement privé est plus tolérant : les familles y voient davantage un moyen de diversifier les choix de scolarisation que l'expression d'un engagement religieux. De façon significative, les va-et-vient entre enseignement public et enseignement privé se multiplient, dans les deux sens. C'est ce qui va permettre l'émergence d'une nouvelle logique, qu'exprime la loi Debré (décembre 1959). Le point essentiel est qu'elle propose une forme de complémentarité. Dans le cadre du contrat d'association, qui s'imposera progressivement, l'État prend en charge le personnel et le fonctionnement des établissements. Même si ceux-ci se voient reconnu un « caractère propre » qui concerne avant tout la dimension éducative, ils bénéficient de fait d'une délégation de service public, et en ont les obligations : accueillir les élèves sans discrimination (notamment de croyances), agir sous contrôle de l'État.

Ce nouvel équilibre ne sera pas vraiment remis en cause, même si les questions juridiques et financières, complexes, feront l'objet d'ajustements successifs, par exemple pour tenir compte de la décentralisation ou pour régler la question de la formation initiale des maîtres, prise en charge par l'État (accords de 1992). Les tentatives pour le modifier en profondeur échoueront chaque fois devant des mobilisations de masse : en 1984, Alain Savary doit démissionner après avoir été désavoué dans sa tentative pour construire, conformément au programme de la gauche, « un grand service public, unifié et laïque de l'Éducation nationale ».

De la même façon, François Bayrou doit renoncer dix ans plus tard à infléchir en faveur du privé les équilibres de financement.

Appliquant les programmes de l'enseignement public, avec des maîtres formés et payés par l'État, l'enseignement sous contrat, qui représente plus de 97 % du privé, apparaît donc aujourd'hui comme une composante apaisée du système éducatif. De nos jours, il scolarise environ 13 % des effectifs pour le primaire, 21 % pour le secondaire. L'enseignement catholique représente 95 % de cet enseignement sous contrat, selon une répartition territoriale très inégale liée notamment aux implantations historiques du catholicisme. Établissements laïcs et juifs se partagent le reste, avec de rares établissements protestants ou musulmans.

Des tendances nouvelles apparaissent toutefois dans la période récente. Même si elles sont très minoritaires, elles manifestent des forces centrifuges par rapport à l'ensemble constitué par l'enseignement public et le privé catholique sous contrat. En lien avec les évolutions de la société française, des établissements à caractère musulman commencent à apparaître, et sont susceptibles d'entrer dans la logique de contractualisation. En même temps, comme fut posée naguère la question de la place des catholiques au sein d'une école laïque, on rencontre avec l'islam des questions comme celle du port du voile (interdit dans les écoles et établissements publics secondaires depuis la loi de 2004) ou de la contestation de certains enseignements.

Dans un autre ordre d'idées, certaines familles préfèrent user de la possibilité de scolariser leurs enfants à domicile, ou recourir à des établissements, même hors contrat, pratiquant des pédagogies alternatives. Même si elles restent très minoritaires, leur nombre tend à augmenter.

CHAPITRE 15

La construction du « système éducatif »

Le primaire pour tous

*En même temps qu'il fut le terrain de la concurrence entre l'Église et l'État, le dispositif d'enseignement a évolué au fil des deux derniers siècles. Ceux-ci foisonnent de projets de réforme et de dispositifs législatifs, qui accompagnent des transformations profondes de la société. On a longtemps attribué à la III*e *République un rôle fondateur en ce domaine... Comment en est-on arrivé au système que nous connaissons aujourd'hui ?*

Alain Boissinot : On peut distinguer deux temps. D'abord, un processus de construction et de diversification du primaire comme du secondaire, qui couvre tout le XIXe siècle et dont les grandes lois des années 1980 sont l'aboutissement. Dans un second temps, nous verrons que les différentes structures d'enseignement se recomposent pour constituer un « système éducatif » de plus en plus cohérent et englobant, à la faveur de l'impressionnante démocratisation de l'école qui caractérise la seconde partie du XXe siècle.

Le premier enjeu est la construction de l'enseignement élémentaire. La Révolution, nous l'avons vu, n'a pas eu les moyens d'agir durablement en ce domaine. Quant à l'Université napoléonienne, elle concernait prioritairement le secondaire, c'est-à-dire les élites influentes de la société. Ce sont les régimes successifs du XIXe siècle qui ont organisé un enseignement primaire. Mais faute notamment de moyens et de personnels disponibles, l'État doit s'en remettre largement à l'initiative locale des communes, ce qui constitue un trait majeur de cet enseignement. D'autre part, il va rester longtemps dépendant de l'apport de compétences que représentent les congrégations religieuses.

Quelques grandes étapes scandent le développement de cet ordre d'enseignement. L'ordonnance du 29 février 1816 stipule l'obligation pour chaque commune de veiller à ce que soit proposée une instruction primaire, gratuite pour les indigents. Sous la monarchie de Juillet, le ministre Guizot engage un travail d'enquête considérable sur le terrain. La loi de juin 1833 prévoit que l'État intervienne, y compris au besoin financièrement, pour veiller à ce que cette instruction soit effectivement mise en place. Si l'enseignement primaire, selon des modalités qui ont évolué selon les temps, subit fortement l'autorité des notables locaux, notamment le maire et le curé, Guizot crée en 1835 un système d'inspecteurs départementaux, qui se développera par la suite et qui constitue l'amorce d'une organisation permettant à l'État de piloter l'école primaire. Ce n'est pas fini : en 1850, la loi

Falloux renforce l'inspection et le contrôle de l'État ; en 1852, la nomination des maîtres revient aux recteurs départementaux, puis, en 1854, lors du rétablissement des académies, au préfet sur avis de l'inspecteur d'académie. Un peu plus tard, en 1867, s'il échoue à imposer la gratuité totale des écoles, Victor Duruy, lui, prévoit que les municipalités puissent l'assurer à partir d'une imposition exceptionnelle...

De fait, la gratuité progresse, les lois républicaines venant, en ce domaine comme dans beaucoup d'autres, entériner une dynamique largement engagée. La loi du 16 juin 1881 établit la gratuité totale des écoles publiques ; celle du 28 mars 1882 dispose que « l'instruction primaire est obligatoire pour les enfants des deux sexes âgés de six ans révolus à treize ans révolus ». Cette instruction obligatoire permet de se présenter, dès l'âge de onze ans, au certificat d'études. La loi Goblet (30 octobre 1886) précise l'organisation de l'enseignement primaire, et une loi décisive du 19 juillet 1889 fait des instituteurs des fonctionnaires d'État entièrement rémunérés par celui-ci, les communes restant chargées des locaux et du fonctionnement.

« *Classes enfantines* »

En quelques décennies donc, on met progressivement en place un enseignement primaire, obligatoire et gratuit... Mais ce n'est pas si facile, car on se doute qu'une telle disposition change considérablement les mœurs de la société française.

Ce long processus de généralisation de l'enseignement primaire permet en effet des progrès constants de l'alphabétisation tout au long du siècle, y compris pour les filles. L'école touche davantage d'élèves ; surtout, elle les scolarise plus longtemps et de façon plus régulière. D'abord les travaux des champs ont détourné les enfants de la classe, et rendu leurs études saisonnières ou occasionnelles. Ensuite l'industrialisation a, elle aussi, suscité des besoins de main-d'œuvre enfantine et non qualifiée. Le travail des enfants dans la grande industrie, très important au XIXe siècle, continue au XXe à compromettre la scolarité de beaucoup. La multiplication des lois (en 1841, 1874, 1892) visant à limiter ce travail des enfants révèle bien l'ampleur du problème, et la difficulté à le maîtriser. Encore faut-il ajouter que ces lois font l'objet de multiples dérogations, au profit notamment de secteurs grands utilisateurs de main-d'œuvre enfantine, comme les mines ou le textile et, de nombreux rapports le montrent par exemple dans le nord de la France, elles sont fort inégalement appliquées. Le principe d'instruction obligatoire, servi par l'engagement des instituteurs, permet progressivement d'affirmer le primat des études mais, plus encore que la loi, c'est la création des allocations familiales en 1932 qui permettra de contrôler le phénomène, en compensant en partie pour les familles la perte du salaire des enfants.

En même temps qu'il se structure, l'enseignement primaire élargit son champ, en amont et en aval. En amont, classes enfantines et maternelles proposent une scolarisation de la petite enfance. À partir des années 1830, se développent dans les grandes villes des salles d'asile, rendues nécessaires par le travail des femmes dans les manufactures. Rassemblant de nombreux enfants peu encadrés, elles assurent leur garde plus que leur éducation. Le décret du 2 août 1881 les transforme en écoles maternelles, et la loi Goblet de 1886 en fait une composante de l'enseignement primaire, avec les classes enfantines qui accueillent de jeunes enfants dans des écoles primaires. En 1901-1902, c'est ainsi le quart d'une classe d'âge qui passe par les classes enfantines ou maternelles.

Petite révolution... L'éducation des enfants, avant l'âge scolaire, relève donc de plus en plus de l'école, et non exclusivement des parents.

Oui. Cela ouvre un débat, toujours actuel : quel équilibre trouver entre des activités visant l'épanouissement de l'enfant et des débuts d'apprentissage qui relèvent de la préscolarisation ? On en parle encore de nos jours. Le succès de cette préscolarisation est une caractéristique française : après un développement massif à partir de 1945, elle est aujourd'hui générale pour les enfants de trois ans, et l'on discute de l'opportunité de développer l'accueil en maternelle dès deux ans.

Simultanément, au XIXe siècle, le champ de l'enseignement primaire s'est développé en aval. Déjà la loi Guizot de 1833 prévoyait, dans les communes les plus importantes, des écoles primaires « supérieures », avec des maîtres titulaires d'un brevet supérieur et capables d'approfondir les enseignements fondamentaux, notamment dans le domaine des sciences. Cet enseignement pouvait être vu comme concurrentiel avec le secondaire, mais bien sûr on n'y enseignait pas le latin, qui marquait fortement la distinction sociale autant que pédagogique entre les deux ordres d'enseignement. Cette première tentative de prolongation du primaire ne connut pas le succès. La IIIe République reprit le projet, en donnant notamment aux EPS (écoles primaires supérieures) une finalité pratique et professionnelle. Mais à nouveau elles peinèrent à s'affirmer par rapport à l'enseignement spécial, puis moderne, qui se développa alors au sein du secondaire. Cette concurrence entre primaire et secondaire se prolongera encore au XXe siècle.

Le Petit Chose

Nous avons vu que les collèges se sont développés dans la période précédente. Qu'est-ce qui change pour eux au XIXe siècle ?

Après l'expérience originale des écoles centrales, c'est le modèle du collège qui se rétablit : lycées napoléoniens, collèges royaux sous la Restauration, puis à nouveau lycées à partir de la IIe République, dont le réseau est complété par de nombreux collèges relevant d'initiatives privées et locales. Leur enseignement, nous y reviendrons, reste très traditionnel : comme au XVIIIe siècle, on leur reproche leur faiblesse scientifique, ce qui rend malaisée la préparation aux écoles supérieures techniques ou scientifiques, ainsi que des programmes mal adaptés à de nouveaux publics et aux besoins du pays. Les réformes se révélant difficiles, il a fallu imaginer de nouveaux parcours de formation à l'intérieur de l'enseignement général ou à côté de celui-ci.

Ainsi, aux débuts du Second Empire, le ministre Hippolyte Fortoul prévoit, après la classe de quatrième, une « bifurcation » permettant de choisir entre section littéraire et scientifique. Cette dernière déboucherait sur un baccalauréat scientifique, une alternative au baccalauréat littéraire et non plus un complément de celui-ci. Ce système fut abandonné dès 1864, même si les élèves qui se destinent aux grandes écoles continuent à délaisser le cycle classique en fin de parcours pour suivre des « classes préparatoires ». En 1865, Victor Duruy institua, lui, l'enseignement secondaire spécial qui, prolongeant diverses tentatives antérieures, élargit le champ du secondaire vers des formations à orientation professionnelle, avec un succès réel. Il s'agit alors de préparer les cadres nécessaires au développement de l'agriculture, du commerce et de l'industrie. Pendant la IIIe République, ce parcours continua à se développer, mais en même temps il s'allongea, devint plus général et théorique et finit, en 1902, par se fondre dans une section moderne du secondaire.

On voit là une sorte de loi de développement du système éducatif français, qu'on retrouve à l'œuvre dans la période contemporaine : des voies de formation, techniques ou professionnelles, conçues initialement comme alternatives à l'enseignement général, tendent à s'aligner sur celui-ci et finissent par s'y fondre. En même temps se dessine la logique qui va caractériser le XXe siècle : l'intégration dans un système global de l'ensemble des parcours de formation.

Tout au long du XIXe siècle, l'enseignement de niveau secondaire reste le fait d'une petite minorité issue des classes aisées. Il progresse peu, surtout si l'on considère les seuls lycées ou collèges délivrant l'enseignement classique. Les progrès se font par le primaire supérieur ou l'enseignement spécial, qui attirent des familles plus modestes. Il faut aussi souligner l'importance des abandons en cours de route, dont atteste le pourcentage de bacheliers restreint par rapport aux effectifs globaux : songeons au Petit Chose, le personnage d'Alphonse Daudet, qui quitte le lycée avant le baccalauréat et se retrouve condamné au statut inférieur de maître d'études. En 1820, le secondaire public comptait 33 760 élèves, et quelque 85 000 à la fin du siècle, avec un palier depuis 1880. Nous avons vu que le privé confessionnel a fortement progressé sous le Second Empire : à la fin du siècle, il vient doubler les effectifs du secondaire. La population globale étant passée de trente millions d'habitants en 1820 à trente-neuf millions à la fin du siècle (territoire de 1871), cette progression modeste du secondaire n'en change pas la nature.

Une école unique...

Au tournant du siècle, nous avons donc encore deux écoles : primaire et secondaire accueillent des publics différents, promis à des avenirs distincts, et véhiculent des cultures et des pédagogies dissemblables. Comment passe-t-on à la mise en place d'un véritable « système scolaire » pour l'ensemble de la population ?

La mise en système de l'organisation scolaire tend vers la création d'une « école unique », même si ce terme ne va pas sans ambiguïtés. Elle résulte d'un double mouvement : d'une part la recherche d'une articulation cohérente entre les pièces existantes du système, d'autre part l'inclusion progressive dans celui-ci de secteurs qui lui échappaient. Cette évolution se dessine dès les débuts du XXe siècle, et s'accélère dans la seconde partie de celui-ci à la faveur de l'explosion de la démographie scolaire. Comme l'a montré Antoine Prost, le point essentiel est le passage d'une logique d'ordres parallèles, qui distingue primaire et secondaire comme deux parcours destinés à des publics socialement différents, à une logique de niveaux successifs proposés à l'ensemble d'une génération. Il s'agit d'abstraire l'école des clivages sociaux. Et ce projet est d'ailleurs théorisé au départ par les Compagnons de l'Université nouvelle, qui s'appuient sur l'unité nationale vécue dans les tranchées de la guerre de 14 pour promouvoir une école égalitaire.

Une telle évolution demande du temps. Elle se dessine par touches successives au long du XXe siècle, avant de trouver sa traduction institutionnelle sous la Ve République. Il faut d'abord que le secondaire renonce à ses classes élémentaires, rivales de l'école primaire (et restées payantes, contrairement à celle-ci). Le transfert se fera peu à peu, même si la suppression des petites classes de lycée, décidée à la Libération, ne sera pleinement effective que dans les années 1960... Il est aussi nécessaire de clarifier le statut des années charnières, premières classes du secondaire, primaire supérieur, puis cours complémentaires qui en reprennent le créneau et qui, au début des années 1960, dépassent les effectifs des années correspondantes du secondaire. Portées par la demande sociale et les besoins du marché du travail, ces formations sont de plus en plus fréquentées. Significativement, la période d'instruction obligatoire est portée jusqu'à quatorze ans par le Front populaire, puis à seize ans en 1959.

... et un socle commun

Les premières mesures remontent au milieu du XXe siècle : gratuité de l'enseignement secondaire à partir de 1930; puis introduction en 1933 d'un examen d'entrée en sixième censé remplacer la sélection sociale par la promotion du mérite scolaire. Les réformes ambitieuses de Jean Zay, pendant le Front populaire, marquent une étape importante, en visant à faire de la sixième une classe d'orientation, permettant à tous les élèves de choisir ensuite entre les différentes formes d'enseignement secondaire. À la Libération, le célèbre plan Langevin-Wallon, résultat d'un important travail de commission, propose une architecture claire en degrés successifs : primaire, cycle d'orientation de onze à quinze ans, cycle de détermination de quinze à dix-huit ans... Mais il reste à l'état de projet : ce n'est que sous la Ve République que sont engagées les réformes structurelles indispensables, rendues à la fois nécessaires et possibles par la massification de l'enseignement et l'obligation de rationaliser les efforts financiers imposés à l'État.

De 1959 à 1975, date de la réforme Haby, plusieurs trains de mesures permettent, non sans résistances, d'intégrer progressivement dans un « collège unique » toutes les formations correspondant au premier temps du secondaire : classes de fin d'études du primaire, collèges d'enseignement général, héritiers des cours complémentaires, formations classiques et modernes des premières classes des lycées traditionnels. Pendant quelque temps subsiste un « palier de fin de cinquième », moment où beaucoup d'élèves quittent le collège, éventuellement pour aller vers des formations professionnelles. Au milieu des années 1980, ce palier s'efface en même temps que le début des formations professionnelles est reporté après la classe de troisième. Dès lors le collège apparaît clairement comme une école « moyenne », ayant vocation à accueillir jusqu'à la fin de la scolarité obligatoire l'ensemble d'une génération, même si persistent quelque temps divers dispositifs minoritaires qui visent à accueillir les élèves en difficulté (ceux-ci s'effaceront d'ailleurs progressivement, à l'exception des SEGPA – sections d'enseignement général et professionnel adapté – destinées à un public spécifique). Avec la réforme de 1995 qui identifie un cycle central cinquième-quatrième, puis les lois d'orientation de 2005 et 2013, on donne clairement comme objectif au collège de permettre à l'ensemble d'une génération d'acquérir les connaissances et les compétences d'un « socle commun ».

Cette réorganisation du premier cycle accompagne une profonde transformation sociale. Certes l'évolution démographique joue un rôle important : la population globale a fortement progressé pendant cette période. Mais l'accroissement des publics scolarisés dépasse très largement l'effet de la démographie, et on peut véritablement parler d'une « démocratisation du secondaire ». À partir de 1950, les taux de scolarisation s'envolent. Au terme du processus, le collège unique devient un « collège pour tous », accueillant la quasi-totalité d'une génération.

Les filles à l'écart

Quel puzzle pour en arriver enfin à un collège pour tous ! Ou presque pour tous... Car les filles ont quand même eu quelques difficultés à se faire accepter à égalité, c'est le moins que l'on puisse dire...

Oui. Nous avons vu, dans les périodes précédentes, combien le projet même de scolariser les filles n'allait pas de soi. Les propos de La Chalotais à ce sujet, souvenons-nous, étaient bien ambigus. Même Condorcet, sans doute le plus attentif à l'égalité entre les sexes, ne dédaignait pas d'utiliser des arguments qui paraîtraient aujourd'hui discriminatoires : les femmes doivent recevoir une instruction pour mieux surveiller celle de leurs enfants et entretenir celle de leurs maris. Et Jules Ferry, dans son célèbre discours du 10 avril 1870 consacré à l'« égalité d'instruction », ne dit pas autre chose. Certes, expliquait-il, cette égalité doit concerner les sexes autant que les classes, mais c'est parce que « l'égalité d'éducation, c'est l'unité reconstituée dans la famille. [...] Celui qui tient la femme, celui-là tient tout, d'abord parce qu'il tient l'enfant, ensuite parce qu'il tient le mari ».

Au niveau de l'enseignement élémentaire, le XIXe siècle a vu se développer un enseignement destiné aux filles, sachant que la mixité était condamnée par tous, et notamment par l'Église. La loi Guizot de 1833, dont nous avons vu le rôle fondateur, restait centrée sur les garçons. La loi Falloux de 1850 marquait un progrès dans ce domaine, en imposant aux communes de plus de huit cents habitants d'ouvrir une école pour les filles. Mais l'instruction des filles continuait à dépendre largement des congrégations religieuses. Le Second Empire n'en vit pas moins la scolarisation des filles rattraper celle des garçons. Les lois républicaines feront évoluer progressivement la situation en faveur de l'enseignement public : création d'écoles normales de jeunes filles (1879), obligation de détenir le brevet de capacité (1881), laïcité du personnel enseignant (1886)...

L'accès des filles au secondaire est encore plus révélateur. Il s'amorce avec Victor Duruy qui encourage la création, par des initiatives locales, de cours secondaires qui leur soient destinés. Il revient à Camille Sée, en 1880, de créer un enseignement secondaire public pour les filles, en même temps que l'École normale supérieure de Sèvres. Mais cet enseignement reste différent de l'enseignement masculin : il ne comprend pas les langues anciennes, ce qui écarte les filles du baccalauréat, sauf très rares exceptions. Ce n'est qu'en 1924 qu'un décret offre aux filles les mêmes enseignements qu'aux garçons. La progression de l'enseignement secondaire féminin, pendant tout le début du XXe siècle, passe toutefois d'abord par l'enseignement primaire supérieur et les cours complémentaires, jusqu'à ce que se mette en place le collège unique.

La situation va alors se modifier radicalement. Dans les années 1960, tant l'évolution des esprits que la nécessité de rationaliser les capacités d'accueil confrontées à l'explosion démographique entraînent le développement de la mixité du système éducatif, qui s'impose sans grand débat. Mêlées aux garçons, les filles obtiennent même de meilleurs résultats que ceux-ci, mais, au niveau du lycée, leur répartition est très différente : les filles sont très majoritaires dans les formations qui relèvent des lettres et sciences humaines, des enseignements tertiaires ou de santé. La proportion s'inverse dans les filières scientifiques ou industrielles. Ces clivages se retrouvent largement dans l'enseignement supérieur et ne sont pas propres à la France : faut-il y voir l'effet de « stéréotypes » sexués, ou le résultat de choix rationnels anticipant sur l'état de la société et du marché du travail ?

Un processus d'homogénéisation

On imagine qu'il n'a pas non plus été facile de mettre en place des enseignements plus spécialisés, les formations professionnelles par exemple.

Au sein d'un enseignement qui privilégie la culture littéraire, ils ont en effet peiné, dès l'origine, à trouver leur place. Lorsque les besoins s'affirment, dans la seconde partie du XVIIIe siècle, la réponse passe, nous l'avons vu, par la création d'écoles spécifiques ou, au niveau supérieur, de ces « grandes écoles » qui caractérisent aujourd'hui encore le système français. Ce mouvement se prolonge au long du XIXe siècle : écoles d'ingénieurs, de commerce (HEC est créée en 1881), écoles d'agriculture... Quant à la préparation aux métiers, nous avons vu qu'elle relevait traditionnellement de l'apprentissage, mal adapté à l'industrialisation et à beaucoup de nouveaux secteurs d'activité : à côté de secteurs industriels qui exploitent une main-d'œuvre non qualifiée, d'autres s'inquiètent au contraire du manque de compétences disponibles. La fin du XIXe siècle voit donc naître des écoles pratiques ou professionnelles, relevant du ministère du Commerce et non de l'Instruction publique. En 1919, la loi Astier pose le principe de cours professionnels obligatoires sur le temps de travail des apprentis et sanctionnés par le certificat d'aptitude professionnelle. Créée en 1925, la taxe d'apprentissage payée par les entreprises doit financer le dispositif. En 1920, cet enseignement technique passe sous la responsabilité du ministère de l'Instruction publique : signe d'une évolution qui se confirme par la suite. Le gouvernement de Vichy, soucieux de valoriser les métiers, crée des centres de formation professionnelle, qui deviennent à la Libération centres d'apprentissage (à statut scolaire) : ils deviennent collèges d'enseignement technique en 1959, puis lycées d'enseignement professionnel (1976), enfin lycées professionnels (en 1985). Pendant la même période, l'enseignement technique s'organise au niveau des lycées : lycées techniques en 1959, aujourd'hui formations technologiques des lycées, prolongées éventuellement par des brevets de technicien supérieur.

Le report des formations professionnelles après la troisième, le développement de brevets d'études professionnelles moins spécialisés que les CAP, la création du baccalauréat professionnel en 1985, l'absorption du BEP par celui-ci dans un cursus de trois ans (2009)... Autant d'évolutions qui ont installé la voie professionnelle au niveau des lycées comme un troisième volet complémentaire des voies générales et technologiques.

Aujourd'hui, les formations technologiques et surtout professionnelles fournissent chaque année autant de bacheliers que les séries générales. Elles sont, au terme d'une longue évolution, pleinement scolarisées : sans doute y ont-elles gagné en légitimité, mais peut-être est-ce au prix d'un alignement sur les enseignements généraux et d'un recul de ce qui faisait leur spécificité ? On peut y voir l'une des raisons de la volonté, qui s'exprime continûment depuis quelques années, de revaloriser et développer les formations en apprentissage, supposées plus proches des réalités du monde du travail.

Le cas des formations professionnelles est particulièrement significatif de cette volonté de scolariser de la même façon, au nom de l'égalité sociale, l'ensemble des publics (y compris ceux qui précédemment étaient pris en charge, de façon plus ou moins satisfaisante, par des dispositifs spécifiques). Il s'agit de créer une « école inclusive », selon une expression venue de la culture anglo-saxonne, et cela a aussi conduit à se fixer l'objectif d'accueillir en milieu scolaire courant tous ceux à qui les textes officiels reconnaissent des « besoins éducatifs particuliers », notamment les jeunes en situation de handicap.

En même temps qu'elle se constituait pleinement en système, l'école a donc tendu à absorber tous les parcours de formation, et par là même à les aligner sur le modèle classique. Ce mouvement centripète atteint son apogée à la fin du XXe siècle. Mais il faut désormais distribuer et gérer la diversité, non plus dans des ordres d'enseignement différents, mais à l'intérieur du système éducatif lui-même. La dénier n'aboutit en effet qu'à laisser se multiplier des forces centrifuges non régulées. C'est là sans doute un des grands défis pour l'avenir : il se manifeste notamment par la demande insistante de modes de prise en charge plus individualisés.

Le bac pour (presque) tous

Le puzzle du grand « système éducatif » n'est pas complet... Avec l'installation des collèges, au sens moderne, dans le paysage éducatif, les lycées vont devoir eux aussi se redéfinir : ils n'accueillent plus que les trois dernières années du secondaire.

Avec la réorganisation du système éducatif, les lycées perdent en effet leurs classes de premier cycle, comme ils avaient précédemment perdu leurs classes élémentaires. Mais, à la faveur de la démocratisation, le nombre des élèves du second cycle général et technologique (public et privé) progresse de façon spectaculaire : 421 900 élèves au début des années 1960, 1 102 600 en 1980, 1 570 900 en 1990 ! Les effectifs stagnent ensuite, voire diminuent légèrement. Le second cycle professionnel, dont les effectifs font plus que doubler entre 1960 et 1985, oscille, lui, depuis les années 1980 autour de 690 000 élèves, avec un accroissement considérable de la part des parcours menant au baccalauréat professionnel. Le développement des formations de second cycle et donc du nombre des bacheliers se répercute aujourd'hui sur l'enseignement supérieur, d'autant que le marché de l'emploi, peu favorable, incite aux poursuites d'études et qu'une politique européenne volontariste incite à viser un objectif de 50 % d'une génération diplômée de l'enseignement supérieur.

Du coup, les lycées ne peuvent plus proposer un modèle unique de formation. Dans la première partie du XXe siècle, l'enjeu des réformes successives était de faire évoluer les baccalauréats généraux, de renforcer la place des sciences et de faire place à des formations « modernes », c'est-à-dire sans latin. À partir des années 1960, pour accueillir des publics nouveaux, il va falloir diversifier les voies de formation. D'une part, la voie littéraire ne cesse de perdre du terrain par rapport à la voie scientifique, qui, par un renversement des prééminences, devient la plus recherchée. D'autre part, des parcours inédits s'affirment autour des sciences économiques et sociales ou des technologies tertiaires et industrielles. À partir de 1985, nous l'avons vu, la voie professionnelle forme une part sans cesse croissante des bacheliers. Aujourd'hui, les séries technologiques et professionnelles produisent chaque année autant de bacheliers que les séries générales. La proportion de bacheliers dans une génération, qui était de 3 % en 1945, de 25 % en 1975, s'installe désormais aux environs de 77 %. Complexifié et diversifié, le baccalauréat a changé de nature : pour un nombre de plus en plus élevé de jeunes, il n'est plus qu'une étape sur la voie d'études supérieures qui deviennent l'enjeu d'une nouvelle vague de démocratisation. À terme, cette situation imposera de redéfinir la place et l'organisation des lycées, en lien avec les formations supérieures.

L'essor des universités

Il nous faut donc revenir sur les universités, qui elles aussi doivent se transformer pour relever de nouveaux défis.

Précédemment, nous les avons rencontrées en creux, en évoquant le développement des grandes écoles qui, à partir du XVIIIe siècle, viennent répondre à des besoins que les universités ne satisfont pas. Il faut d'ailleurs distinguer le droit et la médecine des lettres et des sciences, clivage qui se prolonge de nos jours. Droit et médecine, au XIXe siècle, délivrent des formations professionnelles, dont l'utilité sociale n'est pas contestable. Le Consulat et l'Empire ont défini leurs études et leurs titres, garanties nécessaires de compétence professionnelle. En revanche, le rôle des lettres et des sciences, qui héritent des anciennes facultés des arts, n'est pas le même. Les enseignements proprement dits relèvent des grandes classes des lycées ou des grandes écoles : les facultés des lettres et des sciences n'ont pour fonction que de décerner les grades, baccalauréat ou licence (qui sont d'ailleurs payants). L'enseignement supérieur est donc au service de l'enseignement secondaire, et n'a pas de légitimité propre, comme le montre le rôle joué par le concours d'agrégation : destiné à recruter les enseignants des lycées, il impose au supérieur les programmes et les méthodes du secondaire. Faute d'étudiants, la pratique se développe, même au XIXe siècle, de donner des cours publics, activité souvent mondaine plus que scientifique.

Dès le Second Empire, cette situation a préoccupé de bons esprits, inquiétés et fascinés à la fois par le modèle allemand, en un processus qu'amplifiera la défaite de 1870. La Prusse a en effet construit un modèle universitaire bien différent du système français, et dont l'emblème est l'université de Berlin, créée en 1810. « Université » prend ici un sens nouveau par rapport à la tradition française. Il ne s'agit plus, comme au Moyen Âge, de désigner une corporation, mais, contre le cloisonnement des disciplines, d'affirmer l'unité du savoir par le rapprochement des domaines divers de la connaissance ainsi qu'une exigence d'autonomie fondée sur la légitimité propre de la science. Cette conception exercera une influence considérable, dans le monde anglo-saxon notamment.

Elle inspire aussi les responsables français. Victor Duruy, qui voulait relancer l'enseignement supérieur et la recherche, crée l'École pratique des hautes études en 1868. Une impulsion décisive est donnée par la IIIe République. La création de bourses pour la préparation à la licence et à l'agrégation fait apparaître un public d'étudiants, dont le nombre va croissant à la charnière des deux siècles : en lettres et sciences, on passe de quelque 3700 étudiants en 1888 au double au moment de la guerre de 14. Les études s'organisent et se spécialisent. Les constructions universitaires, telle la reconstruction de la Sorbonne, achevée en 1889, sont le symbole de cette nouvelle ambition nationale. Ce renouveau, porté par des universitaires prestigieux souvent très liés au mouvement républicain, pose un problème d'organisation. Inspirés par le modèle allemand, les réformateurs auraient souhaité que de grandes universités, réunissant une masse critique suffisante, se répartissent sur l'ensemble du territoire. En fait, ces universités ne parviennent pas à s'affirmer, la structure disciplinaire des facultés restant prégnante pour encore un siècle.

Vers la « déconcentration »

Qu'est-ce qui va débloquer cette situation ?

Là encore, c'est l'explosion scolaire de la seconde partie du XXe siècle qui va modifier la donne. La progression rapide du nombre des lycéens pose le problème de l'accès à l'enseignement supérieur et de l'aménagement de ses premières années. Les instituts universitaires de technologie, créés en 1966, doivent accueillir une partie des flux dans des formations « professionnalisantes ». Mais la crise de 1968 va imposer des révisions plus radicales.

L'évolution des effectifs des universités donne la mesure du défi : de 136700 étudiants en 1950, on passe à 413800 en 1965, et à 625600 en 1969... Les problèmes d'accueil et de recrutement d'enseignants sont considérables, et fragilisent un système confronté à un public qui ne participe plus nécessairement de la tradition universitaire. Les modes de fonctionnement traditionnels étant balayés par la contestation radicale de 1968, il va falloir engager une reconstruction : par étapes successives, elle se poursuit jusqu'à nos jours.

Dès 1969, la loi d'orientation défendue par Edgar Faure pose de nouveaux principes. À l'émiettement des facultés, elle oppose l'idée de véritables universités, établissements publics dirigés par un président élu, regroupant des « unités d'enseignement et de recherche » et dotés d'une certaine autonomie financière.

Les conseils des universités font place, à côté des enseignants de rang magistral, aux autres enseignants, aux étudiants, à des personnalités extérieures. En même temps l'organisation pédagogique évolue : on voit apparaître une organisation plus souple des enseignements en « unités de valeur », des formes de contrôle continu, qui améliorent les relations entre enseignants et étudiants.

Pour autant, les universités restent fragiles et leur pilotage, complexe, en même temps qu'elles continuent à être très dépendantes des instances ministérielles. La variété des situations, le développement de nouveaux parcours de formation, notamment dans le domaine professionnel, l'implication croissante des collectivités territoriales et la volonté de diversifier les sources de financement, rendent de plus en plus illusoire le principe d'une offre homogène pilotée de façon centralisée. Peu à peu s'esquisse une logique de déconcentration, qui repose à partir de 1988 sur l'idée d'une contractualisation entre le ministère et les universités. Mais cela suppose des universités plus fortes, dotées d'un projet de développement et d'une autonomie suffisante. Autant de préoccupations que porte fortement la conférence des présidents d'université, et qui appellent une révision du cadre législatif.

Le chantier est loin d'être terminé...

Les dernières années du XXe siècle et le début du XXIe ont vu s'opérer des changements décisifs. Du fait de la mondialisation, les universités ont été amenées à se positionner sur le plan international. L'écho rencontré par le « classement de Shanghai » est révélateur : des normes reconnues dans tous les pays sont nécessaires pour permettre les échanges d'étudiants et la reconnaissance des titres. D'où une réorganisation des études en trois paliers, licence, master et doctorat. En même temps, les universités deviennent des enjeux majeurs de valorisation des territoires, et les collectivités, notamment les régions, interviennent fortement dans la planification et les investissements.

La visibilité internationale étant essentielle, un mouvement de regroupement des structures universitaires s'impose alors, pour atteindre une masse critique suffisante et permettre une véritable association de l'enseignement et d'activités de recherche reconnues. Le modèle français d'excellence traditionnel, qui reposait sur les classes préparatoires et les grandes écoles d'un côté, pour l'enseignement, les organismes de recherche comme le CNRS de l'autre, paraît désormais trop fermé et malthusien.

Inspirée notamment de la démarche de pays comme l'Allemagne, une nouvelle politique s'affirme au début du XXIe siècle, rééquilibrant l'effort éducatif du pays en faveur du supérieur. Après une tentative de Luc Ferry, alors ministre de l'Éducation nationale et de la Recherche, qui ne peut aboutir en 2003 faute de soutien politique, Valérie Pécresse réussit en 2007 à faire adopter la loi relative aux libertés et responsabilités des universités (LRU), qui pose le principe de leur autonomie et leur donne les moyens de conduire de véritables projets. Depuis la loi sur la recherche de 2006, les universités sont incitées à se rapprocher dans le cadre de projets et de statuts fédérateurs. Une puissante dynamique est désormais en marche, rapprochant la France des standards internationaux et permettant de revaloriser l'enseignement supérieur.

Démocratisation, vraiment ?

On voit bien comment la construction de ce qu'il faut en effet appeler un véritable « système éducatif » a accompagné l'évolution de la société française au fil de ces dernières décennies. Grâce à cette gigantesque machine à enseigner, une part sans cesse croissante de chaque génération suit un parcours de plus en plus long... Ce qui provoque d'autres conséquences : le baccalauréat, longtemps diplôme prestigieux réservé à une élite, tend à devenir une banale certification de fin d'études, et l'université se massifie à son tour. Peut-on vraiment parler de démocratisation ?

Cette question comporte une dimension quantitative (combien d'élèves accèdent à la scolarisation, aux différents niveaux ?) et une dimension qualitative (quel rôle joue cette scolarisation par rapport aux inégalités sociales ?). Plus la progression quantitative s'affirme, plus la problématique se déplace vers le deuxième aspect. On parvient ainsi aux mises en cause contemporaines du rôle de l'école.

Dès lors que l'accès à la scolarisation secondaire et à des diplômes se généralise, la situation de ceux qui n'accèdent pas à cette reconnaissance devient plus préoccupante, d'autant que la société actuelle est plus exigeante que naguère en matière de qualification. On se réfère régulièrement, dans le débat public, aux quelque 150 000 jeunes qui sortent du système éducatif sans qualification. Le phénomène est pourtant loin d'être nouveau, et très inférieur à ce qu'il était autrefois, mais dans une école qui se veut inclusive, l'échec est devenu particulièrement inacceptable. Il est aussi très inéquitable, puisqu'il diffère fortement selon les milieux sociaux et les territoires.

D'autre part, tous les parcours, même débouchant sur des diplômes de niveau théoriquement équivalent, ne se valent pas et n'ouvrent pas les mêmes perspectives sociales et professionnelles. À côté de la hiérarchie verticale des niveaux, il existe donc une hiérarchie horizontale des voies de formation. Or il est indéniable que celle-ci correspond aussi à une distribution sociale. Au stade du collège, moins « unique » qu'on ne le dit, le choix de l'établissement et des enseignements linguistiques ou optionnels dessinent de fait des prééminences et des probabilités en matière d'orientation. Au niveau des lycées, la répartition des élèves en fonction du milieu social d'origine est très différente selon les voies de formation.

Par exemple ?

Au début des années 2010, en premières et terminales générales, on comptait 35,7 % d'élèves de catégories dites « favorisées » contre 22,9 % de catégories « défavorisées ». En baccalauréat professionnel, c'était l'inverse : 7,8 % contre 53,5 % (les formations technologiques, elles, occupent une position intermédiaire). On pourrait multiplier les exemples, le phénomène n'en serait que plus évident : au fil des décennies, l'ancien dispositif éducatif, qui était organisé en ordres d'enseignement (primaire/secondaire) ou en réseaux socialement différenciés (enseignement général/enseignement spécial), a fait place à un système formellement égalitaire dans lequel, cependant, il existe une répartition de fait des élèves en parcours hiérarchisés. Cette situation accroît la pression qui s'exerce sur eux : il ne s'agit plus seulement de tenter de réussir dans la voie où, en fonction des usages sociaux, on s'est trouvé affecté. Il s'agit désormais d'accéder à la bonne orientation, à une formation valorisante. De façon quelque peu hypocrite, le système renvoie aux élèves et à leurs familles la responsabilité de réussir un « projet d'orientation ».

Un système inégalitaire

Et notre système éducatif aujourd'hui ne se révèle donc pas aussi égalitaire qu'il le prétend...

Les enquêtes internationales, notamment PISA qui évalue les compétences des élèves à quinze ans[71], soulignent que le système français est particulièrement inégalitaire, et ses résultats, qui le situent seulement dans la moyenne des pays de l'OCDE, tendent à se dégrader. Mais surtout, l'écart grandit sans cesse en France entre une élite qui obtient de très bons résultats et des élèves, dont le nombre augmente, en grande difficulté.

Diverses approches s'affrontent, depuis que, dans les années 1960, la massification du système éducatif a rendu le problème sensible. Certains, inspirés notamment par les travaux classiques de Pierre Bourdieu, reprochent à l'école de faillir à l'idéal d'égalité et de se contenter de reproduire les distinctions sociales, voire de les renforcer en imposant les modes de pensée et de langage des classes dominantes.

D'autres, dans la lignée, par exemple, des travaux du sociologue Raymond Boudon, interprètent plutôt ces différenciations comme le résultat cumulé de décisions individuelles opérées par des acteurs rationnels, soucieux, dans la situation qui est la leur, d'optimiser le « rapport qualité-prix » de leurs choix. Dans cette perspective, sans doute plus subtile, on évite de faire peser toutes les responsabilités sur l'école : pour que celle-ci soit plus égalitaire, il faudrait d'abord agir sur les paramètres sociaux qui orientent les différents choix. L'école ne pourrait, à elle seule, corriger les effets des hiérarchies sociales, professionnelles, salariales.

Est-ce l'école qui est responsable des inégalités dans la réussite scolaire ou est-ce la société... Peut-être les deux, non ?

La plupart des chercheurs proposent en effet aujourd'hui des explications plus complexes. Si le niveau social d'origine joue un rôle incontestable (et, d'ailleurs, le niveau de formation de la mère plus encore que celui du père), d'autres facteurs interviennent. Par exemple, la composition de la fratrie et la place d'un élève dans celle-ci peuvent jouer autant que la relation enfant-ascendant. L'attitude de l'enseignant, faite de confiance ou de pessimisme, est importante également : on sait que l'élève tend à se conformer aux attentes du maître (c'est ce qu'on appelle l'« effet Pygmalion »). L'établissement lui-même joue aussi un rôle essentiel : à recrutement social équivalent, tel collège ou tel lycée peut développer des stratégies et obtenir des résultats très différents. Cette diversité apparaît aussi fortement au niveau des régions et des académies. Cela entraîne, pour chaque élève, des probabilités de redoublement, d'orientation, et *in fine* de réussite qui peuvent varier considérablement...

L'imbrication de tous ces facteurs explique sans doute les limites des politiques de discrimination positive qui se sont mises en place dans les années 1980 sur une base territoriale avec les « zones d'éducation prioritaire». On penche plutôt aujourd'hui vers des approches plus décentralisées et individualisées, tant sont divers les lieux et les symptômes de la grande difficulté scolaire. La question devient alors non plus de maintenir à l'aide de moyens supplémentaires, et jamais suffisants, une offre d'enseignement supposée uniforme, mais plutôt de chercher à moduler cette offre et à l'adapter aux situations rencontrées, ce qui ne peut s'apprécier qu'au plus près du terrain. Des dispositifs souples et déconcentrés sont peut-être plus efficaces que de grands plans nationaux.

Souligner cette multiplicité de paramètres, c'est aussi rappeler que les études statistiques globales recouvrent une grande diversité de situations particulières. Il faut donc se garder soigneusement d'inférer trop vite, comme on le fait parfois, de la donnée macro-statistique à la probabilité individuelle. Dire qu'il n'y a que *x* % d'élèves originaires des catégories socio-professionnelles défavorisées dans telle filière et à tel niveau ne signifie en rien, pour un élève en particulier, fût-il socialement désavantagé, qu'il n'a que *x* % de chances d'y accéder. Autrement dit, la nécessaire prise en compte des inégalités sociales et scolaires ne doit pas nourrir un fatalisme statistique qui serait lui-même générateur d'échecs! Des marges d'action existent pour chacun.

Quelles que soient les explications retenues, deux questions restent posées. La première, particulièrement débattue, consiste à se demander si, malgré tout, l'élévation globale du niveau de formation a eu des effets bénéfiques. Certes l'hypothèse d'une concordance entre les niveaux de formation et la structure de l'emploi est tout à fait aléatoire. Néanmoins, on s'accorde en général à considérer que les sociétés contemporaines ont besoin de jeunes mieux formés, capables de s'adapter aux évolutions des métiers. De ce point de vue, même si certains s'inquiètent d'une inflation des diplômes, ceux-ci restent une garantie au moins relative. Deuxième question : la qualité de la formation doit-elle s'apprécier uniquement en termes d'insertion professionnelle ? L'éducation, on l'a vu au fil de cette histoire, vise aussi l'épanouissement de la personne et la formation du citoyen. Aujourd'hui, cette question est largement liée à celle de la place du travail dans les sociétés contemporaines.

CHAPITRE 16

Dans le monde des enseignants

Le « corps enseignant »

Et les enseignants dans cette histoire ? Dans le cadre d'une Révolution hostile aux corporations de l'Ancien Régime, Condorcet mettait en garde contre la constitution d'un corps enseignant, susceptible de glisser vers le corporatisme, de préférer les intérêts de la profession à ceux des élèves, d'imposer aux maîtres la loi du groupe[72]*. Ne semble-t-il pas qu'on n'ait tenu aucun compte de ses conseils ?*

Alain Boissinot : Napoléon en effet, à l'inverse de la position de Condorcet, a choisi de créer un corps enseignant, conçu sur le modèle des congrégations religieuses, doté d'une identité professionnelle forte et tendant vers l'autonomie. Ce corps enseignant a été une composante essentielle de la construction du système éducatif. Mais cette logique, qui s'est développée au long du XIXe siècle et qui a atteint son apogée avec la IIIe République, a rencontré sans doute ses limites avec les profondes transformations de la seconde partie du XXe siècle. Celles-ci ont eu aussi une conséquence très importante. Jusque-là, le corps enseignant, c'était essentiellement les maîtres du primaire, de très loin les plus nombreux : sous la IIe République, le ministre de l'Instruction publique, Hippolyte Carnot, s'adressait aux « 36 000 instituteurs primaires ». Ils seront 120 000 en 1914, dix fois plus nombreux que les fonctionnaires du secondaire ! La figure de référence, c'était alors celle de l'instituteur, « hussard noir » de la République. La massification d'après-guerre et les réorganisations du système scolaire, en même temps qu'elles fragilisent la culture du premier degré, ont déplacé l'accent vers le secondaire, porteur d'une identité professionnelle différente.

Dans un ouvrage passionnant paru en 1973, *Nous les maîtres d'école*, Jacques Ozouf a recueilli les souvenirs et témoignages d'instituteurs de la Belle Époque, à la charnière des deux siècles[73]. Tout y est magnifiquement dit : la condition si fragile des instituteurs dans une France qui est encore celle des hameaux et des villages, des usages qui sont toujours ceux du XIXe siècle ; mais aussi la foi républicaine et les conflits liés à la séparation des Églises et de l'État, le dévouement à la cause de l'instruction, l'espoir du progrès par le savoir, malgré les premières déceptions liées au colonialisme, à l'affaire Dreyfus, puis à la guerre de 14-18.

L'histoire des maîtres au XIXe siècle est celle de leur progressive affirmation, de plus en plus résolument soutenue par l'État : l'organisation d'une administration scolaire permet de moins dépendre des tutelles locales. Au départ, la situation du maître, concurrencé par les personnels religieux, est particulièrement incertaine. Il dépend entièrement des autorités locales, civiles et religieuses, et sa rémunération est assurée par l'écolage (dont sont dispensés les indigents) et par de modestes avantages en nature. Pour échapper à la misère, le maître doit assurer diverses tâches, et notamment assister le curé...

Mais l'État va de plus en plus s'en mêler, n'est-ce pas ?

Oui. L'intervention de l'État améliore peu à peu cette situation. La loi Guizot précise les obligations des municipalités, notamment le versement d'un traitement fixe en plus de la rétribution scolaire. Des mécanismes de retraite apparaissent. Le passage à la gratuité de l'école sera décisif, les maîtres devenant des fonctionnaires d'État, soutenus par une administration publique. Pour autant, leur condition matérielle reste modeste, et il leur faut chercher des revenus complémentaires : de là l'importance de la fonction de secrétaire de mairie, qui permet en même temps d'asseoir une légitimité liée au savoir : l'orthographe pour les courriers administratifs, ou la géométrie pour les questions d'arpentage... Un point est significatif : l'administration, après l'avoir longtemps décommandé, encourage au début du XXe siècle le mariage entre collègues. Un couple d'instituteurs peut accéder en effet à un niveau de vie plus honorable. Le thème du bien public développé par Guizot dans sa lettre aux instituteurs (18 juillet 1833) reste d'actualité :

> La société ne saurait rendre, à celui qui s'y consacre, tout ce qu'il a fait pour elle. Il n'y a point de fortune à faire, il n'y a guère de renommée à acquérir dans les obligations pénibles qu'il accomplit. [...] Il faut qu'un sentiment profond de l'importance morale de ses travaux le soutienne et l'anime, et que l'austère plaisir d'avoir servi les hommes et secrètement contribué au bien public devienne le digne salaire que lui donne sa conscience seule.

Plus encore qu'à un statut, l'identité professionnelle des instituteurs est liée à leur formation, qui s'améliore et s'organise tout au long du siècle. L'ordonnance de 1816 impose un brevet de compétence, avec un niveau élémentaire et un niveau supérieur. Surtout, la loi Guizot prévoit la création d'écoles normales de garçons dans chaque département (la même mesure ne sera prise pour les filles qu'en 1879). Le niveau de formation des instituteurs s'élève : brevet supérieur en 1932, puis baccalauréat en 1940.

Esprit de corps

Le lien entre les instituteurs et cet État qui les accompagne et leur parle en somme d'une mission de service public, et de leur devoir moral, va ainsi se tisser de manière solide. Et créer un véritable esprit de corps.

Oui. Les instituteurs sont reconnaissants envers la République, qui leur a donné un statut et une légitimité, ils se retrouvent massivement dans les valeurs qu'elle revendique, croyance au progrès par le développement de la science, volonté de justice sociale, anticléricalisme : si l'engagement républicain paraît naturel, la défense de la laïcité est au cœur du monde des instituteurs et, au long de la IIIe République, les rapproche des radicaux, puis de la SFIO. L'identité et la cohésion d'un corps se manifestent aussi par les mouvements qui l'organisent ou l'accompagnent. La fin du XIXe siècle voit les instituteurs se regrouper en amicales, qui évoluent peu à peu vers le syndicalisme : en 1919 naît le Syndicat national des instituteurs (SNI). Ces organisations s'affirment comme des interlocuteurs puissants de l'administration : de là vient la tradition de cogestion qui joue un rôle important au XXe siècle. Elles sont relayées par divers mouvements ou organismes, créés le plus souvent à l'initiative du SNI et qui en démultiplient l'influence morale et financière : la Fédération des conseils de parents d'élèves, en 1947 ; la MAAIF, Mutuelle assurance automobile (1934) ; la CAMIF, Coopérative de vente par correspondance ; la MGEN, qui rassemble en 1948 les mutuelles de Sécurité sociale...

Pendant la même période, l'identité professionnelle des professeurs est moins prégnante. Moins nombreux que les instituteurs, nous l'avons vu, ils forment un groupe longtemps plus hétérogène. À côté des professeurs de lycée, en principe lauréats de l'agrégation, les collèges communaux emploient des licenciés, voire de simples bacheliers, dits au XIXe siècle « régents ». Et surtout, il existe une foule méprisée de « maîtres d'études » ou de chargés de cours, dont le statut moral et financier est précaire. Le traitement des professeurs, longtemps partagé entre part fixe, part variable (l'« éventuel ») et primes, varie selon les lieux d'exercice, Paris ayant un statut privilégié ; il ne sera organisé nationalement qu'à la Libération. Il permettra au mieux d'accéder à une petite bourgeoisie, qui représente tout de même une promotion pour des jeunes d'origine souvent modeste, dont... de nombreux fils d'instituteurs.

Là encore la littérature, de Jules Vallès et Émile Zola à Louis Guilloux[74], dissuade d'idéaliser à l'excès la condition des professeurs, même si certains, par leur rôle politique et leur magistère moral, contribuent au prestige de ces « intellectuels » dont le rôle s'affirme à partir de l'affaire Dreyfus. D'autre part leurs engagements sont moins homogènes que ceux des instituteurs : si beaucoup sont proches du radicalisme, leur attachement à l'enseignement traditionnel, à l'élitisme des lycées, leur refus de la « primarisation » du secondaire, tendent plutôt à les rendre conservateurs.

Malaise des profs

Si la IIIe République marque assurément l'apogée de la logique du « corps enseignant », les choses sont déjà alors *plus complexes que ne le suggère l'imagerie traditionnelle. Mais comment évolue-t-il, ce corps enseignant, face au bouleversement du système éducatif dans la seconde partie du XXe siècle dont nous avons parlé ?*

L'explosion des effectifs scolaires entraîne alors un besoin considérable d'enseignants, tant dans le primaire que dans le secondaire. Les procédures classiques de recrutement ne suffisent plus, écoles normales pour le premier degré ou concours d'agrégation. À partir des années 1970, les écoles normales d'instituteurs n'assurent plus que la formation professionnelle après un baccalauréat qui se prépare désormais en lycée : le premier degré en devient moins autonome par rapport au second, en même temps que les normaliens deviennent minoritaires dans les écoles. Dans les lycées et collèges, il faut multiplier des recrutements complémentaires, comme la création dans les années 1950 des CAPES (certificats d'aptitude à l'enseignement secondaire) moins élitistes que l'agrégation. Il devient nécessaire de recruter des auxiliaires d'origine et de compétences diverses.

Le « corps enseignant », rajeuni par ces recrutements massifs, perd sa cohésion et sa culture professionnelle, se fragilise. Une partie importante des enseignants est très peu préparée, d'autant que les mieux formés sont aspirés par l'enseignement supérieur dont les effectifs gonflent aussi. La question de la formation des maîtres devient de plus en plus sensible : à partir des années 1980, se multiplient des réformes de la formation initiale (les instituts universitaires de formation des maîtres sont créés par la loi d'orientation de 1989, puis vite remis en cause à leur tour), sans qu'un équilibre satisfaisant soit trouvé entre les formations théoriques et pratiques. La réforme la plus récente, confirmant le rôle désormais attribué aux universités, voit le jour avec la loi d'orientation de 2013 et la création des ESPE (Écoles supérieures du professorat et de l'éducation). La formation continue des enseignants peine tout autant à trouver sa place.

Divers signes sont révélateurs de la mue du corps enseignant : il se féminise massivement et, en même temps, l'origine sociale des enseignants évolue. Un plus grand nombre d'entre eux provient désormais des classes moyennes, voire supérieures (ce que ne suffit pas à expliquer la part croissante de ces classes dans la société). La place moins importante des enseignants issus des milieux populaires fait que l'enseignement cesse d'apparaître comme une promotion sociale, et que se développe au contraire un sentiment de déclassement. L'élévation globale du niveau de formation de la population met souvent face aux enseignants des parents d'élèves au moins aussi instruits qu'eux : on est loin désormais du prestige ancien du maître d'école.

Tous ces facteurs expliquent un climat de crise, dont les événements de mai 1968 constituèrent un premier signe, et un malaise dont des livres témoignages comme celui de Hervé Hamon et Patrick Rotman[75], dans les années 1980, rendent bien compte.

Un corps décomposé

Cette dilution de l'identité du corps enseignant se lit aussi dans l'évolution du syndicalisme et des organismes qui lui étaient liés. En 1947, la Fédération de l'Éducation nationale (FEN), largement dominée par le premier degré (SNI), avait fait le choix de l'autonomie par rapport à la CGT. Politiquement, elle est proche de la SFIO, puis du Parti socialiste. Mais dans les décennies suivantes le poids du secondaire ne cesse d'augmenter, et avec lui celui du Syndicat des enseignants du second degré (SNES), dominé dès les années 1960 par une tendance plus proche du Parti communiste. Les tensions politiques internes à la FEN, redoublant la concurrence entre primaire et secondaire, aboutissent à son éclatement au début des années 1990. L'ancien SNI devient Syndicat des enseignants et s'ouvre au second degré, mais le SNES, exclu de la FEN, suscite la création d'une Fédération syndicale unitaire (FSU) : majoritaire dans le second degré, elle le devient aussi dans le premier degré.

C'en est fini d'un syndicalisme homogène, hégémonique, et largement constitutif de la culture enseignante. Depuis lors, le paysage syndical, très éclaté, peine à porter des projets d'avenir : si certaines organisations tentent de conserver une perspective réformatrice, la majorité se replie le plus souvent sur des combats corporatifs et conservateurs. Dans le second degré, une partie des enseignants refuse l'engagement à gauche traditionnel et recherche une autonomie, que revendique par exemple le Syndicat national des lycées et collèges (SNALC). Parallèlement, des organismes dont nous avons évoqué le rôle économique et symbolique changent de nature : la CAMIF fait faillite et la MAIF se banalise, cessant de réserver ses services aux enseignants. Les dernières années du XXe siècle voient ainsi beaucoup d'enseignants, déçus par l'action de la gauche de gouvernement, s'orienter vers divers engagements contestataires, tandis que d'autres se révèlent plus réceptifs que naguère aux propositions des partis de droite.

On peut donc considérer qu'au cours de cette période le corps enseignant s'est décomposé. Son identité reposait largement sur la culture du primaire : celui-ci a perdu son hégémonie en se transformant en première étape vers un secondaire devenu majoritaire. En même temps, la distinction entre primaire et secondaire a perdu de sa signification, les modes et niveaux de formation des enseignants ayant été progressivement homogénéisés. Leurs origines, leurs profils, leurs motivations se sont diversifiés. Les cadres idéologiques et les modes d'organisation, syndicale notamment, se sont dilués. Une nouvelle professionnalité enseignante est sans doute à inventer.

« Je vous hais, pédagogues ! »

Les innombrables témoignages et souvenirs sur l'école oscillent entre deux lieux communs. D'un côté, celui de l'imprécation à la Victor Hugo : « Marchands de grec ! Marchands de latin ! Cuistres ! Dogues / Philistins ! Magisters ! Je vous hais, pédagogues ! / [...] Car vos textes, vos lois, vos règles sont fossiles ! / Car, avec l'air profond, vous êtes imbéciles[76] *! » De l'autre, celui de la reconnaissance émue, sur le mode de la lettre-au-maître-qui-a-marqué-ma-vie à la Camus : « Votre travail et le cœur généreux que vous y mettiez sont toujours vivants chez un de vos petits écoliers qui, malgré l'âge, n'a pas cessé d'être votre reconnaissant élève*[77]. »

Les deux thèmes sont peut-être moins contradictoires qu'il ne semble : le maître exceptionnel est celui qui vient racheter l'ennui et la médiocrité, hélas attestés par tant de textes qui, il est vrai, concernent plutôt l'enseignement secondaire : le début du *Louis Lambert* de Balzac, *Le Bachelier* de Vallès, *Le Petit Chose* de Daudet, et tant d'autres... En effet la culture de l'enseignement primaire, faite de confiance dans le savoir, de volonté de veiller à la réussite de tous les élèves tout en encourageant les talents, suscite en général une large reconnaissance rétroactive. Le secondaire, plus élitiste, porteur d'une vision volontiers pessimiste de l'enfant ou de l'adolescent, dispensant des enseignements qui paraissent trop souvent obsolètes ou inadaptés, laisse chez beaucoup des souvenirs négatifs qui peuvent aller jusqu'à la révolte.

Dans tous ces cris de protestation, il n'est pas simple de faire la part entre la dénonciation, souvent fondée, de conditions d'existence difficiles, et la réaction devant la contrainte des lois et des règles qu'évoque Victor Hugo. Au fur et à mesure qu'elle s'est constituée en système, l'école en effet a multiplié les normes. Celles-ci concernent aussi bien ce que nous appelons la « vie scolaire » que l'organisation pédagogique.

Il s'agit d'abord de structurer les temps et les lieux de la scolarité. L'école élémentaire a longtemps connu des espaces aléatoires, salles de fortune parfois malsaines et à l'hygiène défaillante. Au fur et à mesure que la scolarisation progresse, au XIXe siècle, les communes construisent des bâtiments mieux éclairés et aérés et, sous la IIIe République, les écoles qui, avec la mairie, se trouvent encore souvent au cœur des villages. La salle de classe, avec son tableau, l'estrade pour le maître, les tables-pupitres et les bancs des élèves, acquiert son aspect traditionnel.

Le temps de classe se répartit de huit à seize heures, trois heures par demi-journée, avec la pause du jeudi et des vacances d'été dont la date et la durée ont varié : peu à peu toutefois s'installent des régularités, et la fréquentation de l'école est moins soumise aux variations saisonnières. Mais le point essentiel, c'est l'affirmation de la classe comme principe d'organisation pédagogique, au point que nous parlons, pour désigner le démarrage d'une nouvelle année, de « rentrée des classes ».

Dans le secondaire, collèges et lycées héritent souvent des locaux d'Ancien Régime, bâtiments scolaires ou religieux, vieillissants et austères. La discipline y impose une organisation de type militaire, parallèle assumé sous le Premier Empire. De longues journées ne laissent guère de place à l'hygiène, à la récréation ou à l'exercice physique. En principe, les châtiments corporels sont exclus, même si la férule est souvent évoquée dans les descriptions de la vie lycéenne. Les punitions relèvent plutôt du pensum ou de la privation de sortie, voire de liberté : des cellules de prison existent dans les lycées. On comprend que le XIXe siècle ait connu des révoltes parfois violentes de lycéens.

Bien sûr, l'internat incarne par excellence ce régime et son impopularité. Il concerne au XIXe siècle la majorité des élèves, surtout dans l'enseignement privé et confessionnel ; l'externat est plus fréquent dans l'enseignement public. Quintessence de l'ordre scolaire, l'internat fait l'objet de condamnations violentes, comme celle de Jules Ferry, qui dans son discours du 10 avril 1870 proclame à ce sujet une « horreur profonde ». L'internat recule au XXe siècle, notamment lorsque l'explosion scolaire conduit à développer un réseau de proximité et à mobiliser tous les locaux pour l'enseignement. L'effort considérable que cela impose est porté par l'État aux débuts de la Ve République, jusqu'à ce que la décentralisation des années 1980 confie cette responsabilité aux collectivités territoriales qui conduisent alors un travail considérable de développement et de modernisation des bâtiments scolaires. Toutefois, dans la période la plus récente, on voit se dessiner un regain d'intérêt pour l'internat, conçu comme un moyen de renforcer l'encadrement éducatif et de développer des pédagogies d'excellence.

Le théâtre de la classe

Nous évoquions à l'instant la place prise, dans notre imaginaire, par la classe. On peut la voir comme une scène où se joue chaque jour la grande pièce de l'enseignement.

En effet. La classe a ceci de commun avec la tragédie qu'elle repose sur la règle des trois unités : unité de lieu (l'espace conventionnel de la salle), unité de temps (l'heure de cours, même si des variations sont possibles), unité d'action (la relation, autour d'un programme, entre le maître et un groupe d'élèves plus ou moins homogène, au moins par l'âge et le niveau théorique). Le « groupe classe » peut bien sûr être plus ou moins nombreux, les effectifs étant très variables selon les lieux et les temps ; en tout cas ils ont été souvent très supérieurs aux usages actuels.

Mais n'oublions pas que cette structure est récente. La relation éducative s'est d'abord nouée entre le maître et l'élève (au singulier), dans un temps et un espace beaucoup plus souples, comme ce fut le cas, nous l'avons vu, de l'initiation aristocratique et guerrière du monde homérique, dont il est resté bien des traces par la suite. De même dans l'enseignement supérieur, la relation entre les rhéteurs ou les philosophes et leurs quelques disciples est avant tout individuelle. Et ce n'est pas un hasard si ultérieurement les deux livres qui, par leur succès exceptionnel, ont le plus marqué la réflexion pédagogique, *Les Aventures de Télémaque* de Fénelon en 1699 et l'*Émile* de Rousseau, en 1762, reposent tous deux sur le modèle du préceptorat.

Cette conception est demeurée longtemps prégnante. Jusqu'à la fin du XIXe siècle, la méthode largement pratiquée dans les écoles reste la méthode « individuelle » : le maître, face à des élèves d'âge et de niveau fort disparates, dont la présence en classe est très irrégulière et qui ne disposent pas des mêmes livres, n'avait en effet pas d'autre choix que de s'occuper de chacun à tour de rôle et il n'imaginait pas de s'adresser au groupe. Pour que l'on puisse parler de « classe » au sens moderne, il faut que le maître s'adresse à un groupe présentant une homogénéité suffisante, notamment en termes d'âge. Or la plus grande diversité a longtemps régné en ce domaine, à tous les niveaux de l'enseignement. Encore aujourd'hui nos écoles à classe unique (environ 3 300) réunissent des enfants d'âge différent. La répartition par niveau d'âge suppose en effet des effectifs suffisamment importants, et donc concerne d'abord les zones urbaines.

Pour ce qui est du niveau secondaire, les collèges ont commencé à se structurer par niveaux à partir du XVIe siècle. Dans le primaire, ce sont les Frères des écoles chrétiennes qui ont développé, à la fin du XVIIe siècle, la « méthode simultanée » qui évite au maître de négliger le groupe pendant qu'il s'occupe de l'un des élèves. Celle-ci mettra longtemps à s'imposer, et ne devient la norme qu'avec l'obligation scolaire, aux débuts de la IIIe République. Elle a d'ailleurs été concurrencée par deux modèles alternatifs. L'un est celui de l'« enseignement mutuel », très en vogue sous la Restauration. Porté par un courant réformateur d'origine anglaise, il vise à réunir des groupes importants d'élèves (jusqu'à 200, voire plus) sous la conduite d'un seul maître, dont l'action est démultipliée par le recours à des élèves expérimentés qui servent de moniteurs, ce qui suppose une stricte et contraignante codification des apprentissages. La méthode a l'avantage de compenser le manque d'enseignants compétents, mais elle ne peut par définition fonctionner qu'en zone urbaine et suppose de vastes locaux. Après avoir été appliquée jusque dans 1 500 écoles au début de la monarchie de Juillet, elle a été abandonnée au milieu du XIXe siècle.

L'autre modèle est celui des écoles centrales, établissements secondaires expérimentés sous la Révolution, dans lesquelles, nous l'avons vu, les enseignements ne s'organisent pas autour de la classe, mais autour du cours du maître, l'élève pouvant ainsi suivre des cours de différents niveaux selon les domaines.

Ces expériences n'ayant pas eu de lendemain, c'est le modèle de l'enseignement simultané et de la classe définie en tant que groupe d'élèves qui s'est imposé au long du XIXe siècle. Le primaire s'est structuré, de Guizot aux lois Ferry, en trois niveaux (élémentaire, moyen et supérieur). Le secondaire généralisera peu à peu l'organisation actuelle en six classes numérotées en descendant à partir de la première, avec un statut particulier pour la terminale.

Insaisissables rythmes scolaires

Enseigner dans une classe et par tranches d'âge, cela nous semble une évidence aujourd'hui. Il n'y a pourtant pas de fatalité à ce que l'enseignement soit dispensé de cette manière.

Le primat de la classe et l'organisation en tranches d'âge plus homogènes posent le problème de la progression. Celle des enseignements, d'abord. Longtemps les parcours scolaires sont restés de longueur et de régularité fort inégales ; on ne pouvait donc imaginer des progressions purement linéaires. Dès le Second Empire, on a réfléchi à une « progression concentrique » qui permet de repasser sur les mêmes sujets, au fil de la scolarité, en les approfondissant davantage. Au XXe siècle, les scolarités devenant plus régulières, on cherchera plutôt à construire des progressions moins répétitives, jusqu'à ce que la généralisation des parcours menant à la classe de troisième conduise à repositionner l'école primaire comme le premier temps d'un continuum permettant à tous les élèves d'acquérir les connaissances et compétences d'un « socle commun ».

La progression, c'est aussi celle des élèves : il faut « passer dans la classe supérieure ». En tentant de définir la classe sur des bases homogènes, on entraîne le recours au redoublement, particulièrement répandu jusqu'à nos jours dans le système français. Tous les travaux soulignent pourtant sa faible efficacité, et son caractère injuste notamment au niveau élémentaire (selon qu'ils sont nés en début ou en fin d'année, des enfants ne sont pas du tout dans la même situation par rapport au niveau théorique de la classe). Dans la période la plus récente, la notion de cycle, permettant d'évaluer la progression des élèves sur plusieurs années et non sur une classe donnée, visait à éviter l'abus de redoublements inutiles.

Dans le secondaire, la multiplication des spécialisations disciplinaires, tout au long de la période, s'est accompagnée de la valorisation du modèle du « cours ». Longtemps une part importante du temps passé en classe était en effet consacrée à des exercices, à la correction des devoirs, à des activités des élèves plus qu'à des cours au sens moderne, dont les horaires restaient au demeurant limités. À côté des enseignants, maîtres d'étude ou surveillants occupaient une place importante dans la vie scolaire. L'inflation des heures de cours magistral s'est affirmée au long du XXe siècle, malgré des mises en garde et des tentatives de réforme périodiques : l'enseignement s'est organisé autour de l'activité des enseignants plus qu'autour de celle des élèves, et l'activité des élèves, elle, s'est trouvée reportée hors de l'école, avec les « devoirs à la maison », contre lesquels les tentatives de réaction restent largement inopérantes (y compris au niveau de l'école primaire où ils ont été théoriquement supprimés en 1956). Et on sait combien la surcharge des journées et des semaines (mais non de l'année, fragmentée par de nombreuses périodes de vacances) pose inlassablement la question des « rythmes scolaires », dont toute réforme paraît délicate tant les intérêts en jeu sont nombreux et divergents.

Éduquer ou instruire ?

En 1932, le ministère de l'Instruction publique est devenu ministère de l'Éducation nationale. On est passé de l'instruction à l'éducation. On imagine que cette variation terminologique n'est pas si anodine...

Rien de mieux établi, en apparence, que la distinction entre le domaine de l'éducation et celui de l'enseignement, qui vise l'instruction. Elle est proclamée, par exemple, par Victor Hugo dont on connaît le goût pour les oppositions tranchées :

> Quant à moi, je vois clairement deux faits distincts, l'éducation et l'instruction. L'éducation, c'est la famille

> qui la donne ; l'instruction, c'est l'État qui la doit. L'enfant veut être élevé par la famille et instruit par la patrie. Le père donne à l'enfant sa foi ou sa philosophie ; l'État donne à l'enfant l'enseignement positif. De là, cette évidence que l'éducation peut être religieuse et que l'instruction doit être laïque. Le domaine de l'éducation, c'est la conscience ; le domaine de l'instruction, c'est la science. Plus tard, dans l'homme fait, ces deux lumières se complètent l'une par l'autre[78].

Sur cette base, et en se réclamant souvent des analyses de Condorcet dans ses *Mémoires sur l'instruction publique* (1791), beaucoup entendent limiter la mission des enseignants à la simple transmission de connaissances pures, les responsabilités éducatives étant laissées à la famille ou éventuellement déléguées, au sein des établissements scolaires, à d'autres catégories de personnels : conseillers d'éducation ou d'orientation, psychologues, personnels de santé... Cette conception n'est pas allée sans poser de graves problèmes à partir de la seconde partie du XXe siècle. À ce moment-là, en effet, les familles peinent à assumer leurs responsabilités éducatives face à des adolescences qui se prolongent et s'autonomisent, développant leurs propres valeurs, dans un monde des jeunes distinct de celui des adultes. Les grands modèles de socialisation, religieux ou politiques, s'épuisent. La société attend d'autant plus de l'école, au moment même où celle-ci doute de son rôle en ce domaine. Autant de signes d'une crise, étrangère au projet qui fut celui de l'école, de la Révolution à la IIIe République. Si un penseur comme Condorcet refusait toute intervention de l'école sur le terrain religieux, s'il défendait les droits de la personne et de la famille contre un « modèle spartiate » qui, nous l'avons vu, asservit l'individu à l'État, il n'en plaidait pas moins pour une formation morale et civique (nous avons rencontré cette problématique dans la troisième période).

Si l'instruction ne se confond pas avec l'éducation, cela ne signifie pas qu'elle n'a pas une portée éducative. L'un des buts de l'enseignement primaire, nous dit Condorcet, est le « développement des premières idées morales, et des règles de conduite qui en dérivent ». Et les différents enseignements sont toujours envisagés sous l'angle de leur utilité morale, sociale et civique. Pour le mathématicien qu'est Condorcet, « il faut mettre les élèves en état d'entendre et de suivre les calculs d'arithmétique politique et commerciale », et la géométrie permet d'aborder les problèmes d'arpentage si importants dans une France encore rurale. Pendant toute la première partie de notre période, l'école sera fidèle à ce projet : on sait que les calculs de taux d'intérêt permettent de vanter une morale de l'épargne, et que les textes de dictée ou de récitation, par-delà le contrôle de l'orthographe ou l'exercice de la mémoire, visent à multiplier les anecdotes exemplaires. Voici, par exemple, un problème posé dans les années 1880[79] :

> Un ouvrier mécanicien gagne 9 francs par jour; chaque semaine, il perd une journée et demie qu'il passe

à l'auberge où il dépense en moyenne 5,50 francs par jour. Combien, avec ce qu'il perd pendant cinq années, pourrait-il acheter d'ares de terrain à raison de 2700 francs l'hectare ?

Citons aussi cette dictée qu'un inspecteur général, dans les années 1870, utilisa pour évaluer le niveau de plusieurs centaines d'écoles[80]. Il avait choisi quelques lignes de Fénelon, dont nous avons déjà signalé l'influence durable sur le monde scolaire :

> Les arbres s'enfoncent dans la terre par leurs racines comme leurs branches s'élèvent vers le ciel. Leurs racines les défendent contre les vents et vont chercher, comme par de petits tuyaux souterrains, tous les sucs destinés à la nourriture de leur tige. La tige elle-même se revêt d'une dure écorce qui met le bois tendre à l'abri des injures de l'air. Les branches distribuent en divers canaux la sève que les racines avaient réunie dans le tronc.

Faut-il insister sur la façon dont ces « harmonies de la nature », dans un monde encore rural, métaphorisent une vision du monde et de la société familière aux historiens des sciences politiques ?

D'autre part, si une école organisée par l'État veut pouvoir remplacer l'enseignement des congrégations, il faut qu'elle porte explicitement le projet d'une formation morale. Celle-ci, ne se fondant plus sur la révélation et la doctrine de l'Église, doit reposer sur le sentiment moral et sur l'exercice de la raison. La sécularisation de l'école, au moment des lois républicaines, conduit logiquement à séparer enseignement moral et religieux, mais c'est au profit d'une supposée morale universelle dont les valeurs ne sont pas nouvelles : songeons à la célèbre lettre adressée par Jules Ferry aux instituteurs. L'ébranlement de ces valeurs au XXe siècle a suscité un mouvement de doute et de repli : n'osant plus assumer un projet de formation morale, l'école a tendu à se contenter d'une « instruction civique » plus neutre et factuelle. Mais cela a créé un sentiment d'absence qui explique l'ambition affirmée par la loi d'orientation de 2013 de réintroduire un « enseignement moral et civique ».

L'orthographe, une passion française

Il serait trop complexe de suivre ici le détail des programmes et leurs évolutions sur cette période, mais on sait que le contenu des enseignements est évidemment une question majeure qui déborde largement du simple cadre de l'école. Comment situer les enjeux qui structurent notre imaginaire scolaire ?

Quand on pense à l'école élémentaire, on évoque d'abord les apprentissages fondamentaux : lire, écrire, compter. Encore faut-il s'entendre sur les compétences réelles que recouvrent ces trois termes. Ils ne sont pas sur le même plan. Longtemps, malgré les efforts de rénovateurs, ils ont été envisagés successivement : on apprend d'abord à déchiffrer (plus qu'à vraiment lire), puis à écrire (mais non pour autant à rédiger). On aborde enfin les rudiments du calcul, à la fin du parcours : à ce moment, beaucoup d'élèves avaient déjà abandonné l'école. Les instituteurs eux-mêmes, au départ, ne maîtrisaient pas également les trois domaines, en particulier le calcul. À mesure que se sont développées les écoles normales et la formation des maîtres, un meilleur équilibre s'est installé entre les apprentissages, et ceux-ci ont cessé de se limiter à l'acquisition mécanique d'automatismes. L'insistance avec laquelle les textes officiels ont dû intervenir en ce domaine, à partir des dernières années du XIXe siècle, est révélatrice : sans cesse, il faut rappeler qu'on ne peut vraiment apprendre sans comprendre, et qu'il est contre-productif de multiplier des exigences et des exercices purement formels.

Cette question se pose notamment dans le domaine de l'orthographe. On sait comment celle-ci, longtemps assez indifférente, est devenue un enjeu majeur à partir du Second Empire en même temps que s'est consolidée l'école élémentaire. La célèbre dictée du certificat d'études (généralisé en 1882) devient alors le symbole d'un nouveau domaine d'excellence. De même que la maîtrise du latin fonde le prestige du secondaire, de même la virtuosité orthographique assoit la légitimité de l'instituteur (souvent secrétaire de mairie). En vain les plus hauts responsables ministériels invitent régulièrement à raison garder et à relativiser la place de l'orthographe dans les apprentissages. En vain les instances les plus autorisées recommandent d'assouplir les règles et les usages : une passion française est née, qui se prolonge de nos jours.

Lire, écrire, compter... Quelle place faire, à côté de ces « fondamentaux », aux autres apprentissages ? Comment a-t-on tranché ?

L'école a toujours hésité sur ce point, des phases d'ouverture alternant avec des phases de recentrage. Les programmes de 1882, à côté de l'instruction morale et de l'enseignement du français, prévoyaient un enseignement scientifique qui, à côté de l'arithmétique, introduit la célèbre leçon de choses : il s'agit de préconiser une approche expérimentale et inductive. Mais il y a aussi la géographie et l'histoire de la France, le dessin et le chant, la gymnastique, des exercices militaires pour les garçons et les travaux manuels... Le risque est bien sûr celui de la surcharge ; l'arrêté reprend une mise en garde formulée par Octave Gréard dans un rapport de 1875 : « L'objet de l'enseignement primaire n'est pas d'embrasser sur les diverses matières auxquelles il touche tout ce qu'il est possible de savoir, mais de bien apprendre dans chacune d'elles ce qu'il n'est pas permis d'ignorer. »

Après une longue période pendant laquelle la continuité l'emporte sur les inflexions, les débats ont repris à partir des années 1960, en lien avec les réorganisations du système scolaire. Un arrêté de 1969 instaure le « tiers temps pédagogique » en distribuant les enseignements en trois domaines : le français et les mathématiques, la découverte de l'environnement et l'éveil de la curiosité, le développement du corps. Mais même si les apprentissages fondamentaux conservent la majeure partie des horaires, la crainte est souvent exprimée que les enseignements d'éveil ne détournent de l'essentiel, ce qui entraîne des recentrages ultérieurs. À la même époque se multiplient des remises en cause à la fois scientifiques et pédagogiques des principaux enseignements : celui du français tente de se rénover au milieu des polémiques (dont le débat récurrent sur les méthodes d'apprentissage de la lecture), et des instructions de 1970 introduisent des « mathématiques modernes ». Les programmes d'enseignement sont alors entrés dans une période d'instabilité dont on cherche à sortir de nos jours en définissant les éléments d'un « socle commun » à acquérir, non pendant la seule école primaire, mais tout au long de la scolarité obligatoire.

Le fléau du cloisonnement

Quand on pense au secondaire, la situation est différente. Les premières images qui viennent à l'esprit sont liées au passage du maître unique et polyvalent à un découpage disciplinaire de plus en plus complexe...

Pendant ces deux siècles, le secondaire se caractérise en effet par deux traits marquants : un mouvement progressif de spécialisation en disciplines toujours plus nombreuses, et de nombreuses tensions qui résultent notamment de la difficulté qu'ont ces disciplines à évoluer pour répondre à de nouveaux besoins. Nous avons vu dans les périodes précédentes comment une culture littéraire, dans le cadre des humanités, organisait une démarche de formation largement héritée de l'Antiquité. Mais ce qui fut longtemps un ensemble qui trouvait sa cohérence dans le commentaire des textes va progressivement se segmenter en disciplines de plus en plus cloisonnées. La multiplication des concours d'agrégation le montre bien. Créée en 1766 lorsque, à la suite de l'expulsion des jésuites, l'État a dû prendre en main le recrutement des maîtres, l'agrégation est au début très polyvalente. Trois spécialités correspondent non à des disciplines, mais à la hiérarchie descendante des classes du secondaire : philosophie, belles-lettres et grammaire. Au XIXe siècle, les spécialités se différencient pour identifier des matières d'enseignement : les sciences en 1821, qui en 1840 se dédoublent en mathématiques et sciences physiques et naturelles. En 1831 apparaît l'histoire-géographie. Le ministre Hippolyte Fortoul tente bien d'enrayer ce mécanisme et, en 1853, ne retient que deux concours, lettres et sciences, avec une argumentation sur laquelle on pourrait méditer encore aujourd'hui :

> Il serait étrange que, dans nos lycées, un professeur de mathématiques se déclarât incapable d'enseigner les éléments de la physique ou de l'histoire naturelle, qu'un

professeur de logique ne pût, au besoin, faire une classe de grammaire, ou un professeur d'histoire une classe d'humanités[81].

Peine perdue : le mouvement est lancé, et sans cesse de nouveaux concours viendront légitimer les cloisonnements disciplinaires. Concours de recrutement pour l'enseignement secondaire, l'agrégation détermine en fait largement les cursus de l'enseignement supérieur qui y préparent. Une agrégation, c'est la reconnaissance d'un nouveau champ. Au XXe siècle, des lettres modernes se distinguent des lettres classiques, la géographie se sépare de l'histoire, puis naissent les sciences économiques et sociales... L'éducation physique et sportive accède aussi à l'agrégation, ainsi que de nombreuses spécialités générales et technologiques.

Ce mécanisme converge avec une évolution que nous avons déjà signalée plus haut : longtemps organisé autour des études des élèves, dont il s'agit d'accompagner et de corriger les exercices, le temps de classe va se structurer autour des prestations des enseignants, qui passent de segments de deux heures à notre célèbre « heure de cours ». En même temps que les spécialités se multiplient, s'accroît le nombre des heures hebdomadaires de cours. Par un mouvement d'inflation qui inquiète périodiquement l'opinion et les ministères, on passe de la vingtaine d'heures à la trentaine et au-delà, aux dépens du temps de travail personnel des élèves.

La culture pédagogique du secondaire diffère ainsi profondément de celle du primaire qui valorise la polyvalence du maître. Au moment où se mit en place le collège unique, le débat fut vif pour savoir de quelle culture il devait relever. Malgré la présence dans les collèges de nombreux professeurs bivalents, souvent anciens instituteurs, le choix fut fait d'aligner les collèges sur le modèle de la spécialisation disciplinaire des lycées. On débat encore aujourd'hui des conséquences de ce choix, l'ambition actuelle d'organiser la scolarité obligatoire autour d'un socle commun suggérant plutôt de rechercher la cohérence entre l'école primaire et le collège, comme c'est le cas dans de nombreux pays.

La guerre des disciplines

Outre les risques, pour une éducation globale, de la spécialisation excessive, le système des disciplines a l'inconvénient d'évoluer difficilement. Chaque discipline, cherchant à défendre sa place, ses horaires, son poids au baccalauréat, tend à revendiquer une identité qu'elle voudrait inaliénable, et à se figer en une forme qu'elle aimerait éternelle. Du coup, il devient très difficile de répondre à des besoins nouveaux. Nous avons déjà évoqué la situation des sciences, qui ont peiné pendant deux siècles à se faire une place dans les enseignements avant d'y affirmer une position dominante, par un retournement lié à l'épuisement de l'enseignement littéraire et à l'évolution de la société, dans les dernières années du XXe siècle. Faute de réussir à faire évoluer les disciplines existantes, on est souvent réduit à en créer de nouvelles, ce qui accroît encore l'émiettement des enseignements. Ainsi l'émergence des sciences économiques et sociales, appelée dans les années 1960 par de profondes évolutions de l'économie et de la société, résulte-t-elle de l'incapacité alors manifestée par la géographie ou les enseignements technologiques de gestion à s'adapter à une demande nouvelle.

Il n'est guère de discipline, tout au long de nos deux siècles, qui ne connaisse des remises en cause et des débats souvent répétitifs, d'autant qu'une forme de myopie historique fait qu'on oublie vite les épisodes antérieurs. Longtemps marqueur par excellence du secondaire, le latin n'a pas échappé à la critique. Dans la deuxième partie du XIXe siècle, on a repris les reproches qui, nous l'avons vu, étaient déjà ceux des encyclopédistes. On a dénoncé le caractère inefficace et artificiel d'un rabâchage grammatical et rhétorique qui ne produit plus que des discours convenus, et l'on a cherché à recentrer l'apprentissage du latin sur la lecture et la compréhension des textes. C'est l'esprit de la célèbre circulaire de Jules Simon (1872) et des réformes des débuts de la IIIe République : abandon de la composition latine au baccalauréat, des vers latins, du discours latin au concours général. La composition française s'est imposée, et, pour le latin, avec des ambitions réduites, l'exercice de version. Parallèlement, on a expérimenté des voies d'enseignement sans latin (enseignement primaire supérieur, enseignement secondaire spécial, enseignement des filles) qui alimenteront ensuite un enseignement « moderne ». Mais réduire le rôle du latin oblige à redéfinir l'enseignement du français, qui ne cesse depuis de chercher un équilibre entre rhétorique et histoire littéraire, étude de la langue et exégèse des œuvres, exercices d'écriture ou de rédaction et explication de texte... Le cas des sciences n'est pas plus simple : on débat aujourd'hui pour savoir quelle part faire dans les mathématiques, par exemple, à des domaines comme les statistiques ou l'informatique, qui font l'objet d'une demande sociale et économique pressante.

Loin d'être dépassées, ces polémiques réapparaissent périodiquement. Des éléments de renouvellement apparaissent toutefois à l'époque contemporaine. La tendance à une excessive spécialisation est critiquée au sein même de l'enseignement supérieur, où l'on souligne volontiers la fécondité des échanges interdisciplinaires, et où l'on tente de développer des formations à champ plus large, permettant une vision cohérente des savoirs. Des projets se multiplient pour réinventer une culture générale, redonner sens à la notion d'humanités, ou décloisonner sciences exactes et sciences sociales. Au sein de l'enseignement secondaire, l'académie des sciences encourage à mettre en place un enseignement intégré des sciences et des technologies, et, sous des noms divers, l'on tente de faire vivre des pratiques pédagogiques associant en un projet global plusieurs disciplines et restituant à celles-ci leur dimension éducative. L'enjeu est de redonner du sens aux enseignements, et de prendre en compte non seulement les connaissances théoriquement délivrées aux élèves, mais bien les savoirs et compétences effectivement acquis par ceux-ci. Bien loin de remettre en cause les disciplines, cette ambition suppose qu'on en restaure une conception ouverte, vivante et évolutive, leur permettant de répondre aux besoins contemporains : c'est-à-dire, d'abord, au besoin de comprendre le monde dans lequel nous vivons.

CHAPITRE 17

La vraie nature de l'éducation

Métaphores forestières

Nous avons vu avec Alain Boissinot comment, dans les années 1870, un inspecteur général avait choisi, pour dictée destinée à évaluer le niveau de plusieurs centaines d'écoles, un texte de Fénelon dans lequel, derrière la description, on sent poindre une vision du monde et du corps social qui s'inspire des harmonies de la nature : « Les arbres s'enfoncent dans la terre par leurs racines comme leurs branches s'élèvent vers le ciel. Leurs racines les défendent contre les vents... » La nature, et notamment l'arbre, semble avoir été une métaphore féconde pour parler de l'éducation.

Luc Ferry : À propos de la période précédente, évoquant Pic de La Mirandole et Rousseau, j'ai moi-même insisté sur le fait que la nouvelle vision de l'éducation et de l'homme qui s'affirme alors souligne la possibilité que celui-ci a de « s'arracher » à la nature, de se définir par un projet et non (seulement) par des déterminations originelles. De même, pour cultiver la terre, il faut la défricher, arracher les arbres... Une telle représentation est en cohérence avec les ambitions de l'école républicaine. C'est bien pour cela que ses adversaires vont tenter de la retourner : comment ne pas songer au livre célèbre de Maurice Barrès, *Les Déracinés* (1897), réaction résolue à la politique scolaire que met en place la IIIe République ?

Il faut lire ou relire ce livre, un peu oublié aujourd'hui, parce qu'il est tout à fait passionnant et significatif et qu'il connut à l'époque un grand retentissement. Citer aujourd'hui Maurice Barrès ne va pas de soi, même en précisant qu'on ne partage pas ses idées, ce qui est mon cas, bien évidemment. De Barrès, en effet, on a surtout gardé l'idée qu'il avait été antidreyfusard et antisémite. Ce qui est vrai : il a été antidreyfusard et antisémite pendant l'affaire Dreyfus, mais il n'a pas été que cela. Il faut rappeler qu'à l'époque, à la fin du XIXe siècle, Barrès est reconnu par tous ses contemporains, notamment par Léon Blum, mais aussi par Jean Jaurès dont il est l'ami (bien qu'ils soient des adversaires politiques). Il est considéré comme le plus grand écrivain de son temps. Lorsque Blum, à sa mort, lui rendra hommage, il dira que le siècle aurait pu se passer de Zola, que le siècle eût été le même sans Zola, mais que sans Barrès, il eût été différent. Ce qui est un hommage singulièrement appuyé. Blum admire Barrès, comme Jaurès, qui a pour lui non seulement une grande admiration mais aussi, comme je le rappelais à l'instant, une réelle amitié. Ce sont des adversaires politiques à la Chambre, alors qu'ils sont tous deux députés, mais ce sont des amis à la ville. Du reste, Barrès sera plus tard le protecteur d'Aragon, son parrain lors de son entrée dans le monde de la littérature. Il faut rappeler aussi que, même s'il a pris parti pour les antidreyfusards, il n'en fait pas moins, dans son livre *Les Diverses Familles spirituelles de la France*, un vibrant éloge des Juifs, du judaïsme français, qu'il considère comme un des quatre piliers, à côté des traditionalistes catholiques, des socialistes, et des protestants, du génie français. Barrès n'est donc pas tout à fait typique de l'extrême droite. C'est plutôt le traditionalisme catholique et le souci de maintenir l'ordre qui le conduisent à être antidreyfusard, beaucoup plus sans doute que l'antisémitisme. J'ajoute enfin, toujours en guise de préambule à leur lecture, que *Les Déracinés* paraissent en 1897, c'est-à-dire avant l'affaire Dreyfus proprement dite. Bien sûr, Dreyfus a été condamné en 1894, mais l'affaire Dreyfus n'a pas encore explosé. C'est seulement à partir de 1898, avec le fameux « J'accuse » de Zola, qu'elle va vraiment envahir l'espace public. J'ai lu *Les Déracinés*, ligne à ligne. Il n'y a pas dans ce livre plus de dix lignes sur les Juifs, et elles n'ont rien d'antisémite.

Je rappelle tout cela d'autant plus volontiers que je ne partage aucune des critiques de Barrès contre l'école républicaine. Sans être un partisan du « retour en arrière », je suis évidemment un républicain, tout particulièrement s'agissant de l'école. Simplement : cessons le politiquement correct et lisons des livres, même quand ils ont été écrits par des traditionalistes. C'est souvent fort intéressant, justement, d'avoir des points de vue qui sont éloignés des siens, un regard distancié sur la modernité et ses côtés obscurs.

Mais revenons à nos *Déracinés*. Il n'est peut-être pas inutile d'en rappeler brièvement le principal motif : mieux qu'aucun autre sans doute, il met en relief les enjeux philosophiques, politiques et pédagogiques du choix d'une éducation destinée à élever les enfants au-dessus des appartenances communautaires d'origine – élévation à laquelle, bien entendu, Barrès va s'opposer de toutes ses forces. Son roman est un roman à thèse, un roman philosophique.

« L'arbre de M. Taine »

Il raconte l'itinéraire de sept jeunes Lorrains, nés vers 1860. Élevés ensemble au lycée de Nancy, ils voient leur destin changé par leur rencontre avec un certain M. Bouteiller, leur professeur de philosophie. Ce dernier incarne à l'état chimiquement pur les valeurs que Barrès combat : républicain convaincu, héritier de Kant et des Jacobins, il professe un universalisme au nom duquel il invite ses élèves à quitter non seulement leur terre natale, mais aussi leur milieu familial, social et culturel pour « monter » à Paris, symbole des sciences, des arts et des lettres à vocation cosmopolite. Animé par cet esprit critique qui lui vient de la Révolution française, de Descartes et des Lumières, Bouteiller tient qu'une éducation digne de ce nom doit arracher les enfants à leur terreau originel afin de les *élever* au-dessus de leurs conditions de départ. Comme le dit Barrès à propos de son personnage : « Déraciner ces enfants, les détacher du sol où tout les relie, pour les placer hors de leurs préjugés dans la raison abstraite, comment cela le gênerait-il, lui qui n'a pas de sol, ni de société, ni, pense-t-il, de préjugés ? »

Ce sont ainsi les avatars de ce « déracinement » que conte l'ouvrage afin de faire ressortir, par contrecoup, les vertus des enracinements traditionnels. C'est ici que nous rencontrons une métaphore promise à un bel avenir politique et pédagogique : celle de l'arbre dont les racines plongent dans le sol tandis que ses branches s'*élèvent* vers le ciel.

Roemerspacher, l'un des jeunes gens, reçoit un jour la visite de l'illustre Taine, l'un des maîtres de Barrès, auquel il vient de consacrer un article élogieux. Le vieux philosophe le convie à une promenade, du côté des Invalides, et sentant que les idées républicaines mises en lui par Bouteiller commencent à vaciller, il l'invite à méditer l'« exemple » d'un platane auquel il avoue rendre une visite quotidienne :

> Combien je l'aime, cet arbre ! Voyez le grain serré de son tronc, ses nœuds vigoureux ! Je ne me lasse pas de l'admirer et de le comprendre. [...] Il sera l'ami et le conseiller de mes dernières années... [...] Cet arbre est l'image expressive d'une belle existence. Il ignore l'immobilité. Sa jeune force créatrice dès le début lui fixait sa destinée, et sans cesse elle se meut en lui. [...] Il n'était pas besoin qu'un maître du dehors intervînt. Le platane

> allègrement étageait ses membres, élançait ses branches, disposait ses feuilles d'année en année jusqu'à sa perfection. Voyez qu'il est d'une santé pure ! Nulle prévalence de son tronc, de ses branches, de ses feuilles ; il est une fédération bruissante. Lui-même il est sa loi, et il l'épanouit... Quelle bonne leçon de rhétorique, et non seulement de l'art du lettré, mais aussi quel guide pour penser ! Lui, le bel objet, ne nous fait pas voir une symétrie à la française, mais la logique d'une âme vivante et ses engendrements. [...] En éthique, surtout, je le tiens pour mon maître. [...] Cette masse puissante de verdure obéit à une raison secrète, à la plus sublime philosophie, qui est l'acceptation des nécessités de la vie.

Poursuivant la métaphore, Taine, devenu porte-parole de Barrès, se livre alors à une véritable « déconstruction » de l'universalisme républicain : contre le jacobinisme et le parisianisme désincarnés, il fait l'éloge des racines provinciales ; contre l'individualisme, la réhabilitation des solidarités et des « fédérations » naturelles; contre les artifices de la loi universelle, la revalorisation de l'énergie vitale... Bref, reprenant sur plus d'un point la critique romantique des Lumières, voire l'écologie contemporaine, c'est bien un cours d'instruction civique que Barrès décèle ou croit déceler dans l'« arbre de M. Taine ».

Infortunés déracinés

La leçon, du reste, ne passera pas inaperçue et dès leur sortie, *Les Déracinés* rencontrent le succès et suscitent une formidable polémique. Malgré son admiration enthousiaste pour l'écrivain dont il ignore encore la place qu'il prendra dans le parti antidreyfusard, Blum est quelque peu mitigé. Il craint qu'un enracinement trop profond dans les communautés d'origine ne soit, au final, dangereux, car c'est à ses yeux « dans une nation centralisée, unifiée, nivelée que les individus sont vraiment libres ». Lucien Herr, quant à lui, est franchement hostile, face à ce qu'il dénonce, en des termes qui pourraient être ceux de nos contemporains, comme une « métaphysique ethnique », voire un « patriotisme provincial » qui conduit inéluctablement « vers la haine native de ce qui est autre ». Mais c'est le critique de la *Revue des Deux Mondes*, René Doumic, qui va lancer le vrai débat, en des termes que je voudrais citer exactement tant ils sont significatifs et annoncent nos polémiques contemporaines :

> Comment s'y prendra-t-on pour modeler un enseignement sur des particularités dont c'est l'essence d'être insaisissables ? Ou peut-être faut-il que les jeunes Lorrains n'aient que des maîtres lorrains ? Ce sont les barrières qui se dressent, l'horizon qui se rétrécit... Qu'on s'efforce donc de maintenir dans ce qu'elles ont de bienfaisant les influences de famille et les traditions locales, il n'en restera pas moins que le rôle de l'éducateur consiste

à nous délivrer des attaches qui nous immobilisent à un point du sol, et que son devoir est de faire de nous des déracinés !

N'y tenant plus Maurras prend la plume pour défendre Barrès :

> Consultez M. Doumic dans la *Revue des Deux Mondes.* Il admet la thèse des *Déracinés,* mais sous la réserve suivante : le propre de l'éducation est d'arracher l'homme à son milieu formateur. Il faut qu'elle le déracine. C'est le sens étymologique du mot « élever » [...]. En quoi ce professeur se moque de nous. M. Barrès n'aura qu'à lui demander à quel moment un peuplier, si haut qu'il s'élève, peut-être contraint au déracinement !

L'objection, de fait, n'est pas absurde : elle circonscrit même assez bien les limites du volontarisme et, à travers lui, des méthodes actives qui peuvent parfois, comme je l'ai suggéré plus haut, conduire jusqu'à l'éradication des héritages patrimoniaux. Pour autant, elle n'invalide en rien l'idée républicaine. En ajoutant le peuplier au platane, Maurras commence à former une forêt dans laquelle Gide va oser s'aventurer... pour faire à son tour avec humour l'éloge, contre les partisans des racines, des vertus formatrices du voyage :

> Né à Paris, d'un père uzétien et d'une mère normande, où voulez-vous, monsieur Barrès, que je m'enracine ? J'ai donc pris le parti de voyager... et c'est en

voyage que j'ai lu votre livre. Rien d'étonnant, donc, si, à ma grande admiration, je ne peux m'empêcher de mêler la critique.

Une critique, à vrai dire, que Gide poursuit également contre Maurras et son peuplier : certes, il ne lui est point besoin d'être déraciné pour s'élever, mais « l'éclaircissage des semis », « le bouturage », le « repiquage et les transplantations », toutes métaphores du voyage, du cosmopolitisme, du métissage et de l'élargissement des horizons, lui sont vivement recommandés ! On l'aura compris, à travers ce débat, c'est aussi toute la question de la méritocratie, de l'effort et du travail qui est posée, c'est-à-dire de cette activité par laquelle l'être humain, non seulement transforme le monde, mais se transforme lui-même au point de s'élever au-dessus de sa condition particulière d'origine.

Contre l'arrachement républicain

Attaquée sur sa droite par Barrès, l'école républicaine a aussi été contestée, plus récemment, à partir de positions qui se réclamaient plutôt de la gauche et de discours qui, dans certains cas, allaient jusqu'à revendiquer une « société sans école »...

Ce qui est passionnant dans cette querelle, c'est en effet qu'on y voit comment l'idéal républicain, cette éthique de l'arrachement et de l'élévation que je viens de rappeler, aura finalement deux adversaires.

D'un côté une critique « de droite », qu'illustre Barrès, qui incarne le traditionalisme, l'idée que la nation « parle en moi », et qui cite volontiers Nietzsche dans ce contexte : « *Es denkt in mir* », « Ça pense en moi », formule que Lacan reprendra à son tour pour désigner la logique de l'inconscient : « Ça parle. » Peu de gens le savent, mais la formule vient directement de Barrès, que Lacan avait très certainement lu, un Barrès qui lui-même avait lu Nietzsche et qui lui avait repris cette fameuse sentence. Évidemment, chez Barrès, c'est l'inconscient national qui « pense en moi », la tradition. Il est celui qui fait l'éloge du terroir et des racines, du *Blut und Boden,* du sang et du sol, pour critiquer l'école républicaine et l'instruction publique.

Mais on comprend aisément pourquoi une deuxième opposition, finalement très proche, viendra plus tard du gauchisme culturel et de certains « pédagogues », au nom – là aussi – de l'épanouissement de l'individu enraciné dans sa culture, dans sa communauté. Cette pédagogie « de gauche » fera elle aussi l'éloge des communautarismes, recommandera par exemple d'enseigner aux étrangers dans leur langue pour mieux « respecter » leur identité culturelle et ne point les contraindre, comme l'exige l'idée républicaine, à l'intégration à la française. L'intégration républicaine sera dans cette perspective l'une des cibles majeures de la rénovation pédagogique. Il est intéressant de voir à cette occasion comment la *déconstruction* de l'universalisme républicain par Barrès va reprendre du service dans le sillage de Mai 68. Une idée qui appartenait, à l'origine, à la grande tradition de la droite contre-révolutionnaire va acquérir progressivement, à partir des années 1960, une légitimité nouvelle qui se veut « progressiste » et « de gauche »... Cette fois, contre l'« arrachement républicain », l'accent sera mis sur l'épanouissement, au nom d'une « éthique de l'authenticité ». Il s'agit d'un nouveau paradigme moral qui s'oppose très clairement à l'éthique républicaine. C'est lui, comme nous allons le voir, qui sous sa forme extrême est à l'origine du débat qui traverse l'école depuis maintenant une cinquantaine d'années à partir d'une opposition cardinale entre les « pédagogues » et les « républicains ».

Bonnets d'âne et bons points

Pour comprendre l'origine du phénomène, il faut d'abord rappeler que c'est en gros autour de 1995 qu'on voit la crise de l'école, ou à tout le moins les difficultés, s'installer : la baisse de la maîtrise de la langue, la montée des incivilités se manifestent pour l'essentiel au milieu des années 1990. C'est alors qu'apparaît le sentiment d'un déclin. C'est le moment où tout à la fois la lame de fond de la société libérale de consommation, mais aussi les erreurs des utopies pédagogiques héritées de 68 commencent à produire ensemble leurs effets. C'est là que ça se voit. Sur le plan éthique et philosophique, c'est aussi dans cette période qu'on voit apparaître une nouvelle vision morale du monde qui va remplacer progressivement, ou en tout cas essayer de remplacer, la morale républicaine, celle de l'école de la IIIe République.

Pour aller à l'essentiel, qu'est-ce que c'était que la morale républicaine ? La morale républicaine, celle de Jules Ferry dans sa fameuse lettre aux instituteurs de 1883, c'était d'abord l'idée qu'il existe des normes transcendantes par rapport à l'individu – « transcendantes », cela veut dire « supérieures et extérieures » à l'individu – et que le rôle de l'éducation, c'est de faire en sorte que les enfants, qui dans la sphère de l'école s'appellent des élèves – mot où on entend « élever » –, soient effectivement « élevés » d'un niveau *n* à un niveau *n* + 1. Autrement dit, le but de l'école, c'est de faire en sorte qu'à la fin de la scolarité, les enfants soient *autres* – et j'emploie à dessein le terme « autres » – que ce qu'ils étaient initialement. Le but, c'est bien une forme d'« aliénation » au sens latin du terme, au sens étymologique du terme. « Aliénation », ça veut dire « devenir autre », « être autre que ce qu'on était au départ ».

En quoi les normes scolaires étaient-elles transcendantes, comme l'étaient aussi les normes morales traditionnelles : ne pas mentir, ne pas voler, ne pas être hypocrite, ne pas violer sa voisine ? Disons d'abord que les normes scolaires étaient incarnées dans des programmes nationaux, qu'elles représentaient un idéal *collectif*, en quoi elles étaient doublement transcendantes, doublement supérieures et extérieures à l'individu. D'abord, parce que c'étaient des normes générales – les programmes étant ceux de la Nation, ils incarnaient la *res publica*, l'idéal de la République. Mais aussi parce que les programmes dessinaient un idéal qu'en pratique, aucun individu ne pouvait atteindre parfaitement, un idéal qui était donc supérieur à ce que chaque élève peut véritablement maîtriser à la fin de sa scolarité. L'idée était que si on ne met pas la barre très haut, on obtient très peu. C'était un système exigeant, dans lequel on valorisait l'effort et le travail, ce que symbolisaient les fameux bonnets d'âne d'un côté et les bons points ou la remise des prix de l'autre. Ce que symbolisait surtout la fameuse formule canonique du hussard de la République : « Peut mieux faire ».

Dans certains lycées, on avait offert en 1968 un tampon aux professeurs pour qu'ils puissent remplir les bulletins plus rapidement, attendu que la formule revenait à des milliers d'exemplaires dans les annotations de fin de trimestre ! Que signifiait-elle au juste ? Elle signifiait que le hussard de la République, le professeur, l'instituteur de Marcel Pagnol, préférait, en bon républicain, l'élève peu doué mais travailleur et méritant à l'élève aristocratique, c'est-à-dire à celui qui a des capacités, des « facilités », comme on dit, mais qui ne travaille pas. Il fallait encourager la bonne volonté des moins talentueux. On était dans une vision tout à la fois républicaine et méritocratique de l'école, une méritocratie qui est d'ailleurs un héritage de la parabole des talents, que nous avons déjà évoquée :

pour l'essentiel, l'idée républicaine n'est qu'une sécularisation de la morale chrétienne. La parabole des talents, c'est celle qui valorise, non pas ce qu'on a reçu au départ, c'est-à-dire, dans le monde aristocratique, les dons naturels, les talents innés, mais ce qu'on en fait : pas la nature, donc, mais la liberté et l'effort, le travail et le mérite. Dans la parabole, le maître félicite ses serviteurs à proportion de ce qu'ils ont fait des talents qu'ils ont reçus, c'est-à-dire à proportion de la « fructification », si je puis dire, des données de départ. Ce qui est valorisé, c'est donc le contraire de ce que valorise le monde aristocratique, c'est déjà la liberté et le travail méritocratiques ; pas les talents – l'héritage génétique pour employer le langage aujourd'hui –, mais ce qu'on en fait. De la même manière, même si c'est sécularisé, laïcisé, l'idéologie républicaine est profondément méritocratique : si l'enfant, dans le cadre scolaire, est un élève, c'est bien pour dire qu'il faut l'élever, ce pourquoi on parle davantage, à l'époque, au moment de la naissance de cette école républicaine, d'« Instruction publique » que d'Éducation nationale. L'expression est plus pertinente.

Utopies pédagogiques

Que se passe-t-il sur ce plan dans les années 1970 ? On voit apparaître une nouvelle vision morale du monde, qui va essaimer, s'installer dans l'école. L'idée qui la domine, c'est qu'il faut, non pas d'abord et avant tout « instruire » les enfants, non pas les élever, non pas les rendre « autres » que ce qu'ils étaient au départ, mais au contraire faire en sorte qu'ils deviennent eux-mêmes, épanouir leur personnalité. On entre dans une école qui prétend désormais être davantage celle de l'épanouissement de soi que de l'instruction publique. « Épanouissement de soi » contre « Instruction publique » ; « pédagogie » contre « républicanisme ».

Quelle est l'idée sous-jacente ? L'idée, c'est que le but de l'éducation, comme le but de l'enseignement, c'est de faire en sorte que l'enfant ou l'élève devienne ce qu'il est : « Deviens ce que tu es », la phrase s'entend aussi bien chez Freud que chez Nietzsche. « Deviens ce que tu es », épanouissement de l'individu, « *be yourself* » et non pas « deviens autre que ce que tu étais au départ ». Et le maître-mot en Mai 68, l'adversaire par excellence, c'est l'aliénation. Nul hasard si le thème revient en permanence dans la critique des fameux « AIE » d'Althusser, des « appareils idéologiques d'État », comme dans le non moins célèbre : « Il est interdit d'interdire ». Il faut, ainsi pense-t-on, en finir avec « l'école répressive », « la famille répressive » qui, en Mai 68, apparaissent en permanence dans les discours comme étant l'adversaire par excellence. De plus en plus, la pédagogie des « sciences de l'éducation » va recommander de s'orienter vers des missions d'épanouissement de la personnalité, et la société tout entière, en vérité, et d'abord dans la famille, s'oriente dans cette direction plus hédoniste que laborieuse, plus ludique que travailleuse.

Pour donner une idée du discours de l'époque, lisons ce passage, tout à fait représentatif, du livre de Michel Field (qui fut dans l'immédiat après-68 un des dirigeants lycéens de la Ligue communiste révolutionnaire) et Jean-Marie Brohm, *Jeunesse et Révolution*[82] :

> Voyons au moins quelques traits – sans prétendre à l'exhaustivité – qui caractérisent l'institution familiale : répression et inhibition sexuelles [...] ; oppression de la femme, qui n'apparaît à l'enfant que dans son exclusive fonction de mère et d'épouse, modèle pour la petite fille, source de culpabilisation pour le garçon. [...] Modèle autoritaire : le père comme figure d'autorité qui ne fait qu'anticiper sur ces autres modèles que seront le maître et le professeur, le flic, le curé, le patron, et pour le jeune, l'adulte en tant que tel. Enfin, école parfaite d'a-responsabilisation de l'enfant et du jeune qui devront se soumettre au type de vie, aux loisirs, aux valeurs, en un mot à « l'éducation » qu'ils auront reçue. [...] Ainsi, non contente d'être la structure autoritaire par excellence qui, par son existence même, maintient la stabilité de l'ordre établi, la famille est aussi une formidable « machine à créer les névroses ». Il faut s'y faire : la famille est un danger public permanent.

De là le discours qui va animer bien des utopies pédagogiques et qui porte à la fois sur la famille traditionnelle, qu'il faut d'urgence dynamiter – c'est ici le fameux thème de la « mort de la famille » qui se met en place –, mais aussi sur l'école, qui doit devenir, de lieu d'aliénation qu'elle était, un lieu d'épanouissement des individus – transition qui suppose bien entendu une révolution, à vrai dire LA révolution prolétarienne.

Du reste, hors le projet marxiste-léniniste délirant dont on sait ce qu'il reste aujourd'hui, tout n'est pas faux dans ce que disent les deux auteurs : la famille et l'école traditionnelles, vers lesquelles les néo-républicains veulent à tout prix faire retour, étaient bourrées de défauts. Ce pourquoi je ne me reconnais guère davantage dans le discours « républicain » que dans celui des « pédagogues ». Tous deux me paraissent profondément erronés.

J'ajoute seulement que c'est à cette époque aussi, et ce n'est pas un hasard, qu'on voit apparaître toutes les techniques qui sont censées permettre, aussi bien sur le plan corporel et physique que sur le plan intellectuel et psychique, l'épanouissement de la personnalité. Vous êtes-vous jamais demandé pourquoi, dans toutes les capitales occidentales, chaque dimanche – et c'est très récent, ça n'a que quelques dizaines d'années, ça ne se faisait absolument pas dans les siècles passés –, les bobos se mettent à tourner comme des fous autour des lacs dans les jardins publics ? Ils appellent ça le *jogging*. On a vu, dans le même sens, se développer au sein de nos sociétés modernes des centres de *fitness*, de bien-être, des magasins de diététique, tandis que l'écologie devenait un mouvement politique de premier ordre dont le bien-être (le *welfare*) universel, humain comme animal, devenait le maître-mot. Il faut désormais être en forme à toute heure du jour (et de la nuit...), ne pas grossir, ne pas vieillir (vive la chirurgie esthétique, les cheveux teints et les prothèses mammaires!), il faut être en permanence bien dans sa peau et bien dans sa tête.

Mais il existe aussi un équivalent du *jogging* et des centres de *fitness* pour le psychisme : toutes les techniques dérivées de la psychanalyse et des psychothérapies, depuis l'analyse transactionnelle jusqu'au *rolfing*, la bioénergie ou la dynamique de groupe qui sont censées développer et favoriser l'expression de soi. Les caméras pénètrent jusque dans l'entreprise, pour faire en sorte que les gens apprennent à parler en public en ayant l'air à l'aise, pour qu'au travail aussi ils soient bien dans leur tête et bien dans leur corps. Cette idéologie de l'épanouissement de la personnalité a d'ailleurs, elle aussi, sa part de légitimité, je le souligne, mais il est clair qu'elle s'est explicitement développée contre cette «instruction publique aliénante» que ciblent Field et Brohm.

Encore une fois, je ne dis pas que tout est faux, dans cette «éthique de l'authenticité». Simplement, avec elle, on est passé tout simplement de l'autre côté du cheval, du côté d'utopies pédagogiques qui ont engendré, avec la meilleure volonté du monde, des catastrophes en série.

L'école républicaine se trouve ainsi prise entre deux feux. Contre l'ambition d'élever l'enfant pour en faire pleinement un élève, puis un homme, contre la volonté de l'aider à entrer dans le monde de la culture, se dressent des critiques, venues de bords idéologiques opposés, mais qui convergent pour entretenir la nostalgie d'un *enracinement* originel, ou l'illusion d'un *épanouissement* spontané : où l'on retrouve le platane de Taine et de Barrès.

Les « racines chrétiennes de la France »

Le rôle de la métaphore végétale chez Barrès se comprend aisément quand on songe que la France, de son temps, était encore essentiellement agricole. On retrouve d'ailleurs chez de nombreux écrivains de l'époque la même nostalgie du monde rural, associée à la défense des valeurs traditionnelles et du catholicisme. Leurs contemporains rapprochaient volontiers les quatre « B » : Maurice Barrès, Paul Bourget, Henry Bordeaux et René Bazin. Ce dernier, dans La Terre qui meurt *(1898), dénonce le dépérissement du marais vendéen et l'attraction délétère à ses yeux de l'Amérique et de l'industrialisation. C'est lui également qui, dans* Davidée Birot *(1912), raconte l'histoire d'une institutrice publique, fille d'un franc-maçon, qui redécouvre la foi et devient une militante cléricale. Son nom sera celui d'un mouvement d'institutrices antilaïques qui se développe à partir de la fin des années 1920 : les Davidées. Car la métaphore de l'arbre renvoie aussi, en cette période qui fut celle de la « séparation de l'Église et de l'État », à la question des « racines chrétiennes de la France ».*

Si, autour du concept de laïcité, a pu se définir progressivement un équilibre apaisé entre l'État et l'Église (en l'occurrence, avant tout, l'Église catholique), cela tient à un aspect essentiel du christianisme.

Comme Jésus n'a cessé de le dire et de le répéter (on pense par exemple au sublime épisode de la femme adultère), le christianisme est une religion de l'esprit plus que de la lettre, une religion de la conscience et de la liberté intérieures plus que de l'observance littérale et mécanique des règles de vie façonnées par les coutumes et les traditions locales. La tradition veut qu'on lapide la femme adultère ? Qu'importe, si la loi du cœur et de la conscience s'y oppose ! En toute circonstance, la première place doit revenir au « forum intérieur », à ce lieu de délibération de soi avec soi que l'on appelle la conscience morale. Bien sûr, il y a une vérité morale, et la sincérité, comme y a insisté Jean-Paul II dans sa grande encyclique, *Veritatis splendor*, *La splendeur de la vérité* (1993), ne saurait s'y substituer. Mais l'essentiel, ce n'est pas l'observance de telle ou telle loi, surtout pas celles de César auquel, comme on sait, il faut rendre ce qui lui appartient, mais c'est la rectitude de la conscience, la pureté et la justesse de l'intention : comme le dira Luther, ici fidèle au message de Jésus, « seriez-vous bonnes œuvres des pieds jusqu'à la tête que vous ne seriez pas pour autant sauvés » ! On peut respecter toute sa vie toutes les lois morales qu'on voudra... et se retrouver perdu si le cœur et la foi n'y sont pas.

Du coup, à la différence des autres grands monothéismes, le christianisme ne juridifie pratiquement pas la vie quotidienne. Non seulement le Christ rend à

César ce qui est à César, mais il renvoie les hommes à eux-mêmes : que celui qui n'a jamais péché jette la première pierre, et tous s'en retournent chez eux la tête basse. On peut lire et relire l'Évangile de Jean tant qu'on voudra, on n'y trouvera rien qui impose des obligations extérieures : comment il faut prier, s'habiller, se nourrir, se marier, etc. Tout cela n'intéresse pas Jésus. Pas davantage il ne lui viendrait une seconde à l'idée de nous parler de morale sexuelle, de contraception ou d'avortement. En revanche, il ne cesse d'opposer l'esprit à la lettre. Comme le souligne avec profondeur le théologien suisse Daniel Marguerat dans le livre *Qui a fondé le christianisme*[83] *?*, un passage de l'Évangile de Marc (VII, 15) précise de manière particulièrement claire cette rupture avec le judaïsme orthodoxe auquel Jésus s'oppose à l'époque, non bien sûr en tant que « chrétien », mais en tant que lui-même sage juif éclairé : « Il n'y a rien d'extérieur à l'homme qui puisse le rendre impur en pénétrant en lui, mais ce qui sort de l'homme, voilà ce qui le rend impur. » Peu importent les nourritures terrestres et les rituels religieux. Ce qui compte, c'est la pureté du cœur, pas celle des aliments ni des travaux que les hommes exercent – ce qui, cela dit au passage, permet aussi au Christ de s'entourer d'hommes et de femmes dont les métiers ne sont pas considérés comme nobles, y compris des courtisanes, que le judaïsme orthodoxe exclut du cercle des fréquentations possibles.

Conséquence abyssale historiquement et philosophiquement : c'est cette place unique accordée à l'intériorité qui a permis le passage à la laïcité, le christianisme pouvant passer de l'espace public à l'espace privé sans obstacle absolu, de sorte que pour nous, Européens de tradition chrétienne, la question de la laïcité est aujourd'hui très largement réglée. C'est peu de dire qu'ailleurs, il n'en va pas de même, en quoi le fameux thème des « racines chrétiennes de l'Europe », pour tactique et politicien qu'il puisse être parfois, n'en est pas moins légitime sur le fond. Seule la laïcité, qui n'est pas l'athéisme mais la neutralité de l'État et, avec lui, de l'espace public, a réussi à pacifier les rapports entre communautés, or elle est un héritage direct de cette place accordée au forum intérieur dans la doctrine morale chrétienne.

L'essence de la laïcité

Ce qui est spécifique à nos espaces démocratiques et laïcs, ce n'est nullement le fait d'interdire l'expression, fût-elle publique, des croyances religieuses, mais c'est la fin de l'enracinement des normes et des valeurs collectives dans un univers théologique. C'est là ce qui nous sépare des théocraties et que le vocabulaire de la philosophie a justement désigné comme « la fin du théologico-politique ». Derrière la formule se dissimule une réalité cruciale pour comprendre la véritable nature de notre univers laïc : la création des parlements, dans le sillage de la Révolution française, c'est-à-dire l'invention, proprement inouïe dans l'histoire du monde, de ces lieux où les représentants des peuples démocratiques fabriquent la loi. Avec ce nouveau régime juridique, notre droit, en effet, n'est plus dérivé de textes religieux, mais désormais conçu et promulgué *par et pour* les êtres humains, à partir de leur raison et de leur volonté censées prendre en vue l'intérêt général.

Par contraste, dans nombre de théocraties aujourd'hui encore, si les hommes sont, par exemple, autorisés à épouser quatre femmes, c'est que cette possibilité figure dans des textes religieux – en quoi l'origine supposée divine de la loi s'inscrit jusque dans le droit positif. Pour nos démocraties au contraire, et là réside l'essence véritable de la laïcité, c'est désormais l'humain qui fait foi. En quoi nos diverses déclarations des droits de l'homme symbolisent l'avènement de normes qui, pour conserver encore une vocation collective, n'en ont pas moins cessé de tirer leur légitimité d'une source transcendante : elles doivent désormais puiser dans la seule volonté des individus – qu'ils soient directement les auteurs de la loi, comme le souhaitaient Rousseau et les tenants de la démocratie directe, ou qu'ils s'expriment, comme dans le cadre de nos systèmes représentatifs, par l'intermédiaire d'une assemblée nationale. Par analogie, il faudrait parler aussi d'une fin du « théologico-éthique » pour désigner l'émergence, autour du XVIIIe siècle, des grandes morales laïques. Qu'il s'agisse de fonder les principes de nos actions sur la considération de nos intérêts bien entendus (utilitarisme anglais) ou sur la raison et la liberté humaines (kantisme et républicanisme français), la loi morale se voit à son tour coupée de la religion, au moins dans ses fondations. En d'autres termes, qui disent le même constat : nous pensons pouvoir et même devoir résoudre la question de la vie commune et des décisions bonnes qui la concernent par nous-mêmes, sans prendre nos ordres d'en haut.

Telle est l'essence de la laïcité dont on voit qu'elle n'a nul besoin pour s'affirmer d'empiéter sur le droit des individus à exprimer leur foi et leur appartenance religieuses pourvu qu'il n'y ait pas de trouble à l'ordre public – en quoi elle est bien un héritage paradoxal de la place accordée par le christianisme au forum intérieur.

CINQUIÈME PÉRIODE

Et demain ?

CHAPITRE 18

Une école de la bienveillance

Un système trop uniforme

Depuis le XVIII*e* *siècle, l'enseignement apparaît comme un élément essentiel de la construction nationale, et se retrouve logiquement au cœur du débat politique. Mais celui-ci, dans le domaine éducatif comme dans bien d'autres, est aujourd'hui nourri d'un sentiment de crise et de peur de l'avenir. Nous venons de suivre, au fil des décennies précédentes, la constitution d'un véritable système scolaire, construit et contrôlé par l'État. Doit-on considérer que ce processus est achevé, et que le dispositif est désormais stabilisé ?*

Alain Boissinot : Croire à une fin de l'histoire de l'école, ce serait méconnaître plusieurs signes qui annoncent sans doute de nouvelles évolutions. Le sentiment de crise si répandu aujourd'hui est d'ailleurs une expression de cette situation : les procédures anciennes perdent de leur efficacité, tandis que de nouvelles logiques peinent à s'affirmer. La mise en système de l'école, telle que nous avons tenté de la décrire, a certes permis de grands progrès, et notamment ce changement d'échelle impressionnant qui s'est produit dans la seconde moitié du XXe siècle. Mais elle a aussi son envers. Devenant de plus en plus inclusive, l'école, au fur et à mesure qu'elle a absorbé de nouveaux domaines, leur a imposé sa forme et les a modelés selon ses usages, qui sont pour l'essentiel ceux de l'enseignement général traditionnel. Les pratiques artistiques ou sportives, les techniques (devenues technologies) doivent se couler dans le moule de l'enseignement du français ou des mathématiques. Les différentes voies de formation s'alignent progressivement sur le parcours dominant : l'histoire récente du baccalauréat professionnel est révélatrice. Il n'est pas sûr qu'elles y gagnent sur le plan pédagogique. En tout état de cause, on assiste à une réduction de la diversité des offres d'enseignement.

A contrario, l'école peine à intégrer les dispositifs les plus éloignés de son modèle, alors même qu'ils sont souvent évoqués comme essentiels. L'apprentissage stagne, malgré d'innombrables plans de relance, et se heurte souvent à l'hostilité d'enseignants qui y voient davantage une concurrence qu'une modalité pédagogique alternative. La validation des acquis de l'expérience, pourtant prometteuse, peine à décoller parce que, précisément, elle implique qu'on admette que des compétences peuvent être acquises autrement que dans le monde scolaire. Et que dire de la « formation tout au long de la vie », qui dépasse difficilement le stade des incantations ?

Pour qu'un système scolaire intégré réponde effectivement à la diversité des situations, il faudrait qu'il soit lui-même assez diversifié. Pour être réellement démocratique, il devrait pouvoir accueillir les différences, quelles qu'elles soient, en son sein, dès lors qu'elles ne correspondent plus à l'affectation dans des dispositifs alternatifs. Sinon l'inadaptation du système entraîne des formes de refus qui peuvent rester latentes, mais qui débouchent souvent sur l'échec scolaire, le décrochage, ou qui s'expriment plus ouvertement dans des formes de contestation parfois violentes : le développement de la « violence scolaire » est l'une des caractéristiques de la période récente.

Or c'est là le nœud du problème : de nombreux signes montrent que le système actuel est perçu non seulement comme unique, mais comme excessivement uniforme. Le cœur du débat sur le collège tient à cette ambiguïté. Si le collège « unique » correspond à l'ambition d'accueillir l'ensemble d'une classe d'âge jusqu'à la fin de la scolarité obligatoire autour d'objectifs définis comme un « socle commun », il semble difficile de revenir sur cette réalisation qui a été celle de la Vᵉ République. Mais cela ne devrait pas impliquer que l'on impose à tous des parcours et des pratiques pédagogiques identiques, fût-ce au nom d'une égalité théorique ! De là proviennent les résistances à toute approche trop homogénéisante : elles s'expriment par la contestation de la « carte scolaire » (qui détermine l'affectation des élèves à tel ou tel établissement), par le recours à l'enseignement privé, par la revendication d'enseignements optionnels, et surtout par une demande de plus en plus insistante d'accompagnement.

Le développement d'un enseignement simultané, face à la classe prise comme un tout, a permis, nous l'avons vu, des progrès considérables dans la phase de construction de l'école. Mais ce qui se manifeste aujourd'hui, c'est le besoin d'un rééquilibrage, dans le sens d'une plus grande individualisation. Il explique la prolifération, à l'extérieur de l'école, d'organismes de soutien scolaire, et, à l'intérieur de l'école, les tentatives, encore modestes, de ménager des temps de prise en charge personnalisée. L'un des enjeux des années à venir, sans doute bien plus décisif que celui de la « taille des classes », sera de trouver un nouvel équilibre entre le cours simultané (qui, rappelons-le, n'a occupé que tardivement la quasi-totalité du temps scolaire) et des formes de relation éducatives plus individuelles qui correspondent, depuis l'Antiquité, à une composante essentielle de tout enseignement.

Décentralisation ! Déconcentration ! Autonomie !

C'est assez fascinant de penser que le futur de l'éducation se trouve en partie dans la reprise de méthodes pratiquées dans l'Antiquité ! Mais ne rencontre-t-on pas ici un paradoxe ? Notre système éducatif s'est construit, on l'a vu, en sens inverse, avec une volonté croissante d'homogénéisation et de centralisation, sous le contrôle de l'État. Pour un tel système, admettre en son sein une certaine diversité, qui ne peut être pensée et organisée qu'au niveau local, n'est-ce pas contre nature ?

C'est ce qui explique pour une large part le sentiment actuel de crise. Il faut à ce sujet éviter tout malentendu. Le principe d'un système éducatif, conçu comme un service public et élément de la cohésion nationale, a fait la preuve de son efficacité et il serait dangereux de le remettre en cause au moment même où la société est travaillée par des forces centrifuges et par la peur de l'avenir. Pour autant, il serait tout aussi pernicieux de refuser de voir que certaines de ses modalités, nécessaires en leur temps, deviennent aujourd'hui contreproductives : l'extrême centralisation du système scolaire et la codification rigoureuse voire tatillonne des pratiques avaient un sens tant qu'il s'est agi d'élaborer un dispositif d'enseignement à partir de structures fragiles, avec des enseignants peu formés, et dans une société où l'école était le principal, voire le seul moyen de transmission des connaissances.

Mais aujourd'hui, la situation est différente et beaucoup plus complexe. La massification scolaire a introduit un changement d'échelle radical, les enseignants sont théoriquement recrutés à bac + 5, et dans une société globalement beaucoup plus instruite les moyens d'accès à la connaissance se sont multipliés. L'État doit continuer à exercer ses fonctions régaliennes : définir les objectifs de formation, veiller à l'efficacité et à l'équité du système, évaluer et réguler. Mais en ce qui concerne les façons de faire, les modalités d'organisation, il doit accepter de composer avec d'autres acteurs, seuls capables de penser et de gérer la complexité des situations. On rencontre ici trois mots-clés, aujourd'hui très présents dans le débat public : décentralisation, déconcentration, autonomie.

Décentralisation : depuis les années 1980, les collectivités territoriales jouent un rôle croissant en matière d'enseignement. Initialement limitée à la mise à disposition des moyens d'enseignement et des locaux, leur intervention concerne de plus en plus certaines catégories de personnels, voire les enseignements eux-mêmes. Les régions, notamment, ont des responsabilités régulièrement élargies en matière de définition de l'offre de formation, d'accompagnement numérique et de politique d'orientation. Ce processus de décentralisation n'est pas achevé, et il faudra définir à l'avenir de nouveaux équilibres entre l'État et ces collectivités territoriales.

Déconcentration : parallèlement aux évolutions précédentes, l'organisation territoriale de l'Éducation nationale en académies s'est renforcée aux dépens des prérogatives de l'administration centrale. Régulièrement confortées au fil des réformes administratives et budgétaires, en partenariat quotidien avec des régions de plus en plus puissantes, les académies sont devenues le véritable niveau opérationnel de pilotage de l'Éducation nationale. Il reste à en tirer toutes les conséquences, en renonçant à des modes d'administration trop jacobins qui hypertrophient très artificiellement les interventions d'une administration nationale : celle-ci continue trop souvent de prétendre régler, à la minute et à l'euro près, tout le détail des activités d'enseignement. Cette situation est d'autant plus préjudiciable que le jeu des différents groupes de pression tend à bloquer toute évolution au niveau national, alors que des marges de manœuvre existent au niveau déconcentré, comme dans les établissements.

Autonomie : pour les mêmes raisons, il faudra accorder aux établissements d'enseignement une autonomie croissante. Régulièrement utilisé, le terme d'« autonomie » ne va pas sans ambiguïtés : il ne s'agit pas, à proprement parler, d'émanciper chaque établissement des contraintes liées à son appartenance à un système. En revanche, il serait logique de lui reconnaître des marges d'initiative très accrues quant à la définition de sa stratégie, à ses modes d'organisation et de fonctionnement, et à l'adaptation de son offre d'enseignement. Si les fonctions régaliennes de l'État portent sur les finalités, l'autonomie des établissements devrait libérer les moyens.

Toutes ces évolutions se dessinent depuis quelques années, au fur et à mesure que le processus de centralisation et de massification révèle ses limites. On entrera dans une autre période de l'histoire de l'école lorsqu'on parviendra à assumer clairement de nouveaux équilibres.

Diversifier le corps enseignant

Pas facile quand on sait combien les enseignants sont attachés à leur cadre traditionnel. Or, tout au long des deux derniers siècles, l'histoire de l'école nous est apparue étroitement liée à la constitution de ce corps enseignant, doté d'une forte identité professionnelle et pesant puissamment sur les politiques éducatives. Quel pourrait alors être l'avenir de cette corporation dans une nouvelle période de notre histoire ?

Là encore, nous touchons sans doute aux limites d'une logique qui a permis la construction du système éducatif mais qui se révèle aujourd'hui mal adaptée. L'idée qu'il pourrait exister un unique modèle-type de l'enseignant, décliné selon les niveaux et les disciplines, et qu'à l'intérieur de ce modèle les individus seraient équivalents, a déjà été mise à mal par la massification de la seconde partie du XXe siècle. Nous avons constaté alors combien l'homogénéité du corps enseignant tendait à se défaire. Plus que jamais, les enseignants diffèrent par leur itinéraire de formation, par leur représentation du métier, par leur degré d'engagement et de disponibilité, par leurs souhaits d'avenir... Le recrutement par concours, symbole par excellence des identités professionnelles, manifeste désormais chaque année ses insuffisances, et dans certains domaines-clés, il y a régulièrement plus de postes à pourvoir que de candidats, ce qui ôte tout sens à l'idée même de concours... Le manque d'enseignants compétents devient une préoccupation durable.

Plutôt que de refuser de voir cette situation et de s'acharner à prolonger des logiques obsolètes, sans doute faudra-t-il dans les années à venir imaginer de nouvelles approches. Pourquoi ne pas admettre la coexistence de profils d'enseignants divers, dont la complémentarité devrait être organisée au niveau des établissements ? Plutôt que de chercher, de façon illusoire, à réunir toutes les compétences en un même individu, l'important serait de disposer, au niveau de l'équipe pédagogique d'un établissement, des savoir-faire nécessaires : enseignants formateurs et débutants, animateurs de disciplines et membres de l'équipe, professeurs référents et « adjoints d'enseignement », etc. La diversification des fonctions permettrait d'ailleurs, au long d'une carrière, les évolutions professionnelles souvent souhaitables.

Il faudra sans doute également revoir l'articulation de la formation des enseignants et de leur recrutement. En situation de pénurie de candidats, le problème n'est plus de consacrer tous les efforts à la sélection par concours national aux dépens de la formation, mais de susciter suffisamment tôt des vocations, d'organiser des formations en alternance conjuguant apprentissages scientifiques et professionnels, de prolonger cet effort de formation tout au long de la carrière. Comme cela se passe dans de nombreux pays et dans beaucoup d'autres métiers, le recrutement, par les établissements ou les académies, serait la suite logique de cette préparation professionnelle.

Revoir l'architecture du système éducatif

Autre difficulté : comment savoir où est la véritable fidélité au projet éducatif républicain ? Quel est le bon équilibre entre le respect des grandes fondations de l'école et la nécessité de l'adapter ? S'agit-il de défendre à tout prix les modes d'organisation et de fonctionnement qui ont caractérisé la période de construction de l'école actuelle, ou d'imaginer les évolutions qui permettront à ce projet de rester vivant dans un nouveau contexte ?

Prenons quelques exemples des déplacements qu'il serait fâcheux de méconnaître. Alors que longtemps le monde de la culture et de l'enseignement avait ignoré les frontières, la construction du système scolaire et sa prise en charge par l'État ont été une composante de l'affirmation du cadre national. Il s'est agi de construire une école *française*, quitte à prêter à celle-ci une vocation universelle et à la proposer en exemple au reste du monde. On sait au demeurant le lien qui existe, sous la IIIe République, entre politique scolaire et politique coloniale, comme Luc Ferry le souligne de son côté. Aujourd'hui, nous l'avons vu, la multiplication des échanges de toute nature, l'affirmation d'une « économie de la connaissance » font à nouveau de l'éducation un enjeu international comme en témoigne l'écho que rencontrent quotidiennement enquêtes et classements confrontant les performances des pays développés. L'enseignement supérieur s'internationalise, les enseignements primaire et secondaire ne peuvent plus ignorer les exemples étrangers. Mieux vaut tenter de penser la mondialisation que la subir.

Un autre déplacement concerne l'architecture du système éducatif. Nous avons rappelé comment, à date relativement récente, s'était organisée la succession de trois niveaux : primaire, secondaire, supérieur, au point que cette tripartition paraît aujourd'hui naturelle. Pourtant, l'allongement des durées de scolarisation comme l'exemple de nombreux pays étrangers tendent depuis quelques années à suggérer une dynamique différente, autour de trois ensembles : école et collège, lycée et premier cycle de l'enseignement supérieur, puis enseignement et recherche au niveau du master et du doctorat.

Avec la notion de socle commun, introduite dans la loi d'orientation de 2005, s'affirme la cohérence de la scolarité obligatoire. Une continuité pédagogique commence à se dessiner entre l'école primaire et le collège, prélude vraisemblable à des réorganisations administratives, qu'il s'agisse du statut des écoles ou de la formation des enseignants. Complémentairement, des élèves de plus en plus nombreux prolongeant leurs études dans l'enseignement supérieur, on prend progressivement conscience de la nécessité de réaménager les parcours de formation de bac – 3 à bac + 3. Les voies de formation et séries proposées par les lycées, conçues dans la tradition qui faisait du baccalauréat la conclusion d'un cursus, s'ajustent de plus en plus mal aux études supérieures et sont souvent excessivement spécialisées. Elles sont de plus très déséquilibrées : l'effondrement de la série littéraire, le manque de vocations scientifiques, la part excessive des formations technologiques et professionnelles par rapport aux études générales, les nombreux problèmes d'orientation à l'issue de la terminale sont autant de signes de dysfonctionnement. Comme la Ve République à ses débuts a dû reconstruire les premières années du secondaire, il faudra dans les temps à venir repenser les parcours de formation du lycée à la licence.

La classe inversée

Et qu'en est-il des enseignements eux-mêmes? Là aussi les débats sont vifs entre tenants de la tradition et partisans d'un renouvellement.

L'architecture du système éducatif n'est pas seulement un enjeu institutionnel : elle a aussi des conséquences didactiques et pédagogiques. Par exemple la lourdeur des programmes d'enseignement, voire leur surcharge, est liée au fait que longtemps le primaire puis le secondaire ont été pensés comme conclusifs : dès lors qu'on conçoit chaque cycle comme une fin d'études, au moins pour un grand nombre d'élèves, on tend en effet à vouloir y faire entrer tous les savoirs jugés indispensables, au lieu de concevoir une progression sur l'ensemble du parcours qui est devenu beaucoup plus long.

Mais il faut évoquer l'évolution de la relation même avec les savoirs et l'enseignement. Le niveau global de formation des familles et de la société a progressé. Le temps passé par les jeunes devant les écrans de télévision ou d'ordinateur, pratique qui ne connaît pas de vacances, l'emporte désormais sur le temps passé en classe. Informations et savoirs circulent de toutes parts dans un espace et un temps qui débordent de tous côtés l'univers scolaire. Certes, l'accumulation des informations ne constitue pas une connaissance. Certes, pour tirer pleinement profit des apports du numérique, il faut avoir acquis une formation préalable, savoir apprécier les informations pertinentes et construire des problématiques. De ce fait, bien des nouvelles techniques d'enseignement, comme les cours à distance, paraissent mieux adaptées à des étudiants confirmés qu'à de jeunes élèves. Il est donc sans doute excessif d'évoquer une sorte de révolution anthropologique, un nouvel ordre du savoir, comme le fait Michel Serres dans un essai brillant mais provocateur, *Petite Poucette* (2012). On assistera plus vraisemblablement, dans les années à venir, à un métissage croissant de différents modes d'enseignement, les formes traditionnelles, y compris le cours magistral, conservant leur part de légitimité à côté de pratiques nouvelles.

Encore faut-il prendre la mesure de ce que celles-ci peuvent apporter. Par exemple, dans des établissements qui utilisent les espaces numériques de travail, on voit les échanges entre enseignants et élèves s'organiser bien au-delà de la traditionnelle heure de cours, qui tend à apparaître comme une unité de compte obsolète. Les réflexions conduites autour de la « classe inversée » présentent aussi un réel intérêt. Contrairement à ce qui se passait encore au XIXe, le XXe siècle a rejeté le travail des élèves hors de la classe, voire de l'école, et a centré le cours sur la transmission de connaissances. Dès lors que les savoirs sont disponibles en ligne, on peut imaginer d'inverser la tendance et de rétablir une place en classe pour le travail des élèves, sur la base de recherches effectuées préalablement. Notons au passage que, comme souvent, la modernité permet de renouer avec des pratiques anciennes : dans les années 1960 encore, on demandait aux élèves de faire un travail de « préparation » qui était ensuite vérifié et évalué en classe.

En fait, l'enjeu n'est pas de rêver d'un nouveau paradigme qui résoudrait tous les problèmes, mais de diversifier intelligemment les pratiques pour mieux répondre à la variété des besoins. Il ne s'agit ni de renier les principes de l'école républicaine, ni de les embaumer dans la nostalgie, mais de les faire vivre dans la dimension de l'avenir, en se donnant le temps nécessaire. Cette ambition vaut aussi pour la définition des programmes d'enseignement, pour la capacité de l'école à jouer pleinement son rôle éducatif, à faire vivre un contrat social et à donner sens aux valeurs républicaines. Laissons ici la parole à Condorcet :

> Une nation qui se gouvernerait toujours par les mêmes maximes et que ses institutions ne disposeraient point à se plier aux changements, suite nécessaire des révolutions amenées par le temps, verrait naître sa ruine des mêmes opinions, des mêmes moyens qui avaient assuré sa prospérité. [...] Les nations qui s'avancent à travers les siècles ont besoin d'une instruction qui, se renouvelant et se corrigeant sans cesse, suive la marche du temps, la prévienne quelquefois, et ne la contrarie jamais[84].

La fièvre de la réforme

Les recommandations de Condorcet paraissent en effet prémonitoires. Mais on connaît les résistances que rencontre la moindre tentative de réforme. Toute l'histoire de l'école met en évidence une tension constante entre attachement à la tradition et volontés de renouvellement. Un conflit sans doute inévitable en matière d'enseignement, puisqu'il s'agit à la fois de transmettre un héritage et d'ouvrir vers la liberté de créer, de concilier enracinement et épanouissement comme l'a montré Luc Ferry.

La difficulté tient pour une part à l'ambiguïté de cette notion de « réforme ». Il serait naïf de croire que la solution puisse venir d'une seule réforme décisive, d'un ensemble de mesures nationales supposées nous faire passer d'un ordre ancien à un ordre mieux adapté et plus stable. Les évolutions de l'école, nous l'avons constaté à maintes reprises, se jouent dans la longue durée et relèvent d'un processus incessant, qui travaille la société et que les modifications institutionnelles accompagnent plus qu'elles ne le dirigent. Le véritable enjeu, c'est sans doute plutôt de parvenir à travailler dans la durée, et de mettre le système en capacité d'évoluer en continu, de façon dédramatisée : secouer l'hégémonie actuelle du temps court, cesser de vivre le changement comme une crise, mais assumer ce que Montaigne appelait la « muance » incessante des choses. Préférer l'évolution régulière des formes à la « réforme ». Et être disponible pour « penser différemment ». Comme le disait Victor Hugo dans un discours devant l'Assemblée législative le 17 juillet 1851 : « Vous prenez cela pour la fièvre ? C'est la vie ! »

Dans cette perspective, la priorité est de fluidifier les modes de pilotage du système éducatif, de tenter d'alléger le poids des blocages corporatifs, d'éviter une hypercentralisation politique et administrative qui multiplie les rigidités. Mais il faut aussi se défier des représentations toutes faites, qui donnent fallacieusement la force de l'évidence à ce qui n'est que le poids des habitudes, dépasser les polémiques stériles et répétitives, qui ne font qu'entretenir le confort des schémas de pensée stéréotypés. La complaisance à l'égard des manichéismes réducteurs est un des meilleurs alibis du conservatisme.

Comment casser les œufs à la coque

En quoi peut-on considérer que certains débats relèvent de disputes anciennes, usées et stériles ?

Bien des débats contemporains me font penser à un épisode des *Voyages de Gulliver* (1726). Le héros de Swift, lors de son escale à Lilliput, assiste à une guerre civile qui a déjà fait des milliers de morts : elle oppose les Gros-Boutiens, partisans de casser les œufs à la coque par le gros bout, aux Petits-Boutiens, tenants de la pratique inverse. Le conflit devient vite international, les Gros-Boutiens recevant le soutien de l'empire voisin de Blefuscu. En vain on consulte le livre sacré. L'avis qu'il formule est certes plein de sagesse : « Tous les vrais fidèles casseront leurs œufs par le bout le plus commode. » Mais il ne fait que relancer la guerre : quel est le bout le plus commode ? Toute divergence à ce sujet est bien sûr passible de mort ! En hommage à Swift, on pourrait nommer « syndrome de Blefuscu » la propension des Gros-Boutiens et Petits-Boutiens modernes à s'enliser dans des conflits stériles.

Faut-il en multiplier les exemples ? On oppose souvent, depuis quelques années, des programmes d'enseignement définis en termes de « connaissances » et une approche, développée notamment dans le cadre européen, par les « compétences ». D'un point de vue méthodologique, la distinction peut présenter un intérêt : elle évoque au demeurant celle qu'on établissait naguère entre savoirs et savoir-faire, voire savoir-être. Mais faut-il durcir l'opposition au point d'y voir deux philosophies de l'éducation inconciliables, d'un côté l'ambition du savoir pur et désintéressé, de l'autre la résignation à un utilitarisme mercantile ? Tout l'enjeu est en fait d'articuler les deux approches, qui ne désignent pas (qui ne devraient pas désigner) des objets d'enseignement différents, mais des regards complémentaires sur un même enseignement. Que signifieraient des connaissances qui ne déboucheraient sur aucune compétence, qu'il s'agisse de savoir-faire ou de savoir-penser ? Que seraient des compétences qui ne solliciteraient aucune connaissance, d'ordre théorique ou pratique ?

Autre exemple de débat stérile : la bataille, que nous avons déjà rencontrée, entre « instruction » et « éducation ». Il y a bien là deux pôles différents, et les distinguer aide à comprendre la complexité du domaine concerné. Mais l'école ne peut cultiver l'un et ignorer l'autre. Au contraire, le projet scolaire qui se développe à partir de la Révolution et qu'illustrent Condorcet ou Hugo repose sur l'idée que l'instruction a en soi une valeur éducative. Les connaissances ne sont pas en apesanteur, elles contribuent à former un homme engagé dans la cité. Où l'on retrouve une ambition qui, nous l'avons vu, était celle des Anciens : apprendre à maîtriser le langage, ce n'est pas acquérir un savoir « pur », c'est aussi développer un certain mode de relation avec autrui. L'école est d'ailleurs aujourd'hui interpellée de façon pressante sur sa capacité à transmettre les valeurs républicaines : comment ne pas y voir le signe qu'une nouvelle articulation entre instruction et éducation est à imaginer ?

« Républicains » contre « pédagogues »

S'il y a une opposition qui relève de notre « syndrome de Blefuscu », c'est bien le conflit entre « républicains » et « pédagogues ». Luc Ferry nous a expliqué comment, derrière cette opposition, on peut retrouver deux visions différentes de l'éducation, conçue comme déracinement ou comme épanouissement. Mais il montre aussi que la contradiction n'est pas insurmontable. Elle ne l'est que si l'on retient, de chaque côté, les prises de position les plus caricaturales : pour les uns, une vision idéalisée et nostalgique de l'école républicaine ; pour les autres, l'utopie post-soixante-huitarde d'un enfant dont l'épanouissement libre et spontané rendrait l'école inutile, voire nocive.

D'un côté, le « républicain » se réclame d'une mythique IIIe République qui aurait su mettre en place une authentique instruction, une pure transmission des savoirs, définis comme l'héritage d'une tradition. Toute volonté de réforme est perçue comme un renoncement à cette tradition, a fortiori si elle est menée au nom de la démocratisation de l'enseignement : on agite alors le spectre d'une instruction au rabais. L'idéal serait celui d'un « élitisme républicain », formule qui tend vers l'oxymore pour désigner la possibilité théoriquement offerte à tous d'accéder, à condition de le mériter, à une culture qui n'en resterait pas moins inchangée. Il est pourtant difficile de ne pas voir que cette défense de l'enseignement traditionnel renvoie souvent à un refus pur et simple de la démocratisation. Il suffit de se reporter, par exemple, aux débats passionnés qui, en 1923, entourèrent la tentative avortée du ministre Léon Bérard d'imposer un enseignement de latin (voire de grec) obligatoire dans tout le secondaire, et donc de rejeter les « modernes » vers le primaire supérieur : la défense du latin apparaît alors clairement comme un rejet des formes alternatives de culture (fondées, par exemple, sur la littérature française, les langues vivantes et les sciences) et comme une volonté, portée notamment par les agrégés parisiens, de défendre le caractère élitiste du secondaire contre le spectre de la primarisation. Ce qui s'exprime à cette occasion, c'est bien le souhait de maintenir, contre des signes de démocratisation pourtant encore bien modestes, un ordre ancien d'enseignement.

De l'autre côté, les « pédagogues » relativisent la référence aux savoirs pour mettre en avant l'enfant et son épanouissement. Attentifs aux travaux développés depuis le XXe siècle par des psychologues de l'apprentissage tels Jean Piaget ou Henri Wallon, ils insistent sur la nécessité de respecter les rythmes de développement des enfants. Ils voient avec intérêt des expériences de rénovation pédagogique qui, dans l'école ou sur les marges de celle-ci, mettent l'accent sur la façon dont l'enfant s'approprie les savoirs, les reconstruit pour son propre compte au travers de ses activités (la pédagogie « Freinet », parmi bien d'autres démarches, participe de cette entreprise). À partir de là, par une sorte de rousseauisme naïf et mal compris, certains oublieraient l'ambition d'« élever » l'enfant. À la limite (et il est vrai que d'aucuns ont développé cette utopie), ils rêveraient d'une « société sans école ». L'ambition affirmée par la loi d'orientation de 1989 de « mettre l'élève au centre du système éducatif » a pu être interprétée comme une fâcheuse concession à ces visions extrêmes.

De l'art des conflits stériles

Ainsi poussée à incandescence, la confrontation entre ces deux clans n'a guère d'intérêt. Les meilleurs esprits se gardent bien de céder à ses facilités, et elle ne fait qu'alimenter des pamphlets journalistiques en général aussi médiocres qu'excessifs : aux outrances qui furent celles de la « pensée 68 » répondent parfois aujourd'hui les manichéismes de traditionalistes mal informés. Mieux vaut, de chaque approche, tenter de retenir la part de raison.

Oui, les « républicains » ont raison de souligner que l'enseignement est une transmission, et que la figure du maître est essentielle : nous avons rencontré cette définition dès les origines grecques de l'éducation, avant même que l'école ne soit imaginée. À ce titre, celle-ci entretient une tradition, ce qui ne doit pas l'empêcher d'être aussi ouverture sur l'avenir. Ils ont également raison de souligner le rôle du travail, et de dénoncer l'illusion d'une autoconstruction par l'élève de son savoir. Au demeurant, même Rousseau (qui, nous l'avons vu, veut laisser à l'enfant le temps de s'épanouir et qui va jusqu'à prôner une « méthode inactive ») n'en donne pas moins un rôle essentiel au précepteur qui agence et oriente les situations d'apprentissage proposées au jeune Émile.

Mais oui, les « pédagogues » ont raison, de leur côté, de souligner que la définition du savoir à transmettre ne va pas de soi, non plus que les modalités de cette transmission. Le premier point relève de la réflexion didactique, tout à fait reconnue dans de nombreux pays ; le second concerne la pédagogie bien comprise. Le contenu de la tradition ne peut en effet être figé sans inconvénient, et heureusement ne l'a jamais été : tout au long de notre histoire, nous avons relevé d'innombrables débats. Faut-il enseigner les auteurs païens ou les Pères de l'Église ? Quelle place faire aux sciences et aux techniques par rapport à l'étude des textes ? Les auteurs français peuvent-ils remplacer le corpus latin ? Et qui s'offusquerait de ce que, malgré la tradition (et pour en constituer une nouvelle), on ait renoncé à enseigner que la Terre est le centre du monde, ou qu'on ait remplacé, même dans les collèges jésuites, la physique cartésienne par les théories de Newton ? Pourquoi des renouvellements qui se sont opérés – non sans conflits – au XVIIIe ou au XIXe siècle seraient-ils illégitimes de nos jours ?

De la même façon, les pratiques d'enseignement, les modes d'apprentissage, ont évolué au fil des siècles, pour tenir compte des évolutions sociales, scientifiques et techniques. Le regard porté sur les enfants s'est transformé, les enjeux de l'éducation se sont déplacés. On ne voit pas très bien pourquoi il faudrait considérer ce processus comme achevé, et s'interdire une réflexion pédagogique, alors même que le rythme des changements est plus rapide que jamais.

Au centre du système éducatif, il n'y a ni les savoirs purs, ni l'enfant à l'état de nature, mais bien la relation qui s'établit entre les deux termes, sous la conduite du maître, et qui marque l'entrée dans le monde de la culture. Pour que l'enseignement ait un sens, il faut à la fois qu'il y ait transmission de savoirs et de savoir-faire, comme le rappellent les « républicains », et appropriation de ces savoirs par l'élève, donc construction de compétences, comme le disent les « pédagogues ». Cette construction ne saurait être spontanée : elle doit être organisée et guidée. Apprendre et comprendre ne vont pas l'un sans l'autre, comme le soulignaient déjà, nous l'avons vu, Platon ou Aristote : « le savoir ne se verse pas d'un esprit dans un autre comme le vin passe d'une amphore dans une coupe », rappelait Pierre-Maxime Schuhl dans son commentaire de Platon[85]. Reste à définir quels savoirs on veut transmettre, avec quelles priorités et quelles progressions, et selon quelles méthodes : il y a là l'espace de la recherche et de la réflexion collective, qui seraient préférables à des polémiques stériles.

Le pessimisme pédagogique

Vous disiez que, piégés par des débats artificiels, nous sommes aussi parfois victimes de schémas de pensée stéréotypés qui revêtent l'apparence trompeuse de l'évidence...

Prenons l'exemple du pessimisme éducatif qui caractérise notre pays et qui jette la suspicion sur la réussite des élèves : celle-ci ne serait-elle pas due à la démagogie, et à un coupable relâchement des exigences? La spectaculaire élévation quantitative des niveaux de formation, dans la seconde partie du XXe siècle, ne dissimule-t-elle pas un appauvrissement qualitatif? Il est difficile de concevoir une école sans un minimum de confiance dans la «perfectibilité» de l'esprit humain. Pour une part très importante de l'opinion, comme parfois pour certains enseignants, c'est pourtant au contraire la défiance qui semble la règle. Ce qui est perçu comme «normal», c'est que les élèves échouent! C'est pourquoi, même quand il s'agit du brevet ou du baccalauréat, l'opinion adopte une logique de concours plus que d'examen. Le but d'un concours, c'est de sélectionner ceux, par définition très minoritaires, qui le... réussissent. Mais dans un examen, ce devrait être l'inverse : n'en déplaise à certains, en quoi des taux de réussite très élevés au baccalauréat sont-ils anormaux? 10 % ou 15 % d'échec, c'est encore beaucoup si l'on considère que c'est le succès, et non l'échec, qui devrait être la norme d'un système de formation efficace !

La question est donc de savoir en effet pourquoi la norme de l'échec revêt aux yeux de tant de gens l'apparence trompeuse de l'évidence. Dans le cadre d'une vision malthusienne du savoir, qui s'est toujours manifestée en réaction aux étapes successives de démocratisation de l'enseignement, on estime que la connaissance est par définition limitée, et qu'on ne pourrait la partager plus largement sans que la part de chacun diminue. Ne peut-on imaginer, de façon plus optimiste, la conception inverse, comme le faisait, une fois encore, Condorcet soulignant (dans le contexte pourtant dramatique de 1793, juste avant de mourir, victime de la Terreur) que la maîtrise du savoir peut progresser à la fois en qualité et en quantité :

> Nous distinguerons les progrès de la science même, qui n'ont pour mesure que la somme des vérités qu'elle renferme, et ceux d'une nation dans chaque science, progrès qui se mesurent alors, sous un rapport, par le nombre des hommes qui en connaissent les vérités les plus usuelles, les plus importantes, et, sous un autre, par le nombre et la nature de ces vérités généralement connues.
>
> En effet, nous sommes arrivés au point de civilisation où le peuple profite des Lumières, non seulement par les services qu'il reçoit des hommes éclairés, mais parce qu'il a su s'en faire une sorte de patrimoine, et les employer immédiatement à se défendre contre l'erreur, à prévenir

ou satisfaire ses besoins, à se préserver des maux de la vie ou à les adoucir par des jouissances nouvelles[86].

À ce malthusianisme culturel, il y a bien sûr des raisons qui relèvent de l'élitisme social : dans les chapitres précédents, nous avons vu s'exprimer très tôt, et à de nombreuses reprises, des craintes envers un développement excessif de l'éducation. Il y a aussi la prégnance de schémas de pensée fort anciens, qui trouvent notamment leur origine dans l'histoire religieuse de notre pays. La France et sa bourgeoisie ont été fortement marquées par le jansénisme, qui a installé un pessimisme radical : sauf à bénéficier de la chance imprévisible et improbable de la grâce, ce qui est « normal » pour lui, c'est d'être exclu de l'ordre divin ; la volonté de l'homme n'y fait rien, aucun effort n'autorise à espérer être sauvé, seul Dieu peut permettre d'accéder au salut. C'est ce qu'exprime le célèbre fragment des *Pensées* de Pascal sur « les trois ordres ». Un hiatus radical, une « distance infinie » sépare l'ordre du corps, celui de l'esprit, et celui de la charité : « De tous les corps ensemble on ne saurait en faire réussir une petite pensée, cela est impossible et d'un autre ordre. De tous les corps et esprits, on n'en saurait tirer un mouvement de vraie charité, cela est impossible et d'un autre ordre, surnaturel. » En matière d'éducation, la France est restée largement janséniste, et a beaucoup de mal à parier sur l'effort et le progrès.

Une pédagogie de la perfectibilité

Pourtant d'autres représentations auraient été possibles, y compris dans le cadre de la théologie catholique, comme celle que propose François de Sales dans son *Introduction à la vie dévote* (1609). L'ouvrage propose une technique de la perfectibilité, un mode d'emploi programmant un « avancement en la vie dévote ». Il n'y a pas de différence de nature ni d'hétérogénéité radicale entre l'homme commun et le vrai dévot, mais un continuum qui permet à chacun d'avancer par degrés vers la perfection. D'où l'image centrale de l'échelle de Jacob (Genèse, XXVIII, 11) : Jacob voit en songe une échelle plantée en terre dont le sommet atteint le ciel, et tout au long de laquelle des anges montent et descendent. Et François de Sales commente : « Les échelons ne sont autre chose que les divers degrés de charité par lesquels l'on va de vertu en vertu, ou descendant par l'action au secours et support du prochain, ou montant par la contemplation à l'union amoureuse de Dieu. » Dans ce passage, comme dans beaucoup d'autres, s'affirme une pensée des degrés, non des ordres discontinus, une théologie de la bienveillance aux antipodes du pessimisme janséniste qui l'emportera quelques années plus tard et qui marque encore inconsciemment bien des esprits, même ralliés à la laïcité.

De la même façon, l'école ne peut réussir sans une « pédagogie de la bienveillance », qui, bien loin de renoncer à l'exigence, cherche à proposer à tous des parcours ascendants, et nécessairement divers. Ambition d'autant plus nécessaire à notre époque, qui se veut celle de la valeur intellectuelle ajoutée au sein d'une économie de la connaissance, et où le programme de Condorcet s'impose plus que jamais, contre toute tentation malthusienne : augmenter à la fois la masse des connaissances et le nombre de ceux qui les partagent.

Le sentiment de crise, voire de déclin, qui obsède la société contemporaine vient de ce que nous sommes écartelés entre les logiques du passé, qui rencontrent leurs limites, et un avenir incertain qui nous fait peur. L'enjeu, ce n'est pas telle ou telle réforme au sens technique et conjoncturel du terme. C'est de savoir si nous sommes capables de surmonter les blocages et de tenter de prendre intelligemment la mesure, dans la durée, de la nouvelle période qui s'ouvre dans l'histoire de l'école.

Nous sommes dans la situation de cet Hadrien dont Marguerite Yourcenar a imaginé les *Mémoires*, dans ce moment de vertige et de liberté qu'elle évoque ainsi : « Retrouvé dans un volume de la correspondance de Flaubert, fort lu et souligné par moi vers 1927, la phrase inoubliable : “Les dieux n'étant plus, et le Christ n'étant pas encore, il y a eu, de Cicéron à Marc Aurèle, un moment unique où l'homme seul a été.” Une grande partie de ma vie allait se passer à essayer de définir, puis à peindre, cet homme seul et d'ailleurs relié à tout[87]. »

Et elle ajoute ce qui pourrait être notre conclusion : « Dans l'ensemble, c'est seulement par orgueil, par grossière ignorance, par lâcheté, que nous nous refusons à voir sous le présent les linéaments des époques à naître. »

CHAPITRE 19

La crise de la culture scolaire

Le fléau de l'illettrisme

Nous l'avons vu au fil des pages, les évaluations nationales comme les enquêtes internationales rejoignent un sentiment largement répandu que l'école d'aujourd'hui se porte mal. Si certains élèves continuent à obtenir d'excellents résultats, leur nombre tend à diminuer. Inversement, la part des élèves en grande difficulté augmente, et les écarts de performances s'accroissent nettement. Sans sombrer dans l'obsession du déclin ni dans les facilités de la nostalgie, si répandues aujourd'hui, comment comprendre ce qui apparaît comme une véritable crise de la culture scolaire ?

Luc Ferry : La première difficulté, si surprenant que cela puisse paraître – et elle n'a rien de fictif, contrairement à ce que prétendent certains (ou plutôt, contrairement à ce qu'ont prétendu pendant longtemps un certain nombre d'observateurs d'assez mauvaise foi) –, c'est bien évidemment l'étrange montée de l'illettrisme. Ma grand-mère, qui était directrice d'école, qui m'a appris à lire et à écrire, aurait été sidérée si on lui avait dit que le problème numéro un de l'école au XXIe siècle, de l'école française et européenne – car le phénomène touche tous les pays européens – était l'illettrisme. Le phénomène est aujourd'hui avéré. On a pu le constater de manière tout à fait factuelle, à partir d'enquêtes incontestables.

J'ai souvent raconté combien j'ai été frappé par une étude conduite en 1995 par le directeur de l'évaluation et de la prospective du ministère de l'Éducation nationale, date à laquelle on avait découvert un véritable trésor : 9000 copies de certificat d'études du début des années 1920, copies qui avaient été corrigées par les professeurs de l'époque, et qui, oubliées dans le grenier d'une sous-préfecture, avaient ainsi échappé à la destruction. Cela constituait pour la recherche un bel échantillon...

Le directeur de l'évaluation et de la prospective a donc eu la bonne idée de comparer les compétences des élèves d'aujourd'hui avec celles des élèves de l'époque. Enfin, on allait pouvoir examiner sur pièces la grande question : est-ce que le niveau monte ou est-ce que le niveau baisse? Et comme cet homme était parfaitement rigoureux, il a fait en sorte, évidemment, que la comparaison ne soit pas biaisée. On sait, par exemple, qu'à l'époque, dans les années 1920, les instituteurs ne présentaient au certificat d'études, qui était encore un examen important, qu'environ un dixième des élèves, les meilleurs bien entendu. Et on sait aussi que ces élèves-là étaient soigneusement «coachés» pendant toute l'année : l'instituteur préparait ses petits poulains pour être sûr qu'ils réussissent l'examen. On a donc fait la même chose avec des élèves de cinquième d'aujourd'hui, on a sélectionné les meilleurs et on les a préparés toute l'année. On a veillé aussi à supprimer tous les sujets qui n'étaient plus au programme, et l'on n'a conservé que les sujets qui étaient les mêmes qu'aujourd'hui. On est allé plus loin encore – toujours dans le souci scrupuleux d'éviter les biais qui auraient pu fausser la comparaison sur un sujet hautement délicat. On sait que dans les années 1920, la France était encore essentiellement rurale, paysanne. On a donc recomposé un échantillon possédant les mêmes caractéristiques sociologiques que celles de la France de l'époque. Bref, on a pris d'innombrables précautions pour que la méthode soit inattaquable.

Malheureusement pour les progressistes (et pas seulement pour eux !), les résultats sont accablants pour les enfants d'aujourd'hui. Dans la dictée – et encore une fois, il s'agit des mêmes textes, courts et très simples – les élèves de l'époque faisaient en moyenne cinq fautes – ça rappellera au passage quelque chose à tous ceux qui ont mon âge, le fameux « cinq fautes égalent zéro ». En 1995, les élèves de cinquième, pourtant bien préparés, font dix-sept fautes en moyenne. Ce serait sans doute pire aujourd'hui... Et quand on regarde les copies – il faut les voir ! –, on est effaré. Les élèves confondent les « -s » et les « -ent », les marques du pluriel ne sont pas comprises, les mots ne sont pas bien découpés, l'écriture est souvent illisible, bref, cela ressemble aux textos de nos enfants. Comment ne pas s'alarmer ?

Un autre constat n'est pas moins significatif : 67 % de nos élèves de sixième sont incapables de faire une multiplication avec la virgule. C'est moins grave, dira-t-on, parce qu'il y a les calculettes, mais cela reste tout de même préoccupant. En tout cas, même si on laisse de côté la question des opérations mathématiques, il est certain que, s'agissant de la maîtrise de la langue, aussi bien à l'oral qu'à l'écrit, nos enfants sont en très grande difficulté.

Des données plus récentes vont dans le même sens. J'ai publié, avec Alain Béreau, un petit livre intitulé *Combattre l'illettrisme*[88], où nous avons croisé les chiffres du ministère de l'Éducation nationale et ceux du ministère de la Défense. Ce dernier organise chaque année ce qu'on appelait de mon temps les « trois jours », et qui s'appelle aujourd'hui les « JAPD », les Journées d'appel pour la défense. Ces journées, qui concernent des jeunes gens de dix-huit ans, sont l'occasion pour l'armée d'organiser des tests grandeur nature. Ce ne sont pas des échantillons représentatifs, mais presque toute la France passe ces tests, filles et garçons confondus. Or on a pu constater – j'arrondis les chiffres, mais seulement à la virgule près et les ordres de grandeur que je vous indique sont les bons – que 5 à 6 % de nos jeunes sont carrément analphabètes, c'est-à-dire qu'ils ne savent absolument pas lire. 5 %, c'est déjà beaucoup. Il y a en plus 7 % d'élèves qui ânonnent en faisant des fautes. Cela donne 12 % des jeunes de dix-huit ans en très grande difficulté de lecture. C'est considérable. Et puis, on peut compter au moins 10 % de lecteurs très lents, qui s'ajoutent à ces 12 %. Ils déchiffrent certes, mais si péniblement qu'ils sont incapables de comprendre le sens de ce qu'ils lisent.

Ce qui donne grosso modo 20 % d'illettrés chez les jeunes de dix-huit ans !

Illettré, cela ne veut pas dire forcément tout à fait analphabète, mais ce sont quand même des jeunes gens qui sont exclus de la lecture, qui ne peuvent pas lire un article de journal en en comprenant le sens. A fortiori un livre. Et ce n'est pas fini, hélas... On a encore, en plus, 15 % de lecteurs fiables mais très lents, de telle sorte qu'eux non plus ne pourront pas lire un livre dans leur vie. Du reste, s'ils ne pratiquent pas, ils perdront le peu qu'ils ont appris. Au total, ça fait entre 35 et 40 % de nos jeunes gens qui sont exclus, je dirais, de la lecture par plaisir, parce qu'on ne peut pas avoir plaisir à lire quand on met si longtemps à déchiffrer.

L'importance de l'illettrisme renvoie donc à un premier constat d'échec pour l'école – car de toute évidence, si un élève lit mal, ou même trop lentement, s'il s'exprime mal à l'oral comme à l'écrit, il sera forcément en échec aussi dans toutes les autres disciplines, en histoire, en géographie, et même dans les sciences où il faut comprendre les énoncés.

Élèves démotivés

L'illettrisme est le symptôme le plus spectaculaire de la crise de l'école, mais ce n'est malheureusement pas le seul...

L'école rencontre plusieurs autres difficultés majeures. Comment ne pas s'inquiéter de la montée des incivilités ? Le ministère de l'Éducation nationale a mis en place divers dispositifs pour recenser, à partir des signalements transmis par les chefs d'établissement, les incidents les plus graves. On comprend aisément qu'il ne s'agit que du sommet de l'iceberg, parce que les chefs d'établissement n'aiment pas beaucoup signaler au ministère des incidents qu'ils n'ont pas maîtrisés ; cela risquerait de les mettre en difficulté et ils préfèrent souvent, ce que je comprends, s'en tirer par eux-mêmes. Quand on ouvre, par exemple, le recensement de l'année 2004-2005 – c'est un document officiel – la première ligne, rien que par son intitulé, laisse pantois : « Violences physiques sans arme » – ce qui laisse aussitôt supposer qu'il y en a avec arme ! 23 000 dans l'année ! Et puis, on trouve : « Violences physiques avec arme par destination » : 1 651. « Racket ou tentative de racket » : 1 557. « Port d'armes autres qu'armes à feu » : 590. « Port d'arme à feu » : 40.

Quarante ports d'arme à feu ! Je vous passe la suite : les trafics de drogue se comptent par milliers, etc. On arrive à un total de 85 000 incidents graves !

La situation ne s'est pas arrangée depuis, bien qu'on ait, comme toujours dans ces cas-là, non sans une certaine hypocrisie assortie de lâcheté, modifié les intitulés pour noyer un peu le poisson, ce qui fait que plus personne ne s'y reconnaît et ce qui permet de faire croire, contre la réalité, que les choses se sont améliorées. Les difficultés, comme pour l'illettrisme, se sont aggravées, mais comme elles se concentrent – disons les choses comme elles sont – dans 10 à 15 % de nos établissements scolaires, les parents ayant des enfants dans des « bons établissements » de centre-ville, ceux qui ont réussi à contourner la carte scolaire, ne s'en rendent pas forcément compte. Les professeurs eux-mêmes, ceux qui enseignent dans un « bon lycée », ne s'en aperçoivent pas non plus ou, en tout cas, à un degré infiniment moindre. Ils ont le sentiment, souvent, que les choses ne vont pas si mal.

Autre difficulté, tous les professeurs le savent : ce qu'on pourrait appeler la « démotivation », un manque d'appétit, tout simplement, pour la culture scolaire. Quelque chose du goût d'apprendre a été atteint dans les dernières générations, et tous les professeurs le ressentent. Ils ont beaucoup de mal à mobiliser autour de ce qui les a, eux, passionnés quand ils étaient étudiants : l'histoire, la littérature, les sciences. Démotivation, manque d'intérêt pour la culture scolaire. La vérité, c'est que la société civile, à l'extérieur de l'école, a développé dans nos sociétés de consommation tout un univers extraordinairement ludique, un monde d'ordinateurs, de smartphones, de jeux vidéo, que sais-je encore, qui bien évidemment, par rapport à la culture classique, à la culture scolaire, exerce une concurrence qu'on pourrait dire tout à fait déloyale.

Faut-il dans ces conditions s'étonner de la crise gravissime des vocations scientifiques, à laquelle on assiste depuis une vingtaine d'années ? On a vu baisser de 40 ou de 45 % les vocations pour les sciences dures, pour la physique, la biologie, la chimie. Je parle des vraies sciences, je ne parle pas des sciences « molles », mais encore une fois de la physique, de la biologie, de la chimie, en partie aussi des mathématiques, où la crise des vocations est très préoccupante. Elle est grave sur le plan économique, parce que dans la mondialisation, une économie sans recherche, qui n'est plus une économie d'innovation mais une économie d'imitation par rapport à l'Inde et la Chine, est sans cesse davantage vouée à l'échec. Nous ne sommes compétitifs que dans les secteurs où nous sommes capables d'innover – Airbus, le TGV, par exemple. Mais c'est aussi – et même surtout à mes yeux, par-delà les impératifs de rentabilité – un peu du plaisir de la connaissance scientifique qui est atteint aujourd'hui. C'est la recherche fondamentale qui ne se porte pas bien et qu'il faudrait encourager comme jamais.

Rappelons enfin un dernier chiffre, qui dit hélas tout : quelque 150 000 jeunes quittent le système scolaire, chaque année, vers l'âge de seize ans, à la fin de la scolarité obligatoire, sans véritable qualification. Certains d'entre eux ont obtenu le brevet des collèges mais chacun le sait, ce n'est pas un diplôme qui permet de s'insérer réellement dans la cité. C'est évidemment tragique. Ces chiffres-là sont à peu près les mêmes dans tous les pays d'Europe, notamment en Allemagne, en Belgique, en Suisse, où les résultats ne sont pas meilleurs qu'en France. Et quand on regarde les enquêtes internationales, on constate que ce ne sont pas les pays européens qui s'en tirent le mieux, loin de là. Sauf les pays d'Europe du Nord, la Finlande en particulier, les vieilles démocraties occidentales sont en très grande difficulté. J'ajoute ceci : j'ai mis presque dix ans à faire accepter ces chiffres – qui étaient violemment contestés, notamment par d'anciens ministres de gauche qui tenaient absolument, par démagogie, à enjoliver la situation. Le constat n'a fini par s'imposer que récemment.

Baisse du niveau ?

Si l'on veut tenter d'agir sur cette situation, et non la subir comme une fatalité, celle d'un déclin inexorable inscrit dans l'ordre des choses, encore faut-il tenter d'en comprendre les causes. D'où provient cette crise de la culture scolaire ?

Passons donc maintenant, après le diagnostic, à ce qu'un médecin appellerait l'« étiologie », c'est-à-dire l'analyse des causes. Elle est plus difficile qu'il n'y paraît. Je suis convaincu que, la plupart du temps, on a tendance à se précipiter sur des étiologies fausses, on donne des explications erronées qui sont, en vérité, ce que les psychanalystes appelleraient des « projections » : on développe ses propres fantasmes autour des questions scolaires. En fait, il y a 65 millions de spécialistes de l'école en France, 65 millions d'anciens élèves des écoles primaires ! C'est toujours à partir de ses propres souvenirs, de ses opinions politiques, de sa vision morale du monde que chacun projette ses interprétations sur ces sujets sans les avoir examinés de près, sans les avoir vraiment explorés comme le ferait un chercheur scientifique, en partant réellement des données du problème. Qu'entend-on, sur ce registre, le plus souvent ?

« Si ça va mal, entend-on souvent dire, c'est à cause de la massification de l'école. Quand on l'a démocratisée, on a augmenté la quantité, certes, mais on a perdu en qualité. » Cette explication, qui paraît pleine de bon sens à première vue et qui séduit toujours parce qu'elle est « politiquement peu correcte », est en réalité assez absurde : les difficultés que l'on rencontre se situent d'abord et avant tout à l'école primaire, et celle-ci est obligatoire depuis Jules Ferry ! Et même si, dans les campagnes, à l'époque des moissons ou des vendanges, les petits paysans manquaient encore un peu la classe dans les années 1920 et même 1950, globalement, cette école était déjà laïque, gratuite et obligatoire depuis la fin du XIXe siècle. Par conséquent, s'agissant de l'école primaire, cette hypothèse de la massification/démocratisation délétère ne vaut pas : elle était déjà largement accomplie dans les années 1920. Or, encore dans les années 1950-1960, les performances de nos élèves de l'école primaire étaient bien meilleures qu'aujourd'hui, notamment dans les secteurs que je viens d'évoquer, ceux de la lecture, de l'écriture et de la civilité.

On dit aussi : « Les professeurs sont mauvais, leur niveau a considérablement baissé... » C'est totalement faux ! Jamais les professeurs d'école, les instituteurs, n'ont été dans l'ensemble meilleurs qu'aujourd'hui. Le recrutement par concours des professeurs des écoles est infiniment plus exigeant que dans les années 1920, 1930, 1950 et 1970 a fortiori. Le niveau des concours de recrutement n'a cessé de s'élever. Maîtresses et (plus rarement !) maîtres sont de très grande qualité, s'expriment dans un excellent français, sont cultivés, pleins de bonne volonté et n'ont qu'un objectif en tête : la réussite de leurs élèves. Or c'est bien au primaire que les choses se décident, même si les difficultés se voient davantage au collège, parce les adolescents sont plus remuants. L'échec scolaire s'installe même, très précisément, au cours préparatoire. Il faut avoir en tête un chiffre : 80 % des enfants qui n'apprennent pas à lire au cours préparatoire (c'est-à-dire, en gros, à l'âge de sept ans) ne maîtriseront jamais la lecture.

La faute des écrans, vraiment ?

J'entends dire alors : « C'est à cause de la télévision (ou plus récemment, de l'ordinateur) ! » Ça y est, on tient le fautif, le vrai coupable : les écrans dévorent les écrits ! Cette fois, tout le monde se rassemble : chaque année, des dizaines de livres paraissent, qui critiquent la télévision, l'expansion du numérique, et vous expliquent que le déclin de la culture scolaire est de leur fait. Mais là encore (pardon de le dire, car je sais que je vais choquer certains), c'est encore une hypothèse absurde : la télévision n'est pas dans les écoles, elle est en dehors de l'école. Elle concurrence peut-être la lecture (et encore ce n'est nullement certain quand on pense à des émissions comme celles naguère de Bernard Pivot), mais certainement pas l'apprentissage de la lecture. Ne confondons pas les deux ! Certes, nous préférons tous un beau film, voire un film moyen, à un mauvais livre. Mais en tout cas, si nous parlons de l'apprentissage de la lecture, et pas de la lecture elle-même, il faut garder les pieds sur terre : nous avons, dans le cadre de l'école, les élèves sous notre responsabilité la plus grande partie de la semaine et cela, obligatoirement jusqu'à seize ans. Qu'on ne me dise pas que dans ce laps de temps, et quelle que soit la concurrence des écrans, il serait impossible de leur apprendre à lire et à écrire correctement ! Quoi que l'on prétende, le problème ne vient pas des écrans, même si c'est devenu un pont aux ânes que de critiquer la « vidéosphère » et la « médiacratie ».

Reste encore un dernier accusé qui a bonne figure de coupable : c'est la méthode globale ! On se fait applaudir à tout rompre dans tous les congrès, à droite comme à gauche, quand on déclare qu'il « faut enfin supprimer la méthode globale ». Succès garanti et hochements de tête satisfaits sur tous les bancs. Là encore, c'est une plaisanterie. La méthode globale d'apprentissage de la lecture n'existe plus dans nos établissements depuis au moins cinquante ans ! Si elle subsiste encore chez quelques fanatiques, c'est de manière totalement marginale, homéopathique. Elle a été remplacée depuis des lustres par des méthodes mixtes qui commencent, en effet, par un peu de « global » (ce qui fait croire à tort aux parents que c'est une méthode globale), mais qui passent aussitôt au b.a-ba le plus classique qui soit. Du reste, cela n'a rien d'absurde de commencer par un peu de global : il suffit d'entrer dans une école primaire pour remarquer que sous les portemanteaux des enfants, est écrit leur nom et que, très tôt, bien avant de savoir lire, ils sont capables de le reconnaître. Voilà pourquoi certaines méthodes partent de là pour passer, très rapidement, au b.a-ba, de la « méthode Boscher » comme dans mon enfance. Ce sont ces méthodes mixtes qui, dans 99,9 % des cas, prévalent dans nos écoles, et elles sont tout à fait raisonnables. Encore une fois, pardon d'y insister mais cette idée absurde est si profondément ancrée qu'il le faut bien : la méthode globale a été supprimée depuis des lustres et des lustres, et si tous les ministres de l'Éducation – moi y compris – terrassent à nouveau l'hydre, c'est de la pure communication.

Alors quelles sont les vraies causes ? Il ne sert à rien de critiquer les fausses étiologies si on n'indique pas les vraies. Il est vain d'aller chercher des responsabilités ou des responsables là où ils ne sont pas. Je pense que les vraies causes sont tout à fait ailleurs, et qu'elles sont beaucoup plus profondes qu'on ne l'imagine. Que, d'ailleurs, les difficultés que je viens d'évoquer sont présentes dans toutes les démocraties contemporaines, aux États-Unis davantage encore qu'en Europe. À la limite, plus un pays est moderne, plus il rencontre de problèmes.

Je crois que la situation s'explique pour une part par des erreurs pédagogiques, nous allons y revenir, liées à une lame de fond des sociétés modernes. Je dirais volontiers qu'elles étaient des « erreurs intelligentes », parce qu'elles étaient, au moins en apparence, justifiées par de bons arguments et qu'elles ont été commises par des gens de bonne volonté (je le dis sans ironie). Mais enfin, comme chacun sait, l'enfer est pavé de bonnes intentions et quels qu'en soient les motifs, ce sont quand même des erreurs qui ont entraîné des effets calamiteux.

L'erreur de l'autoconstruction

Commençons donc par ces erreurs pédagogiques pavées de bonnes intentions. De quoi s'agit-il?

La première provient du fait que, dans l'après-68, certains courants « pédagogiques », par opposition à ces « républicaïns » qui voulaient restaurer les bons vieux principes de l'école de la IIIe République, ont totalement oublié ou sous-estimé le fait que, dans l'enseignement comme dans l'éducation, dans les familles comme à l'école, au moins 80 % appartient à l'héritage, relève de la tradition, du patrimoine. Et notamment dans le domaine de la langue et de la civilité. Et, ce n'est pas un hasard, c'est d'abord et avant tout dans ces deux domaines que nos élèves sont en très grande difficulté. Pourquoi ? Parce que dans cet après-68, on a cédé à l'idéologie des méthodes dites actives, c'est-à-dire à l'illusion de l'autoconstruction des savoirs : on a pensé – et si ce n'était pas absurde sur le papier, c'était faux dans le réel – que les enfants n'apprendraient vraiment que ce qu'ils fabriqueraient par eux-mêmes, que ce qu'ils construiraient eux-mêmes. Cela s'est traduit très concrètement, dans les classes.

Dans la pratique, on a par exemple demandé aux enfants de rédiger les règlements intérieurs de l'école. Et on s'est dit : « S'ils les rédigent eux-mêmes, ils vont les appliquer, puisque ce sont eux qui les ont faits. » Hélas, cela ne change rien du tout, au contraire ! Les élèves s'amusent à rédiger les règles, ils ne leur obéissent pas pour autant. Et ils le font même d'autant moins qu'ils en sont les auteurs et qu'elles leur font moins peur ! On s'est dit aussi : « On va faire des auto-dictées, plutôt que la dictée couperet ; on va faire des textes d'invention, plutôt que la bonne vieille rédaction ; on va faire un travail sur les documents, en histoire, plutôt que de les contraindre à écouter un cours magistral. On va faire des disciplines d'éveil, faire pousser des radis dans le potager, fabriquer des moulins à eau, façon la "main à la pâte", des tonnes d'exercices à trous, où il faut simplement remplir des intervalles laissés en blanc pour "apprendre" les accords du pluriel ou du participe, etc. » Erreur totale ! La vérité, c'est que la plus grande partie de l'enseignement, comme de l'éducation du reste, relève de la tradition, du patrimoine. Et ce n'est nullement être réactionnaire que de le constater, mais juste du bon sens ! Aucun d'entre nous n'a créé sa langue maternelle, personne n'a inventé le français et c'est en ce sens que rien n'est plus traditionnel que la langue. « Bijoux, cailloux, choux, genoux... », ça s'apprend par cœur, et puis ça se répète dans les dictées ou dans des exercices. Ces exercices peuvent être intelligents – personne n'est obligé de faire des dictées stupides – mais ce sont quand même des exercices répétitifs plus que ludiques... La spontanéité, la créativité de l'enfant-roi, cela est sans doute très sympathique. Mais la créativité en matière de grammaire, cela s'appelle les fautes d'orthographe !

Même chose pour la civilité, bien évidemment. Les règles de politesse appartiennent au patrimoine ; ce sont des héritages, des traditions. Quand vous terminez une lettre par un « Monsieur, Madame, je vous prie d'agréer l'expression de mes sentiments les meilleurs », cela n'a rien de créatif, ni de spontané, ni d'imaginatif, ni d'autoconstruit ! Il est très rare qu'en ce domaine on puisse créer sans tomber dans l'impolitesse (sauf chez les très grands écrivains, et encore) et que l'on innove avec bonheur en matière de langue. Nous avons affaire là à deux patrimoines, deux héritages qui supposent, non pas l'attitude de l'enfant-roi qui prétend tout inventer par lui-même avec sa spontanéité géniale – tout le monde n'est pas Mozart –, mais au contraire le respect et l'humilité. L'idée d'autoconstruction des savoirs était donc très largement une erreur, intelligente peut-être, mais une erreur quand même. Mieux vaut apprendre par cœur l'accord du participe avec le verbe « avoir », mieux vaut savoir qu'on l'accorde avec le complément d'objet quand il est placé avant l'auxiliaire et faire pour s'en imprégner des dictées à répétition jusqu'à ce qu'on ait parfaitement compris, plutôt que d'attendre de découvrir la règle par soi-même !

Les antihumanistes

On voit bien comment l'idéologie de l'élève chercheur et créateur, qui apprendrait en découvrant par lui-même, a du plomb dans l'aile. Mais comment cette illusion pédagogique a-t-elle pu rencontrer un aussi large écho ?

C'est qu'elle participe d'un « air du temps » qu'ont entretenu bien des théories à prétention scientifique ou philosophique. Prenons l'exemple de Claude Lévi-Strauss. Je cite volontiers un passage de *Tristes Tropiques* (1955) qu'on me permettra de reprendre ici, tant il éclaire un antihumanisme caricatural. Pour le fondateur de l'anthropologie structurale, l'invention de l'écriture, loin d'être un élément de progrès ou de civilisation, voire un facteur d'émancipation des individus, ne fut au contraire que le symptôme d'une volonté féroce d'asservir les hommes. Il trouve alors des accents qui annoncent, entre autres, Pierre Bourdieu ou Michel Foucault, pour dénoncer le projet même de l'école publique, laïque, gratuite et obligatoire. Contraindre les enfants à apprendre à lire et à écrire, voilà assurément une entreprise de domination au plus haut point funeste...

> Après avoir éliminé tous les critères possibles pour distinguer la barbarie de la civilisation, on aimerait au moins retenir celui-là : peuples avec ou sans écriture, les uns capables de cumuler les acquisitions anciennes et progressant de plus en plus vite vers le but qu'ils se sont assigné tandis que les autres, impuissants à retenir le passé au-delà de cette frange que la mémoire individuelle suffit à fixer, resteraient prisonniers d'une histoire

fluctuante à laquelle manqueraient toujours une origine et la conscience durable du projet.

Pourtant, rien de ce que nous savons de l'écriture et de son rôle dans l'évolution ne justifie une telle conception... Si l'on veut mettre en corrélation l'apparition de l'écriture avec certains traits caractéristiques de la civilisation, il faut chercher dans une autre direction. Le seul phénomène qui l'ait fidèlement accompagnée est la formation des cités et des empires, c'est-à-dire l'intégration dans un système politique d'un nombre considérable d'individus et leur hiérarchisation en classes et en castes. Telle est en tout cas l'évolution typique à laquelle on assiste depuis l'Égypte jusqu'à la Chine au moment où l'écriture fait son début : elle paraît favoriser l'exploitation des hommes avant leur illumination...

Regardons plus près de nous : l'action systématique des États européens en faveur de l'instruction obligatoire, qui se développe au cours du XIXe siècle, va de pair avec l'extension du service militaire et la prolétarisation. La lutte contre l'analphabétisme se confond ainsi avec le renforcement du contrôle des citoyens par le Pouvoir. Car il faut que tous sachent lire et écrire pour que ce dernier puisse dire : nul n'est censé ignorer la loi. Du plan national, l'entreprise est passée sur le plan international grâce à cette complicité qui s'est nouée entre de jeunes États confrontés aux problèmes qui furent les nôtres il y a un ou deux siècles, et une société internationale de nantis inquiète de la menace que représentent pour la stabilité les réactions de peuples mal entraînés par la parole écrite à penser en formules modifiables à volonté et à donner prise aux efforts d'édification. En accédant au savoir entassé dans les bibliothèques, ces peuples se rendent vulnérables aux mensonges que les documents imprimés propagent en proportion encore plus grande...

Nul doute que la montée de l'illettrisme, le déclin de la maîtrise de la langue et, plus généralement, la crise de la lecture rassureraient aujourd'hui pleinement Lévi-Strauss s'il était encore de ce monde !

Une « sainte ignorance »

C'est en effet un plaidoyer assez stupéfiant contre l'éducation et la culture. Vous évoquiez aussi le sort réservé à la politesse...

La remise en cause des principes fondamentaux de la civilité (qui nous permet, comme on dit volontiers aujourd'hui, de « vivre ensemble ») mérite en effet l'attention, tant elle manifeste certains aspects de la modernité démocratique. Comme l'a très bien montré Philippe Raynaud dans son livre *La Politesse des Lumières*[89], la civilité fait l'objet, depuis Rousseau jusqu'à Mai 68, non seulement d'une lente désagrégation, mais bel et bien d'une critique en règle qui participe de la déconstruction moderne des traditions. Même s'il a des prédécesseurs (comment ne pas songer à l'Alceste de Molière ?), c'est sans doute avec Rousseau que tout commence vraiment. Pour lui la politesse et la science sont également critiquables, car contraires à la nature autant qu'à la « sainte ignorance » qui seule est censée, selon l'auteur du *Contrat social*, assurer la vertu et la pureté du cœur contre la corruption des mœurs. Tel est l'objet du fameux éloge de Sparte contre Athènes qu'on trouve déjà dans son fameux *Discours sur les sciences et les arts* :

> Ce fut dans le sein même de la Grèce qu'on vit s'élever cette cité aussi célèbre par son heureuse ignorance que par la sagesse de ses lois, cette république de demi-dieux plutôt que d'hommes tant leurs vertus semblaient supérieures à l'humanité. Ô Sparte ! Opprobre éternel d'une vaine doctrine ! Tandis que les vices conduits par les Beaux-Arts s'introduisaient ensemble dans Athènes, tandis qu'un tyran y rassemblait avec tant de soin les ouvrages du Prince des Poètes, tu chassais de tes murs les arts et les artistes, les sciences et les savants. L'événement marqua cette différence. Athènes devint le séjour de la politesse et du bon goût, le pays des orateurs et des philosophes.

Aux yeux de Rousseau, Lycurgue, le grand législateur mythique de Sparte, l'emporte de loin sur Pisistrate, le tyran d'Athènes qui fit réunir et éditer les œuvres du « Prince des Poètes », c'est-à-dire d'Homère. Comme les jeunes Spartiates, Émile n'aura pas ou peu de livres, la culture écrite étant désormais suspecte de corrompre la pureté de l'âme innocente de l'enfant. Dans le même esprit Saint-Preux, le héros de *La Nouvelle Héloïse*, se livre dans ses lettres à Julie à une critique dévastatrice de l'artifice et de l'hypocrisie des salons parisiens : on ne saurait rien apprendre « dans ces conversations si charmantes ».

On retrouvera de tels arguments contre la civilité dans la sociologie marxiste de la « distinction », notamment dans les travaux de Pierre Bourdieu : les « bonnes manières », et l'aisance qu'elles donnent à celui qui les maîtrise depuis l'enfance du fait de son milieu social, marquent une appartenance de classe en même temps qu'une barrière ; l'élégance bourgeoise et le parisianisme « distinguent » l'heureux élu des couches populaires comme de la « province » où l'on ignore largement les codes « délicats » de la mondanité.

Selon Rousseau, la politesse appelle une autre critique : dans le mot même, on entend « polir », c'est-à-dire raboter, gommer les aspérités. On impose aux enfants le plus détestable conformisme social, qui étouffe la personnalité, comme le proclame ce passage du *Discours sur les sciences et les arts* :

> Il règne dans nos mœurs une vile et trompeuse uniformité et tous les esprits semblent avoir été jetés dans un même moule : sans cesse la politesse exige, la bienséance ordonne ; sans cesse on suit des usages, jamais son propre génie. On n'ose plus paraître ce qu'on est ; et dans cette contrainte perpétuelle les hommes qui forment ce troupeau qu'on appelle société, placés dans les

mêmes circonstances, feront les mêmes choses si des motifs puissants ne les en détournent. On ne saura donc jamais bien à qui l'on a affaire et il faudra, pour connaître son ami, attendre les grandes occasions, c'est-à-dire attendre qu'il ne soit plus temps, puisque c'est pour ces occasions mêmes qu'il eût été essentiel de le connaître.

Ainsi radicalement contestée, la politesse n'apparaît plus que comme une forme d'hypocrisie, une manière sophistiquée, pour ne pas dire sophistique, de dissimuler sous des dehors plaisants le fond de sa pensée et de ses partis pris : aussi bien, selon Rousseau, « quand un homme feint de préférer mon intérêt au sien propre, de quelque démonstration qu'il colore ce mensonge, je suis très sûr qu'il en fait un ». On comprend que notre époque, qui, nous l'avons vu, prône l'authenticité plus que l'effort sur soi, fasse volontiers écho à ces condamnations.

La pédagogie de l'hameçon

Une deuxième erreur touche le rapport entre motivation et travail. Que voit-on, là aussi ? Dans la fameuse « rénovation pédagogique » des années 1970-1980, on a observé une formidable montée en puissance de l'idéologie selon laquelle – et là encore, cela semble fort judicieux à première vue, sur le papier – il faudrait d'abord motiver nos enfants pour les faire travailler dans un second temps. Très bien. On est donc arrivé avec des guitares, des chansons des Beatles, des films qui parlaient du sexe, que sais-je encore, et on a essayé d'accrocher les enfants. C'est ce que j'appelle la « pédagogie de l'hameçon » : il s'agit de les appâter en commençant par les intéresser (s'inspirant de la théorie des centres d'intérêt de Decroly, car il existait bien entendu toute une littérature pédagogique en arrière-fond). « On va donc accrocher l'enfant comme un poisson après l'hameçon, en ayant mis un appât bien rutilant et puis, une fois accrochés, ils travailleront. » Hélas, peut-être les accroche-t-on, mais ils ne travaillent pas ensuite pour autant !

En vérité, c'est le contraire qui se produit : on ne s'intéresse jamais qu'à ce à quoi on a d'abord beaucoup travaillé. Ceci est un grand paradoxe, je le reconnais, mais finalement assez évident quand on y réfléchit un peu : le travail précède l'intérêt, pas l'inverse. Tous ceux qui ont vraiment travaillé une discipline dans leur vie, quelle qu'elle soit – mathématiques, chimie, géographie, littérature, philosophie, ce que vous voulez – le savent : c'est seulement après avoir énormément travaillé que ça devient intéressant et qu'on découvre que même la chimie, même la géographie peuvent être passionnantes, même si, au départ, elles ne l'étaient pas. Est-ce que vous croyez que j'ai traduit la *Critique de la raison pratique* de Kant ou lu l'*Éthique* de Spinoza pour m'amuser ? Certainement pas. Cela n'a rien d'amusant. Mais quand on a beaucoup travaillé et qu'on commence à savoir vraiment de quoi il retourne, on découvre que l'entreprise est géniale, formidablement passionnante.

Du reste, qu'est-ce que c'est qu'un grand professeur ? Tout sauf un animateur culturel. Un grand professeur, c'est quelqu'un qui par son charme, son charisme à proprement parler, la séduction qu'il exerce, l'impression au sens propre hors du commun qu'il vous donne, vous fait entrer dans un monde de la connaissance, un univers des grandes œuvres que vous ne connaissiez pas, que vous ne soupçonniez même pas, qui ne vous intéressait nullement a priori, mais dans lequel vous entrez parce que vous avez été charmé, séduit, impressionné par cette personne qui vous semble exceptionnelle. Un grand professeur, ça peut être aussi bien une maîtresse de maternelle qu'un titulaire de chaire à l'université. Mais le ticket d'entrée dans ce monde de la connaissance, des grandes œuvres, il n'a qu'un seul nom : le travail. Si vous connaissez un moyen de faire travailler vos enfants sans recourir à un moment d'autorité, je veux bien être pendu sous un fraisier… Si je n'ai pas l'autorité pour faire travailler mes propres enfants, ils ne travaillent pas. Le travail, c'est le ticket d'entrée dans le monde de la culture scolaire. On n'y entre pas par le jeu, par une espèce d'hameçon coloré, un miroir aux alouettes. L'illusion ludique a fait long feu. En quoi le travail, je le redis, précède l'intérêt et pas l'inverse !

Bien sûr, je force le trait pour me faire comprendre, parce que le bâton a été tellement tordu dans le mauvais sens qu'il faut le redresser. Cela ne signifie évidemment pas qu'il ne faille pas donner une idée à ses élèves ou à ses enfants de l'intérêt qu'ils vont trouver dans la culture scolaire, mais le meilleur moyen de leur donner cette idée, c'est d'être intéressant soi-même et de faire partager son propre intérêt.

Le piège du jeunisme

Erreur de penser que l'élève apprendrait mieux en découvrant par lui-même, ou si on lui présentait les choses en cherchant d'abord à l'intéresser et à l'amuser... D'autres erreurs pédagogiques, encore ?

Oui. La troisième erreur, c'est ce qu'on a appelé le « jeunisme », et c'est une erreur calamiteuse ! Depuis quarante ou cinquante ans, on ne cesse de caresser les jeunes dans le sens du poil, on ne cesse de les flatter avec la démagogie la plus effrayante, on ne cesse d'expliquer qu'être jeune, c'est formidable, c'est merveilleux ! Évidemment, là encore, ne passons pas de l'autre côté du cheval, je ne dis pas que la vieillesse est un idéal. Ce peut être aussi un naufrage, comme chacun sait. Mais ce que je veux dire, et que je disais aux jeunes gens que je rencontrais quand j'étais ministre de la Jeunesse, c'est qu'on n'est rien de grand à dix ans. À cet âge-là, on peut être un bout de chou adorable, on peut être un petit garçon ou une petite fille absolument craquants, mais on n'est pas un grand poète ; à dix ans, on n'est pas un grand musicien, ni un grand philosophe, ni un grand écrivain. On n'est pas non plus un grand scientifique, on n'est même pas un grand joueur de tennis ou un grand footballeur, si on veut prendre des exemples en dehors de la culture et de la connaissance. À dix ans, on n'est rien de grand, voilà tout !

Il faut donc dire clairement aux enfants que le monde des adultes, quand il est réussi évidemment (car il peut aussi être raté), est plus passionnant, plus intense, plus grandiose et plus intéressant que le monde de l'enfance. Il faut absolument sortir nos enfants de ce que j'appellerai le « syndrome de Peter Pan », le petit garçon qui ne veut pas grandir et veut rester dans le monde de l'imaginaire, dans le monde de l'enfance, celui de la fée Clochette et du Capitaine Crochet. La vérité, encore une fois, c'est que le monde des adultes, quand il est réussi, lui est infiniment supérieur ! Or, aujourd'hui, on présente les choses comme si les jeunes et les vieux étaient deux tribus : les jeunes s'éclatent avec la techno, les vieux s'ennuient avec Mozart. Il faut être capable de dire, avec un tout petit peu de courage, que Mozart, c'est mieux que la techno ! Qu'entrer dans le monde des adultes, c'est aussi découvrir des grandes œuvres qui sont infiniment supérieures à cette pseudo-culture jeune qu'on vend à nos enfants à jet continu, mais qui les abrutit davantage qu'elle ne les élève. Quelquefois, le bon sens, en matière d'éducation, n'est pas une mauvaise chose... Aujourd'hui, on ne peut pas voir un comédien ou un chanteur, invité sur un plateau de télévision à faire l'intéressant, sans qu'il nous explique, dès qu'il a trois cheveux blancs, qu'il est resté jeune, qu'il a un cœur d'enfant, et que c'est admirable, qu'il a dix ans, qu'il est encore tout gamin, etc. Si nous donnons à nos enfants l'idée que devenir adulte, devenir une « grande personne » pour parler comme Saint-Exupéry dans *Le Petit Prince*, et même prendre quelques rides et quelques cheveux blancs, c'est une horreur, une catastrophe absolue, alors nous minons dès le départ le projet éducatif, nous le dynamitons à la racine. Car grandir, éduquer et être éduqué, c'est simplement passer de l'enfance à l'âge adulte. Et si on dévalorise le but final, à savoir l'entrée dans un monde des adultes réussi, alors on dévalorise non seulement la finalité du projet éducatif mais la trajectoire elle-même, et ce n'est pas rendre service à nos enfants ni à nos élèves.

La déconstruction des valeurs

Vous disiez tout à l'heure qu'il serait peu honnête et dérisoire de chercher des responsabilités individuelles ou des explications simplistes à la crise actuelle et qu'outre ces erreurs pédagogiques, il fallait incriminer un mouvement plus profond de nos sociétés.

Je disais en effet qu'en dehors de ces trois « erreurs intelligentes » – qui en tout cas, n'étaient pas absurdes sur le papier, mais encore une fois : l'enfer est pavé de bonnes intentions –, il y a une lame de fond : c'est la déconstruction des valeurs traditionnelles au XXe siècle sous l'effet de la montée en puissance de la mondialisation libérale. Il s'agit évidemment d'un phénomène aussi frappant que porteur de conséquences infinies, notamment sur le plan pédagogique. Au XXe siècle, on a déconstruit la tonalité en musique, on a déconstruit la figuration en peinture, on a déconstruit les règles traditionnelles du roman avec le Nouveau Roman, on a déconstruit les règles traditionnelles du théâtre et même du cinéma, de la danse dite « classique ». Et on a aussi essayé, en Mai 68, de déconstruire les grandes visions morales traditionnelles, qu'elles fussent d'ailleurs religieuses ou laïques et républicaines. Nous avons vécu, en Europe, un siècle de déconstruction des traditions et des héritages comme jamais dans l'histoire de l'humanité.

Cette déconstruction s'est accompagnée – c'est la même chose, le revers de la médaille ou du moins son autre face – de toute une série d'innovations, parfois magnifiques du reste, notamment dans le domaine scientifique. On a inventé, on a fait des découvertes qui ont souvent des retombées, notamment en matière médicale, extraordinairement bénéfiques pour l'humanité tout entière. En quoi je ne suis nullement pessimiste ni « réactionnaire » : je ne songe nullement à restaurer un passé perdu, j'essaie seulement de comprendre ce qui nous est arrivé. Je ne vous jouerai pas l'air de la nostalgie ou du déclin façon Philippe Muray. Pour ne donner qu'un exemple (mais j'y tiens et je crois que je ne suis pas le seul), le XXe siècle aura aussi été celui de l'émancipation des femmes et comme je suis convaincu qu'il n'y a pas d'homme libre sans femme libre, c'est à mes yeux une excellente nouvelle. Quand on pense que dans un pays comme la Suisse, un pays parfaitement « civilisé » et démocratique, dans un canton comme l'Appenzell, les femmes n'ont obtenu le droit de vote – je parle en l'occurrence du droit de vote cantonal – que le 28 avril 1991, on ne peut pas regretter cette émancipation, cette innovation. Et quand on pense que chez nous, en 1975, l'homme était encore défini comme le chef de famille, que la femme était obligée de demander, sous un régime normal de la communauté, l'autorisation de son mari pour ouvrir un compte en banque ou même pour se faire prescrire la pilule par son médecin, on ne peut pas ne pas mesurer les progrès accomplis.

Ce siècle aura été aussi celui d'une certaine libération sexuelle, celle des homosexuels, en particulier, qui étaient littéralement persécutés dans les temps plus anciens. Il faut rappeler qu'en 1990 encore, l'Organisation mondiale de la santé (OMS) définissait l'homosexualité comme une maladie, comme une perversion. Pour donner encore un exemple de progrès, la longévité a augmenté chez nous dans des proportions fabuleuses. Rappelons qu'au début du XIXe siècle, la durée de vie d'un individu moyen était de trente-cinq ou quarante ans. Aujourd'hui, on vit en Europe jusqu'à quatre-vingts ans. Et on vit beaucoup mieux. Beaucoup plus longtemps et beaucoup mieux, ça n'est pas si mal !

Donc, ne passons pas les innovations par pertes et profits, car parfois, elles ont été magnifiques.

Mais, en matière scolaire, la situation est différente. Dans ce domaine – j'ai évoqué tout à l'heure une comparaison entre nos élèves d'aujourd'hui et ceux des années 1920 –, pour tout ce qui relève de la transmission d'un héritage, d'un patrimoine, et notamment, nous l'avons dit, en matière de civilités, ou de politesse pour l'appeler par son vieux nom, ou encore en matière de maîtrise de la langue, la déconstruction des traditions et l'émancipation des individus ont donné des résultats catastrophiques. La montée en puissance des incivilités est évidemment liée à cette « émancipation » des individus qui s'arrachent des carcans traditionnels pour le meilleur parfois, mais parfois aussi pour le pire. Pour le meilleur, parce qu'ils sont plus libres, en effet ; mais pour le pire, parce que cette liberté s'accompagne souvent d'un manque de souci de l'autre comme d'un manque de respect des règles et des autorités sous toutes leurs formes, du policier au ministre en passant par le professeur, le pompier ou le conducteur d'autobus.

Ce que j'affirme là relève pour ainsi dire de la tautologie. Mais allons plus loin : il faut le dire et le redire, la grande responsabilité, en la matière, est d'abord et avant tout celle du monde capitaliste, puisque c'est lui qui a été à l'origine de toutes ces innovations/déconstructions. J'ai souvent parlé de la schizophrénie de l'homme de droite, celle du chef d'entreprise qui, dans sa maison, dans son « privé » comme on dit en

Belgique, voudrait que ses enfants soient élevés traditionnellement, qu'on n'utilise pas la méthode globale mais la méthode Boscher, qu'on les cadre bien, qu'on transmette les bonnes vieilles valeurs. Mais dès qu'il se retrouve dans son entreprise et qu'il quitte sa famille, il est moderniste, il dit à ses troupes : « Innovez ! Innovez ! Innovez encore, ne vous embourgeoisez pas ! Ne vous encroûtez pas ! Cassez les habitudes, les conventions et les traditions ! Soyez créatifs ! » Et il plaide pour le déracinement incessant, pour l'innovation permanente. Vous pouvez formuler les choses comme vous voudrez : il y a bien là une espèce de schizophrénie chez ce libéral qui veut le beurre, l'argent du beurre et le sourire du laitier ; qui veut à la fois l'enfant bien élevé, traditionaliste dans sa famille, mais l'enfant zappeur, consommateur, pour que son entreprise tourne, que la croissance et la consommation augmentent, bref, pour que les ventes prospèrent. Il y a là une contradiction culturelle majeure dans l'univers de la mondialisation libérale : voulons-nous un monde d'enfants bien élevés, intelligents et cultivés pour que notre famille se porte bien et que ceux que nous aimons s'épanouissent intelligemment, ou voulons-nous fabriquer un peuple d'enfants zappeurs/consommateurs, pour que les entreprises vendent ce qu'elles ont à vendre ?

Le passé idéalisé

Si le constat de la crise de la culture scolaire s'impose, les avis divergent quant à l'analyse des causes, et sans doute plus encore lorsqu'il s'agit de proposer des remèdes. Beaucoup ont la tentation de prôner la simple restauration d'un passé supposé meilleur...

La nostalgie est mauvaise conseillère... Faut-il revenir au bon vieux temps, à l'école de la IIIe République avec ses blouses grises, ses bons points et ses bonnets d'âne, ses porte-plumes et ses encriers en porcelaine emplis d'encre violette? Faut-il remettre à tout prix l'histoire de France édifiante du bon Lavisse au programme en même temps que la méthode syllabique et les coups de règle sur les doigts? Ayons la franchise de le dire : l'idéalisation de la IIIe République est absurde, et témoigne seulement d'une totale méconnaissance des réalités du passé.

À ceux qui y voient un âge d'or, rappelons d'abord qu'à défaut d'incivilités à l'école, la criminalité générale était alors infiniment supérieure à ce qu'elle est de nos jours, l'espérance de vie incroyablement faible (autour de quarante ans), la misère omniprésente dans les villes, l'analphabétisme encore répandu dans les zones rurales, notamment celui des jeunes filles, le productivisme dévastateur, le nationalisme belliqueux, le scientisme athée d'un dogmatisme insupportable et le racisme colonial porteur des pires catastrophes...

On oublie trop souvent aujourd'hui ce racisme que manifestent les déclarations de bien des grands noms de l'époque, pleines d'une arrogance et d'un mépris qui laissent sans voix. Ainsi Jules Ferry, dans un de ses discours sur la colonisation, prononcé à la Chambre le 30 juillet 1885 :

> Messieurs, il faut parler plus haut et plus vrai ! Il faut dire ouvertement qu'en effet, les races supérieures ont un droit vis-à-vis des races inférieures. Je répète qu'il y a pour les races supérieures un droit, parce qu'il y a un devoir pour elles. Elles ont le devoir de civiliser les races inférieures. Je soutiens que les nations européennes s'acquittent avec largeur, grandeur et honnêteté de ce devoir supérieur de la civilisation.

Et Paul Bert, ministre de l'Éducation, membre éminent de la Société d'anthropologie de Paris, qui finira sa carrière comme résident supérieur de l'Annam-Tonkin, écrivait avec assurance :

> Les nègres [...] sont bien moins intelligents que les Chinois et surtout que les Blancs. Il faut bien voir, ajoutait-il, que les Blancs étant plus intelligents, plus travailleurs, plus courageux que les autres, ils ont envahi le monde entier et menacent de détruire ou de subjuguer toutes les races inférieures. Et il y a des hommes qui sont vraiment inférieurs. Ainsi l'Australie est peuplée par des hommes de petite taille, à peau noirâtre, à cheveux noirs

et droits, à tête très petite, qui vivent en petits groupes, n'ont ni culture ni animaux domestiques (sauf une espèce de chien) et sont fort peu intelligents.

Il ne suffit pas d'expliquer ces propos par l'air du temps et le contexte du XIXe siècle finissant, puisque d'autres voix ont alors su se faire entendre, comme celle de Clemenceau, à la fois réaliste et visionnaire, qui répliquait à Jules Ferry :

> Races supérieures ! Races inférieures ! C'est bientôt dit ! Pour ma part, j'en rabats singulièrement depuis que j'ai vu les savants allemands démontrer scientifiquement que la France devait être vaincue dans la guerre franco-allemande parce que le Français est d'une race inférieure à l'Allemand. Depuis, je l'avoue, j'y regarde à deux fois avant de me tourner vers un homme et vers une civilisation et de prononcer : homme ou civilisation inférieurs... Regardez l'histoire de la conquête de ces peuples que vous dites barbares et vous y verrez la violence, tous les crimes déchaînés, l'oppression, le sang coulant à flots, le faible opprimé, tyrannisé par le vainqueur ! Voilà l'histoire de votre civilisation ! Et c'est un pareil système que vous essayez de justifier dans la patrie des droits de l'homme ? Parler à ce propos de civilisation, c'est joindre l'hypocrisie à la violence !

Comme on le voit dans les propos de Jules Ferry, le lien entre projet éducatif et politique coloniale n'est pas accidentel. Mais, malgré cette hypothèque, peut-on du moins considérer qu'en matière scolaire la situation était alors bien supérieure à celle que nous connaissons aujourd'hui ? En vérité, il n'en est rien et c'est, là encore, une idée reçue hors de tout examen un tant soit peu sérieux de la réalité des faits. Commençons donc, contrairement au fameux adage de Rousseau, par ne pas tous les écarter d'un revers de main. Si la IIIe République consolide, au niveau de l'enseignement élémentaire, les progrès constants accomplis tout au long du XIXe siècle, il en va tout autrement du secondaire.

Le baccalauréat, créé par décret impérial le 17 mars 1808, ne compte lors de sa première session que 31 lauréats. En 2008, deux siècles après, il y en a 500 000 ! Mais tout au long de ce XIXe siècle tant idéalisé aujourd'hui par nos « républicains », le nombre annuel de bacheliers ne dépasse jamais les 10 000 lauréats et ce jusqu'en 1920. C'est seulement à partir des années 1920 que ce nombre passe de 1 % à 2 % d'une classe d'âge ! Continuons à regarder les chiffres. En 1950, il y a 30 000 lauréats (5 %) ; en 1960, ils sont 60 000 (11 %) ; en 1968, on en compte 170 000 (20 %)... La progression s'accélérant jusqu'à nos jours. Le moins qu'on puisse dire, c'est qu'au cours de la IIIe République, la démocratisation de l'enseignement n'a jamais eu lieu : il faudra attendre la deuxième partie du XXe siècle pour que la situation change radicalement.

Face à ce rappel, l'objection est traditionnelle : certes, me dira-t-on, on a démocratisé le bac au XXe siècle, mais du coup, le niveau s'est effondré. C'est sans aucun doute exact si l'on compare le cinq cent millième lauréat d'aujourd'hui au dix millième de 1920, lequel avait à coup sûr un niveau de culture et d'orthographe très supérieur. Mais si vous prenez les 10 000 meilleurs d'aujourd'hui, voire les 50 000, je suis prêt à parier qu'ils n'ont rien à envier à ceux des années 1920, qu'ils sont sans doute bien supérieurs en sciences, probablement aussi en histoire, en lettres et en ouverture d'esprit. Et songeons un instant à la situation des filles ! La première jeune fille à obtenir le bac en France – elle s'appelle Julie Daubié – ne réussit cette performance qu'en 1861 ! Et pour cause : l'examen était jusqu'alors réservé aux garçons, la scolarisation des filles étant considérée comme inutile, voire nuisible comme du reste le droit de vote des femmes – ce qui déjà à soi seul devrait interdire l'idéalisation de cette période. Bien plus, ce n'est que dans les années 1920 qu'elles recevront un enseignement secondaire identique à celui des garçons, même si l'apprentissage de la couture et de la cuisine restera de règle jusqu'en Mai 68 ! À l'université, la scolarisation est plus encore marquée par un élitisme qui n'a rien de républicain : 50 000 étudiants en 1900, seulement 135 000 en 1950 encore, contre 1 500 000 en 2013. Et là aussi, si le niveau moyen est peut-être moins bon que par le passé, ce n'est évidemment pas vrai pour la proportion d'étudiants excellents qui augmente considérablement par rapport au XIXe siècle.

Refusons donc la facilité qui consiste à idéaliser la France d'hier pour mieux noircir celle d'aujourd'hui.

Malgré tous ses défauts, malgré les menaces qui pèsent sur l'avenir – mais quelle époque en fut exempte ? – notre société est infiniment plus libre et plus prospère, moins violente et moins analphabète qu'aux temps anciens dont rêvent encore certains.

CHAPITRE 20

Une nouvelle conception de l'éducation

Revaloriser la pédagogie du travail

Redonner sens au projet républicain, sans tomber dans l'illusion de la nostalgie et le rêve d'une restauration, en évitant de replonger dans des erreurs pédagogiques... Plus que de mesures techniques, l'école n'a-t-elle pas besoin que notre société repense l'éducation ?

Luc Ferry : Les mots ont un sens. Permettez-moi, dans le sillage des propos de Hugo qu'Alain Boissinot a cités, de distinguer entre « éducation » et « enseignement ». Ce sont des registres différents, ce qui ne signifie évidemment pas qu'il n'y ait pas des recoupements. L'enseignement, pour l'essentiel, c'est ce qui relève des *professeurs*, ce qui concerne les *élèves* dans un lieu *public*, l'établissement scolaire. L'éducation, c'est plutôt l'affaire des *parents* en direction, non pas des élèves mais des *enfants*, dans un cadre *privé*, celui de la famille. Des parents peuvent enseigner et des professeurs éduquer, cela va de soi, mais ces tâches ne se confondent pas, et pour l'essentiel, c'est bien aux professeurs qu'il revient d'enseigner et aux parents d'éduquer. Si j'insiste sur cette remarque, c'est que trop souvent aujourd'hui, les familles se déchargent des tâches de l'éducation sur les professeurs. Mais la vérité, c'est que si les enfants ne sont pas déjà relativement bien éduqués, s'ils n'ont pas un minimum de principes de civilité quand ils arrivent à l'école, l'enseignement devient pratiquement impossible. Or dans la famille comme dans l'école, chez les parents comme chez les professeurs, nous rencontrons aujourd'hui avec nos enfants/élèves des difficultés spécifiques à l'époque. Dans le prolongement des analyses que j'ai esquissées à propos des périodes précédentes, je crois qu'il nous faut repenser certaines notions-clés.

Je considère, par exemple, que la première chose à faire, c'est de revaloriser ou plus exactement de valoriser par d'autres biais, par des motivations nouvelles – un retour en arrière n'est jamais ni possible ni même souhaitable – la pédagogie du travail. Dans les *Réflexions sur l'éducation* de Kant, qui reprennent d'ailleurs en grande partie la pensée que Rousseau a exprimée dans son grand livre, l'*Émile*, on voit se mettre en place ce qu'on pourrait appeler l'« antinomie » de l'éducation. Cette antinomie a été magnifiquement analysée par Alexis Philonenko, un très grand historien de la philosophie, dans l'introduction qu'il a rédigée pour l'édition française de ces *Réflexions sur l'éducation.*

Kant, dans cet ouvrage majeur, distingue en effet trois philosophies de l'éducation. La première, c'est la philosophie traditionnelle, la pédagogie du dressage. Comme chaque philosophie de l'éducation possède un équivalent dans la sphère politique, on peut dire que le dressage correspond sur le plan politique à l'absolutisme, à la monarchie absolue. Le dressage, c'est le principe fondamental de l'éducation traditionnelle, celle qui considère l'enfant comme un vase vide dans lequel on va déverser des connaissances, comme s'il n'était pas un être libre, mais une sorte de petit animal.

De l'autre côté, à l'extrême opposé de notre antinomie, on a la pédagogie du jeu. Dès l'époque de Kant et Rousseau, on voit se mettre en place des doctrines qui prônent une éducation par le jeu. Par exemple, remplacer les mathématiques par le jeu d'échecs. Notez bien que dans l'éducation par le dressage, l'enfant est considéré comme un être intégralement passif ; dans l'éducation par le jeu, on le considère au contraire – c'est l'apparition, déjà, de ce qu'on appellera les « méthodes actives » – comme un être intégralement actif. Le modèle politique qui correspond à la pédagogie du jeu est l'anarchisme, dont les premières doctrines apparaissent déjà, elles aussi, à cette époque. Donc, d'un côté, l'enfant est un être privé de liberté, tout passif, un réservoir vide ; et de l'autre, il est tout actif, entièrement libre.

La pédagogie du travail, qui correspond sur le plan politique à l'idéal républicain, va tenter la synthèse de cette antinomie, le dépassement de cette opposition radicale. Pourquoi ? Parce que, dans le travail, l'élève est à la fois actif et passif, libre et contraint. Il est passif parce qu'on a mis devant lui un obstacle et qu'il y a une passivité du réel, une contrainte qui s'oppose à lui, une résistance de la réalité qui correspond à une passivité en lui ; mais il est également actif et libre, au sens où, en surmontant ces obstacles, en résolvant activement des problèmes, il se forme peu à peu. Il apprend. C'est du reste en ce point que la notion de « problème » à résoudre prend tout son sens scolaire : *problema*, en grec, c'est ce qui est jeté devant, c'est ce qu'on jette pour ainsi dire devant l'enfant, les obstacles qu'on dispose devant lui et dont on postule qu'en les surmontant, il va se former.

En quoi cette conception de la pédagogie correspond-elle à l'idée républicaine ? C'est un héritage de Rousseau, de la théorie de la loi qu'il expose dans le *Contrat social*. Dans la conception démocratique et républicaine de la loi, le citoyen, en effet, est lui aussi, comme l'élève devant un problème, tout à la fois actif et passif. Comme dit Rousseau dans un passage bien connu du *Contrat social*, il est à la fois « souverain et sujet ». Qu'est-ce que cela veut dire ? Il est souverain, c'est-à-dire actif et libre, quand il vote la loi – il la vote activement, il la choisit –, mais une fois qu'il a voté la loi, elle lui « retombe » pour ainsi dire dessus, et il redevient sujet, c'est-à-dire qu'il redevient un être soumis à une autorité, un être passif. En quoi le travail « colle », si je puis dire, avec l'idée républicaine, avec l'idée méritocratique.

Je pense qu'il faut valoriser le travail ainsi conçu, et qu'il ne faut pas le faire en revenant à des principes traditionnels en une illusoire démarche restauratrice :

il faut tout simplement le faire par amour pour nos enfants, c'est-à-dire par un motif typiquement moderne, en comprenant enfin qu'il est vital pour eux de les faire travailler, de les faire entrer dans le monde de la culture et de la connaissance. De la même façon il nous faut redéfinir l'autorité, sans laquelle il n'y a ni enseignement ni éducation.

Libertés* versus *autorités

Est-il réellement « interdit d'interdire » ? Bientôt cinquante ans après, l'inanité d'un des plus fameux slogans de Mai 68 ne fait guère de doute, même aux yeux des « vétérans » quelque peu revenus aujourd'hui des illusions de leurs vingt ans. Qui pourrait prétendre élever un enfant sans jamais lui dire « non » ? Qui voudrait aujourd'hui « libérer » l'incitation à la haine raciale, au racisme et à l'antisémitisme ?

Personne ou presque, et c'est heureux. Pourtant, l'idée a fait son chemin, au point que la question est devenue taboue entre toutes, et que les enseignants, dans leurs classes, ne se sentent plus adossés à une autorité. Face à des élèves qui sont devenus des « usagers » de l'école, sans obligation aucune, l'enseignant ne peut plus s'autoriser que de lui-même. Comment s'étonner que souvent cela ne suffise pas ?

À certains égards, cette situation est liée à l'essor même de la démocratie. Tocqueville, déjà, l'avait prédit : tout, dans l'univers démocratique, conduit au rejet de ce qui est reçu par les individus comme imposé de l'extérieur. L'esprit de liberté, la volonté de penser et d'agir « par soi-même », l'idéal d'autonomie, l'indépendance que confère l'égalité y sont les valeurs les mieux prisées : comment les accorder avec l'autorité nécessaire au respect des règles de vie communes ? Il est clair que nous traversons aujourd'hui une période de déclin des idéaux collectifs, voire de la morale publique en général. La demande d'instruction civique en milieu scolaire, plus forte que jamais, en est sans doute un signe. Elle eût semblé surréaliste dans les années 1970 ! Gardons-nous pour autant d'accompagner les mouvements du balancier, de céder aux tentations d'un nouveau débat entre « réactionnaires » et « libertaires » : ce n'est pas, ce n'est plus le problème. Il s'agit plutôt de savoir quel est le type d'autorité qui conviendra, pour le XXIe siècle, à des peuples libres et peu soucieux de rétrograder vers des formes de légitimité traditionnelles.

Mais avant d'aller plus loin, précisons la signification de la notion d'autorité et commençons par une distinction préalable : l'autorité se définit comme la capacité d'un individu, d'un groupe, voire d'une institution, à obtenir l'obéissance ou la reconnaissance *sans recourir à la force*. C'est là, en principe, ce qui la distingue du pouvoir, a fortiori de la force brute et de la violence. Mais il y a plus, et autre chose, qui fait tant problème aujourd'hui : cette obéissance qu'entraîne l'autorité chez ceux qui en reconnaissent le principe légitime ne tient pas tant au fait que le message transmis aurait été soupesé, examiné, bref, soumis à un jugement critique, qu'au statut de celui ou de ceux qui l'ont transmis. C'est pourquoi, depuis Max Weber, on a pris l'habitude de distinguer trois grands types d'autorité en fonction de la nature de la légitimité qui est à leur principe.

L'*autorité traditionnelle*, tout d'abord, qui tient pour beaucoup à l'habitude, à cette « seconde nature » que devient la culture lorsqu'elle est solidement partagée par un groupe depuis des décennies, voire des siècles. Exemple type : la reine d'Angleterre ou le roi des Belges qui n'ont à proprement parler aucun pouvoir, mais bénéficient encore, pour se faire entendre, d'une autorité, liée sans aucun doute à leur statut de personnalités incarnant une tradition.

L'*autorité légale*, ensuite, beaucoup plus répandue dans les sociétés laïques et démocratiques. Elle vient de ce que je reconnais la capacité juridique d'un individu à m'adresser un ordre. Ainsi de mon percepteur ou de l'agent de police, par exemple, dont en principe je ne conteste pas le droit à exiger les impôts ou faire arrêter ma voiture.

L'*autorité charismatique*, enfin, qui, elle, s'attache à un individu supposé exceptionnel, souvent en raison de sa personnalité mais aussi des circonstances historiques dans lesquelles il a pu l'affirmer : de Gaulle, Lénine, Churchill, mais aussi Hitler, Staline, Mao ou Castro furent de tels chefs charismatiques. Et là encore, leur disparition progressive au profit de « présidents normaux» est l'un des traits les plus marquants des sociétés démocratiques en période de paix.

Chacun peut comprendre aisément cette typologie, l'enrichir à sa guise des noms ou des exemples qui lui conviendront. On pourrait sans doute aussi la compléter (en ajoutant, par exemple, l'autorité de l'expert, du médecin ou du juriste, par exemple, parce qu'ils détiennent ou sont censés à tout le moins détenir des connaissances que le commun des mortels ne peut guère mettre en question).

Mais ce qui frappe, en première approximation, c'est qu'aucun de ces visages classiques de l'autorité ne semble désormais s'imposer dans nos sociétés démocratiques. La tradition ne fait plus recette, du moins si elle n'est pas revisitée ou redécouverte, c'est-à-dire en vérité choisie par ceux qui veulent renouer avec elle. Le charisme séduit sans doute encore, mais en politique au moins, nous avons appris à nous en méfier – et du reste, nos leaders politiques en sont presque totalement dépourvus. Quant à l'autorité légale, elle subsiste bien sûr, mais dans des postes le plus souvent subalternes, et assortie de toutes les contestations liées à l'idée que légalité et légitimité sont loin de se confondre. Une loi peut être injuste, un ordre inique, et de cela, l'individu moderne est plus convaincu que jamais. De là le déclin du respect des lois et la prolifération du sentiment d'avoir des droits qui caractérise sans cesse davantage l'*Homo democraticus*. Nul hasard en ce sens si la désobéissance civile tend à devenir le thème majeur de certaines manifestations publiques.

Une autre légitimité

La contestation de l'autorité au nom des droits de l'individu n'est pas si récente. C'est la faute à Rousseau, c'est la faute à Voltaire... et même à Descartes !

L'idée qu'ils devraient accepter une opinion parce qu'elle serait celle des autorités, quelles qu'elles soient, répugne aux Modernes au point qu'elle en vient à les définir comme tels. Certes, il nous arrive parfois d'accorder notre confiance à une personne ou une institution, mais ce geste lui-même a cessé d'avoir son sens traditionnel : si j'accepte de suivre le jugement d'autrui, c'est en principe parce que je me suis forgé de bonnes raisons de le faire, non parce que cette autorité s'imposerait à moi de l'extérieur, sans reconnaissance préalable émanant de ma conviction intime et, si possible, réfléchie. On objectera que la réalité est bien loin de correspondre à un tel principe, que les individus suivent encore comme des moutons des modes ou des leaders, et on aura raison. Reste que c'est sur cette nouvelle conception d'une légitimité qui s'enracinerait dans la conscience de chacun, et non dans la tradition héritée ou la fascination charismatique, que prétend reposer l'univers démocratique, tant sur le plan politique, qu'intellectuel et scientifique.

Ce geste inaugural, les *Méditations* de Descartes l'ont consacré dans la philosophie avant qu'il ne soit répété dans les faits, un siècle et demi plus tard, par la Révolution française : s'il faut faire table rase du passé et soumettre au doute le plus rigoureux les opinions, croyances et préjugés qui n'auraient pas été passés au crible de l'examen critique, c'est parce qu'il convient de n'admettre « en sa créance », comme dit Descartes, que ce dont nous pouvons être certains par nous-mêmes. De là aussi la nature nouvelle, fondée dans la conscience individuelle et non plus dans la tradition, de l'unique certitude qui s'impose avant toutes les autres : celle qui s'attache à sa propre existence. « Je pense donc je suis » : il se peut bien, en effet, que toutes mes opinions soient fausses, il se peut bien, comme l'imagine Descartes, qu'un Dieu trompeur ou un « malin génie » s'amusent à m'illusionner sur toute chose. L'une, au moins, est certaine : c'est que je dois bien exister pour qu'ils me trompent.

Depuis le XVIIe siècle, ce fameux raisonnement fournit le modèle de l'esprit critique hostile aux arguments d'autorité. D'où le conflit qu'il institue avec les formes de pensée traditionnelles, à commencer par la théologie : c'est parce que la religion prétend s'imposer à moi sous la forme d'une autorité extérieure, d'un texte révélé ou d'un dignitaire clérical, c'est-à-dire sur un mode qui s'oppose directement à l'épreuve de ma conscience intime, qu'elle doit être soumise à la critique. C'est là le sort que lui réserveront la plupart des philosophes du XVIIIe siècle, en cela fidèles à la liberté d'esprit cartésienne ainsi qu'au rejet des arguments d'autorité qu'elle implique. Au terme du processus, nous vivons dans des sociétés laïques, dans des États neutres, dépourvus en principe de toute idéologie officielle à l'exception des principes généraux du droit – ces libertés publiques et séculières conquises contre la tradition, contre l'Ancien Régime. Qui ne s'en réjouirait, en comparant notre situation à celle des pays totalitaires ou théocratiques ? Mais qui ne voit, aussi, combien la lame de fond démocratique qui s'attache à l'idéal d'autonomie rend problématique l'idée même de respect pour des règles communes ?

Notre société sacralise le « Je », reconnaît le « Tu », mais tend à ignorer le « Nous ». Un simple retour en arrière n'est guère possible. Il n'est pas même souhaitable : outre qu'il tournerait fatalement à l'incantation nostalgique, il ne pourrait s'effectuer qu'au détriment de libertés auxquelles chacun, désormais, a pris goût. Plutôt que de refuser cette liberté, il vaut mieux chercher à la réinvestir dans des voies plus fécondes que celles du retour en arrière. Mais pour y parvenir, il faudrait être en mesure de donner du sens et de la légitimité à des autorités qui ne sont plus celles du charisme ou des seules traditions. Cela concerne la société dans son ensemble et pas seulement l'école. Mais celle-ci peut apporter sa contribution, à condition qu'on ne se contente pas d'assertions dogmatiques et de sanctions inopérantes.

Former l'esprit civique

Comment alors, sans revenir en arrière, concilier notre désir de liberté et l'acceptation d'autorités que nous considérerions comme légitimes ?

Proposons quelques pistes. D'abord, repenser de fond en comble les programmes d'éducation civique du primaire, car c'est chez les petits que tout se joue. À ce niveau, tout est encore possible, les enfants nous écoutent, ils ne sont pas entrés dans l'âge de la révolte, voire de la haine. J'avais déjà inscrit très largement dans les programmes, voici plus de dix ans, l'enseignement du fait religieux, mais il faut parler bien davantage encore des principes éthiques fondamentaux, faire comprendre que mettre sur le même plan un blasphème de papier et un massacre à la kalachnikov est moralement absurde. Crime contre l'humanité, racisme, antisémitisme, génocide : songez que ces notions sont absentes des programmes actuels de l'école, alors qu'on y trouve des considérations sans fin sur le budget de l'État, des collectivités territoriales (*sic*), la TVA ou les élections au Sénat, autant de thèmes qu'on aura mille fois le temps d'aborder plus tard.

Deuxièmement : comme il n'est pas d'autorité sans sanctions, il faut en repenser radicalement la nature dans un système qui ne peut (ni ne doit) exclure avant la fin de la scolarité obligatoire. Pourquoi, par exemple, ne pas introduire des travaux d'intérêt général, assortis d'une convocation des parents devant tout refus d'obéissance ?

Troisième élément : l'autorité ne suffit pas, il faut aussi diversifier les parcours, ouvrir massivement des classes en alternance avec l'entreprise, les centres d'apprentissage et les lycées professionnels dès la cinquième pour que tous nos enfants puissent, sans cesser pour autant d'avoir le statut de collégiens et d'acquérir les connaissances du socle commun, réussir quelque chose, à la limite quoi que ce soit, dans leur vie scolaire. Enfin, on doit développer massivement, comme on aurait dû le faire depuis des années, le service civique. Au lieu de multiplier les fort contestables emplois aidés, il faut offrir à nos jeunes des perspectives positives d'engagement et de reconnaissance dans la cité. En un mot, il faut redonner sens à la notion d'autorité.

L'amour, la loi, les œuvres

Redonner sens au travail, à l'autorité dans le cadre de la société contemporaine, renouer avec l'esprit civique... N'avons-nous pas besoin, tout simplement – si l'on ose dire ! – d'un nouveau projet éducatif ?

Il s'agit en effet de construire une nouvelle conception de l'éducation, qui s'écarte également des funestes impasses de l'enracinement qui isole comme du déracinement qui affole, impasses que nous avons décrites dans le chapitre précédent à propos des critiques de l'école républicaine.

Qu'est-ce que c'est que l'éducation ? Pour nous Européens – si j'étais d'une autre civilisation, je trouverais sans nul doute d'autres références qui reviendraient au même –, l'éducation, c'est un projet à la fois chrétien, juif et grec. Voyez dans cette définition une métaphore pour signifier que l'éducation, c'est l'amour, la loi et les grandes œuvres. L'amour, c'est l'élément chrétien par excellence. Si on n'a pas aimé un enfant, on ne lui donne pas ce que Boris Cyrulnik appelle à juste titre, en reprenant le vocabulaire des physiciens, la « résilience ». La résilience, c'est la capacité de rebond, c'est la capacité qu'a un solide qui a été déformé de reprendre sa forme initiale. Sans amour, on perd la confiance en soi. Et face aux accidents de la vie, il devient plus difficile de rebondir. L'amour, c'est l'élément essentiel, premier, de toute éducation réussie ! Et en cela, l'éducation appelle la confiance, la bienveillance – ce qui n'exclut nullement, bien au contraire, l'exigence.

Mais sans la loi, nos enfants n'entrent pas dans l'espace de ce que Lacan appelle le « symbolique », c'est-à-dire l'espace de la civilité. Si vous ne transmettez pas la loi à vos enfants, l'autorité de la loi, vous leur rendez un très mauvais service. Le principe de l'éducation, s'agissant de la loi et de l'autorité, c'est, au fond, un principe assez simple : que votre « non » soit un « non », que votre « oui » soit un « oui », ne négociez pas avec vos enfants, ou pas trop, en tout cas. Un peu, évidemment, il ne s'agit pas de plaider pour l'autoritarisme, mais il faut être sûr de soi quand on fixe une limite. Quand on dit « non ! » à un enfant, il faut savoir qu'il va dire « si ! », et il faut être prêt à résister, il faut savoir ce qu'on veut.

Voyez le petit garçon, autour de la table basse, quand on reçoit des invités, qui met le champagne dans le cendrier et le cendrier dans le champagne, tout le monde a envie de l'étrangler, sauf les parents bien sûr, qui le trouvent évidemment génial, eh bien ce petit garçon vous regarde avec insolence, comme un petit moineau, en tournant la tête de droite et de gauche, et ce qu'il attend, c'est qu'on lui dise « non ! » au bon moment. Ne dites pas « non ! » pour n'importe quoi, il faut laisser de la liberté aux enfants, mais quand il s'agit de quelque chose d'important, dites « non ! » en ayant, encore une fois, suffisamment réfléchi pour être sûr de vous. Et quand on est sûr de soi, les enfants le perçoivent. Ils sentent très bien que ce n'est pas la peine de négocier. C'est ce qui donne de l'autorité : il faut savoir pourquoi on dit « non ! » et le faire à bon escient. Ou pourquoi on dit « oui ! », d'ailleurs.

Enfin, je disais que l'éducation possède aussi un élément grec. Je dis l'« élément grec », parce que ce sont, dans notre tradition européenne, d'abord et avant tout les Grecs qui ont inventé les « grandes œuvres », les grands genres littéraires : la poésie, la philosophie, l'épopée, la littérature, la rhétorique, et à bien des égards aussi les sciences, même si ce n'est pas au sens moderne du terme. Or il est vital pour eux de faire entrer nos enfants dans ce monde de la connaissance, au sens large, dans ce monde des grandes œuvres, parce que, si on ne les fait pas entrer dans cet univers, on ne les « équipe » pas, si je puis dire, pour comprendre le monde et se comprendre eux-mêmes.

Un passage de la Bible dit bien le sens de cette éducation. On y lit l'instruction que l'Éternel adresse à Abraham (Genèse, XII, 1-2) : « L'Éternel dit à Abraham : va-t'en hors de ton pays, de ta patrie [de ton lieu natal] et de la maison paternelle vers le pays que je t'indiquerai. Je te ferai devenir une grande nation, je te bénirai, je rendrai ton nom glorieux. » On sait qu'à cet instant Abraham a déjà accompli la révolte contre son père, Terah, le marchand d'idoles. Il a donc déjà mené à bien la plus grande partie de l'injonction contenue dans la formule de Rabaut Saint-Étienne : son histoire n'est déjà plus tout à fait son code. Mais en hébreu, la Bible dit littéralement : « Va-t'en pour toi », ce qu'on peut paraphraser ainsi : « Va-t'en pour ton bien. » En d'autres termes, l'exil requis par l'Éternel ne se réduit pas à un arrachement. Il en est un, sans doute, et qui est toujours douloureux, mais il ne se réduit pas à cela. C'est par amour, non par colère et pour l'apeurer, mais pour l'aider à se réaliser lui-même que Dieu contraint Abraham à l'Exode.

Fidèle à sa tradition et à ses sources mais cependant ouvert aux autres et soucieux du monde, particulier et universel, voilà l'enseignement qui protège de la barbarie et ouvre à la tolérance. Si haut qu'il s'élève, l'arbre n'est pas pour autant contraint de quitter le sol nourricier. Tout au contraire, plus la cime monte vers le ciel, plus les racines s'enfoncent dans la terre. Élévation n'est pas arrachement. Comme Abraham, il faut savoir se quitter pour se retrouver, s'éloigner de soi pour s'ouvrir aux autres, sans pour autant se renier. Comme dans l'apprentissage d'une langue étrangère, il y a bien dans toute éducation réussie un moment d'arrachement à soi, à sa particularité, mais la finalité de cet éloignement n'est pas de se perdre. Elle est de parvenir à plus d'ouverture aux autres, à plus d'universalité, c'est-à-dire à plus d'humanité – en quoi, derrière l'apparence de l'éloignement, on se rapproche en vérité de soi-même, on s'humanise ; pour ainsi dire, on s'hominise.

Le sens ultime de l'éducation est dans cet élargissement de l'horizon : non pas un arrachement abstrait ni un enracinement dans une particularité intolérante et agressive, mais un approfondissement de soi qui se conjugue avec une ouverture aux autres.

Indications bibliographiques

Première période : Le monde gréco-romain

Deux « classiques » qui restent des livres de base :

Jaeger, W., *Paideia*, éd. originale 1933, trad. fr., Gallimard, 1964.

Marrou, H.-I., *Histoire de l'éducation dans l'Antiquité*, Le Seuil, 1948.

Une synthèse plus récente :

Legras, B., *Éducation et culture dans le monde grec*, Colin, 2004.

Pour approfondir, parmi de nombreux travaux, ceux de :

Mossé, C., par exemple *Histoire des doctrines politiques en Grèce*, PUF, 1969.

Vernant, J.-P. : on peut commencer par *Les Origines de la pensée grecque*, PUF, 1962.

Finley, M. I., notamment *Les Anciens Grecs*, éd. fr. 1971, et *Le Monde d'Ulysse*, éd. fr. 1969, Le Seuil.

Pour des détails sur les pratiques d'enseignement :

Carcopino, J., *La Vie quotidienne à Rome à l'apogée de l'Empire*, Hachette, 1939.

Flacelière, R., *La Vie quotidienne en Grèce au siècle de Périclès*, Hachette, 1959.

Sur les sophistes :

Romilly, J. de, *Les Grands Sophistes dans l'Athènes de Périclès*, De Fallois, 1988.

Sur la pensée grecque :

Ferry, L., *Sagesses d'hier et d'aujourd'hui*, Flammarion, 2014.

Ferry, L., et Capelier, C., *La Plus Belle Histoire de la philosophie*, Robert Laffont, 2014.

Deuxième période : Le Moyen Âge

Sur l'ensemble de la période :

Lebrun, F., *et al.*, *Histoire de l'enseignement et de l'éducation, 1480-1789*, Perrin, 1981.

Le Goff, J., *La Civilisation de l'Occident médiéval*, Arthaud, 1984.

Rouche, M., *Histoire de l'enseignement et de l'éducation. Des origines à la Renaissance*, Perrin, 1981.

Sur la période gallo-romaine :

Duval, P.-M., *La Vie quotidienne en Gaule pendant la paix romaine*, Hachette, 1952.

Sur le haut Moyen Âge :

Riché, P., *Écoles et enseignement dans le haut Moyen Âge*, Aubier-Montaigne, 1979.

—, *Éducation et culture dans l'Occident barbare*, Le Seuil, 1962, 1995.

Sur l'apogée du Moyen Âge :

Le Goff, J., *Les Intellectuels au Moyen Âge*, Le Seuil, 1957, 1985.

Verger, J., *Culture, enseignement et société aux XII*[e] *et XIII*[e] *siècles*, Presses universitaires de Rennes, 1999.

Sur la Renaissance :

Garin, E., *L'Éducation de l'homme moderne (1400-1600)*, avec une préface de Ariès, Ph., Fayard, 1968 (éd. italienne, 1957 et 1966).

Témoignages :

De nombreuses œuvres classiques donnent de précieux témoignages sur les débats de la période. Par exemple : saint Augustin, *Confessions* (397-400) ; Abélard, *Histoire de mes malheurs* (1132) ; Érasme, *Éloge de la folie* (1511) ;

Rabelais, *Pantagruel* (1532) et *Gargantua* (1534) ; Montaigne, *Essais*, notamment I, 25 et I, 26 (1580 et 1588)...

La langue du XVIe siècle nous étant devenue étrange, sinon étrangère, on peut lire des éditions en français moderne : pour Rabelais, l'édition de G. Demerson, Le Seuil, 1973 ; pour Montaigne, celle d'A. Lanly, Gallimard, 2009.

Troisième période :
De l'humanisme à la Révolution

Parmi de très nombreux ouvrages, quelques titres particulièrement utiles, en complément de la lecture des auteurs de l'époque, dont la plupart des œuvres sont aisément accessibles en librairie ou sur Internet :

Ariès, Ph., *L'Enfant et la vie familiale sous l'Ancien Régime*, Le Seuil, 1973.

Compère, M.-M., *Du collège au lycée (1500-1850)*, Gallimard/Julliard, 1985.

Dainville, F. de, *L'Éducation des jésuites*, Minuit, 1978.

Furet, F. et Ozouf, J., *Lire et Écrire. L'alphabétisation des Français de Calvin à Jules Ferry*, Minuit, 1977.

Hazard, P., *La Crise de la conscience européenne. 1680-1715*, Fayard, 1961.

Julia, D., *Les Trois Couleurs du tableau noir : la Révolution*, Belin, 1981.

Lebrun, F., Venard, M. et Quéniart, J., *Histoire de l'enseignement et de l'éducation. 1480-1789*, Perrin, 1981.

Mayeur, F., *Histoire de l'enseignement et de l'éducation. 1789-1930*, Perrin, 1981.

Ozouf, M., *De Révolution en République, les chemins de la France*, Gallimard, 2015.

Quatrième période : L'époque contemporaine

La bibliographie est particulièrement riche sur cette période. Les ouvrages de référence, tant par la qualité des informations que par la pertinence des analyses, sont ceux d'A. Prost, notamment :

Histoire de l'enseignement en France. 1800-1967, Colin, 1968.

Histoire de l'enseignement et de l'éducation. Depuis 1930, Perrin, 1981 et 2004.

Du changement dans l'école. Les réformes de l'éducation de 1936 à nos jours, Le Seuil, 2013.

Sur le XIXe siècle :

Mayeur, F., *Histoire de l'enseignement et de l'éducation, 1789-1930*, Perrin, 1981 et 2004.

On peut trouver des éclairages complémentaires dans :

Grèzes-Rueff, F. et Leduc, J., *Histoire des élèves en France, de l'Ancien Régime à nos jours*, Colin, 2007.

Troger, V. (dir.), *Une histoire de l'éducation et de la formation*, Sciences humaines, 2006.

Sur les enseignants :

Compagnon, B. et Thévenin, A., *Histoire des instituteurs et des professeurs de 1880 à nos jours*, Perrin, 2001.

Ozouf, J., *Nous les maîtres d'école. Autobiographies d'instituteurs de la Belle Époque*, Julliard/Gallimard, 1973.

Rayou, P. et Van Zanten, A., *Enquête sur les nouveaux enseignants*, Bayard, 2004.

Sur le développement de la scolarisation et la question de la démocratisation :

Dubet, F., *Les Places et les Chances*, Le Seuil, 2010.

Merle, P., *La Démocratisation de l'enseignement*, La Découverte, 2009.

Rayou, P., *Sociologie de l'éducation*, PUF, 2015.

Sur l'enseignement supérieur :

Charle, Ch. et Verger, J., *Histoire des universités, XIIe-XXIe siècle*, PUF, 2012.

Musselin, Ch., *La Longue Marche des universités françaises*, PUF, 2001.

Renaut, A., *Les Révolutions de l'université. Essai sur la modernisation de la culture*, Calmann-Lévy, 1995.

Des états des lieux récents :

Forestier, Ch. et Thélot, C., *Que vaut l'enseignement en France ?*, Stock, 2007.

Szymankiewicz, Ch. (dir.), *Le Système éducatif en France*, La documentation française, 2013.

Cinquième période : Et demain ?

Parmi beaucoup d'autres, voici quelques ouvrages qui proposent une réflexion sur l'avenir de l'école :

Berlinguer, L., *Ré-inventer l'école*, Fabert, 2017.
Blanquer, J.-M., *L'École de demain*, Odile Jacob, 2016.
Ferry, L., *Lettre à tous ceux qui aiment l'école*, Odile Jacob/Scérén, 2003.
Ferry, L., *Comment peut-on être ministre ?*, Plon, 2005.
Joutard, Ph., et Thélot, C., *Réussir l'école*, Le Seuil, 1999.
Léna, P., *Enseigner, c'est espérer. Plaidoyer pour l'école de demain*, Le Pommier, 2012.
Le Nevé, S., et Toulemonde, B., *Et si on tuait le mammouth ?*, L'Aube, 2017.
Ly, S.-T. (dir.), *Quelle finalité pour quelle école ?*, France-Stratégie, 2016.
Peillon, V., *Refondons l'école*, Seuil, 2013.
Serres, M., *Petite Poucette*, Le Pommier, 2012.
Thélot, C. (rapporteur), *Pour la réussite de tous les élèves*, La Documentation française, 2004.

Notes

1. Horace, *Épîtres*, II, 1.

2. Platon, *Protagoras*, 325c *sqq.*, trad. L. Robin, Gallimard, 1950.

3. Homère, *Iliade*, XI, v. 832, trad. P. Mazon, Les Belles Lettres, 1967.

4. *Ibid.*, IX, v. 434 *sqq.*

5. Platon, *Phèdre*, 245a.

6. Sophocle, *Philoctète*, v. 1310.

7. Renan, *Souvenirs d'enfance et de jeunesse*, 1883.

8. Platon, *Gorgias*, 508a, trad. L. Robin, Gallimard, 1950.

9. Aristophane, *Les Nuées*, v. 1002-1019, trad. V.-H. Debidour, Gallimard, 1965.

10. Thucydide, *Histoire de la guerre du Péloponnèse*, II, 37, trad. J. Voilquin, Garnier 1966.

11. Platon, *République*, VI, 492b, trad. L. Robin, Gallimard, 1950.

12. *Id.*, *Politique* 293 c, trad. L. Robin, Gallimard, 1950.

13. Aristote, *Politique*, III, 11.

14. Ce thème est développé notamment dans *Les Lois.*

15. Isocrate, *Sur l'échange*, 256-257, trad. L. Bodin, Hachette, 1964.

16. Elle a été étudiée par M. Détienne et J.-P. Vernant.

17. Thucydide, *Histoire de la guerre du Péloponnèse*, I, 138, trad. J. Voilquin, Garnier, 1966.

18. Tacite, *Dialogue des orateurs*, trad. H. Bornecque, Les Belles Lettres, 1967.

19. Trad. J. Voilquin, in *Penseurs grecs avant Socrate*, Garnier, 1964.

20. Isocrate, *Panégyrique*, 50, trad. L. Bodin, Hachette, 1964.

21. P.-M. Schuhl, *L'Œuvre de Platon*, Vrin, 1967.

22. J.-P. Vernant, *Mythe et pensée chez les Grecs*, Maspero, 1971.

23. *Id.*, *Les Origines de la pensée grecque*, Maspero, 1962.

24. Épictète, *Entretiens*, III, 91-94, trad. É. Bréhier, Gallimard, 1962.

25. Marc Aurèle, *Pensées*, IV, 14.

26. « Nous devons remarquer que toute vertu, pour la chose dont elle est vertu, a pour effet à la fois de mettre cette chose en bon état et de lui permettre de bien accomplir son œuvre propre : par exemple, la vertu de l'œil rend l'œil et sa fonction également parfaits, car c'est par la vertu de l'œil que la vision s'effectue en nous comme il faut. De même, la vertu du cheval rend un cheval à la fois parfait en lui-même et bon pour la course pour porter son cavalier et faire face à l'ennemi » (Aristote, *Éthique à Nicomaque*, II, VI, 2).

27. Platon, *Ménon*, 80a *sqq.*

28. *Id.*, *Théétète*, 150b *sqq.*

29. César, *Guerre des Gaules*, livre VI, trad. L.-A. Constans, Les Belles Lettres, 1967.

30. Tacite, *Dialogue des orateurs*, *op. cit.*

31. Saint Augustin, *Confessions*, livre I, trad. J. Trabucco, Garnier, 1964.

32. *Ibid.*, livre III.

33. *Ibid.*, livre IV.

34. *Ibid.*

35. César, *Guerre des Gaules*, livre I, trad. L.-A. Constans, Les Belles Lettres, 1967.

36. *Ibid.*, livre VI.

37. Trad. L. Halphen, 1947, citée par P. Riché, *Écoles et enseignement dans le haut Moyen Âge*, Aubier-Montaigne, 1979.

38. Saint Augustin, *Confessions*, livre VI, *op. cit.*

39. *Id.*, *De la doctrine chrétienne*, Livre II.

40. *Id.*, *La Cité de Dieu*, XII, 24.

41. Maïmonide, *Le Guide des Égarés*, écrit en arabe vers 1200.

42. Rabelais, *Pantagruel*, chap. 10.

43. *Id.*, *Gargantua*, chap. 10, éd. en français moderne, G. Demerson, Le Seuil, 1973.

44. Érasme, *Éloge de la folie*, chap. LIII et LXIV, 1511.

45. Montaigne, *Essais*, I, 25, A. Lanly, éd. en français moderne, Gallimard, 2009.

46. P. Charron, *De la sagesse*, 1601.

47. L'*Encyclopédie, ou Dictionnaire raisonné des sciences, des arts et des métiers*, à partir de 1751.

48. Descartes, *Discours de la méthode* (première partie), 1637.

49. Th. More, *Utopie*, 1516.

50. Montaigne, *Essais*, I, 26, *op. cit.*

51. P. Charron, *De la sagesse*, *op. cit.*

52. Helvétius, *De l'esprit*, 1, 1758.

53. Fontenelle, *Histoire des oracles*, 1686.

54. R. Simon, *Histoire critique du Vieux Testament*, 1678, *Histoire critique du Texte du Nouveau Testament*, 1689.

55. Ph. Ariès, *L'Enfant et la vie familiale sous l'Ancien Régime*, Le Seuil, 1973.

56. Saint Augustin, *Confessions*, livre I, *op. cit.*

57. J.-J. Rousseau, *Émile*, livre II.

58. *Ibid.*, livre III.

59. Publié en 1688 mais écrit dans les années 1640.

60. Montaigne, *Essais*, I, 26, *op. cit.*

61. F. de Dainville, *L'Éducation des Jésuites*, Minuit, 1978.

62. Montaigne, *Essais*, I, 26, *op. cit.*

63. Descartes, *Discours de la méthode* (première partie), 1637.

64. Pic de La Mirandole, *De la dignité de l'homme*, trad. Y. Hersant, Éditions de l'Éclat, 1993.

65. A. Philonenko a développé cette idée avec le talent qu'on lui connaît dans sa belle introduction aux *Réflexions sur l'éducation* de Kant.

66. H. Arendt, *La Condition de l'homme moderne*, Calmann-Lévy, 1958.

67. M. Ferro, *Des grandes invasions à l'an mille*, Plon, 2007.

68. E. Kant, *Réflexions sur l'éducation*, trad. A. Philonenko, Vrin, 1993.

69. L'expression « système éducatif » est apparue en 1975, à l'occasion de la « réforme Haby ».

70. Celui-ci est toutefois resté en vigueur, jusqu'à nos jours, dans les territoires qui avaient échappé à l'autorité française entre la guerre de 1970 et celle de 1914-1918.

71. « Programme international pour le suivi des acquis des élèves » : il s'agit d'une enquête réalisée tous les trois ans dans les pays de l'OCDE pour analyser les performances des systèmes scolaires.

72. Condorcet, *Second Mémoire sur l'Instruction publique*, 1791.

73. La littérature propose aussi de très nombreux témoignages. Parmi eux, citons deux romans d'Yves Sandre, *Marchands de participes* (1962) et *Marie des autres* (1964). Lui-même agrégé de lettres classiques, l'auteur y retrace, à partir des souvenirs de sa famille, l'histoire de plusieurs générations d'instituteurs de la Restauration à 1910.

74. L. Guilloux, *Le Sang noir*, 1935.

75. H. Hamon et P. Rotman, *Tant qu'il y aura des profs*, Le Seuil, 1984.

76. V. Hugo, *Les Contemplations*, poème daté de 1835.

77. A. Camus, *Lettre à L. Germain*, 1957.

78. V. Hugo, lettre du 2 juin 1872, recueillie dans *Actes et Paroles*.

79. Cité *in* V. Troger (dir.), *Une histoire de l'éducation et de la formation*, Éditions Sciences humaines, 2006.

80. Cette enquête a été étudiée, et reprise un siècle plus tard, par A. Chervel et D. Manesse (*La Dictée. Les Français et l'orthographe*, INRP-Calmann-Lévy, 1989).

81. H. Fortoul, *Circulaire aux recteurs* du 8 mars 1853.

82. J.-M. Brohm et M. Field, *Jeunesse et Révolution*, Maspero, 1975.

83. D. Marguerat et É. Junod, *Qui a fondé le christianisme ?*, Bayard, 2010.

84. Condorcet, *Premier Mémoire sur l'Instruction publique*, 1791.

85. P.-M. Schuhl, *L'Œuvre de Platon*, *op. cit.* Voir ci-dessus, chapitre 1.

86. Condorcet, *Esquisse d'un tableau historique des progrès de l'esprit humain*, Huitième époque, 1793.

87. M. Yourcenar, *Carnets de notes de Mémoires d'Hadrien*, Plon, 1958, Gallimard, 1974.

88. L. Ferry, *Combattre l'illettrisme*, Odile Jacob, 2009.

89. Ph. Raynaud, *La Politesse des Lumières*, Gallimard, 2013.

Des mêmes auteurs

Ouvrages de Luc Ferry

Philosophie politique I
Le Droit : la nouvelle querelle des Anciens et des Modernes
Paris, PUF, 1984

Philosophie politique II
Le Système des philosophies de l'histoire
Paris, PUF, 1984

Philosophie politique III
Des droits de l'homme à l'idée républicaine
Paris, PUF, 1985 (prix des Droits de l'homme 1985)

La Pensée 68
Essai sur l'anti-humanisme contemporain
(avec Alain Renaut)
Paris, Gallimard, 1985

Système et critiques
(avec Alain Renaut)
Bruxelles, éditions Ousia, 1985

68-86
Itinéraires de l'individu
(avec Alain Renaut)
Paris, Gallimard, 1987

Heidegger et les Modernes
(avec Alain Renaut)
Paris, Grasset, 1988

Homo aestheticus
L'invention du goût à l'âge démocratique
Paris, Grasset, 1990

Pourquoi nous ne sommes pas nietzschéens
(ouvrage collectif)
Paris, Grasset, 1991

Le Nouvel Ordre écologique
Paris, Grasset, 1992
(prix Médicis de l'essai, prix Jean-Jacques-Rousseau)

Des animaux et des hommes
Une anthologie
(avec Claudine Germe)
Paris, Livre de poche, Hachette, 1994

L'Homme-Dieu ou le Sens de la vie
Grasset, 1996

La Sagesse des Modernes
(avec André Comte-Sponville)
Paris, Robert Laffont, 1998
(prix Ernest-Thorel de l'Académie française)

Le Sens du beau
Paris, Cercle d'art, 1998

Philosopher à dix-huit ans
(avec Alain Renaut)
Paris, Grasset, 1999

Qu'est-ce que l'homme ?
(avec Jean-Didier Vincent)
Paris, Odile Jacob, 2000

Qu'est-ce qu'une vie réussie ?
Paris, Grasset, 2002

Lettre ouverte à tous ceux qui aiment l'école
(avec Xavier Darcos et Claudie Haigneré)
Paris, Odile Jacob, 2003

La Naissance de l'esthétique moderne
Paris, Cercle d'art, 2004

Le Religieux après la religion
(avec Marcel Gauchet)
Paris, Grasset, 2004

Comment peut-on être ministre ?
Réflexions sur la gouvernabilité des démocraties
Paris, Plon, 2005

Apprendre à vivre
Traité de philosophie à l'usage des jeunes générations
Paris, Plon, 2006 (prix Aujourd'hui)

Kant
Paris, Grasset, 2006

Vaincre les peurs
Paris, Odile Jacob, 2006

Familles je vous aime
Politique et vie privée à l'âge de la mondialisation
Paris, XO éditions, 2007

La Sagesse des mythes
Apprendre à vivre II
Paris, Plon, 2008

Pour un service civique
Rapport au président de la République
Paris, Odile Jacob, 2008

Pourquoi le christianisme ?
(avec Lucien Jerphagnon)
Paris, Grasset, 2009

Quel devenir pour le christianisme ?
(avec Philippe Barbarin)
Paris, Salvator, 2009

Face à la crise
Matériaux pour une politique de civilisation
(avec le Conseil d'analyse de la société)
Paris, Odile Jacob, 2009

Paroles de philosophes
Qu'est-ce qu'une vie bonne ?
Paris, Dalloz, 2009

Combattre l'illettrisme
(avec Alain Béreau, Claude Capelier et Mara Goyet)
Paris, Odile Jacob, 2009

La Révolution de l'amour
Pour une spiritualité laïque
Paris, Plon, 2010

Faut-il légaliser l'euthanasie ?
(avec Axel Kahn)
Paris, Odile Jacob, 2010

L'Anticonformiste
Une autobiographie intellectuelle
(entretiens avec Alexandra Laignel-Lavastine)
Paris, Denoël, 2011

La Politique de la jeunesse
Rapport au Premier ministre
(avec Nicolas Bouzou)
Paris, Odile Jacob, 2011

Chroniques du temps présent
Paris, Plon, 2011

L'Invention de la vie de Bohème
1830-1900
Paris, Cercle d'art, 2012

Collection « Sagesses d'hier et d'aujourd'hui »
Paris, Flammarion, *Le Figaro*, *Le Point*, 2012

De l'amour
Une philosophie pour le XXIe siècle
(avec Claude Capelier)
Paris, Odile Jacob, 2012

Le Cardinal et le Philosophe
(avec Gianfranco Ravasi)
Paris, Plon, 2013

La Plus Belle Histoire de la philosophie
(avec Claude Capelier)
Paris, Robert Laffont, 2014 ; Points Seuil, 2015

L'Innovation destructrice
Paris, Plon, 2014

Promothée et la boîte de Pandore
Paris, Plon, 2015

La Révolution transhumaniste
Paris, Plon, 2016

Sept façons d'être heureux
Paris, XO éditions, 2016

Ouvrages d'Alain Boissinot

Techniques du français
Lire, argumenter, rédiger
(avec M.M. Lasserre)
Paris, Bertrand-Lacoste, 1986

Paul et Virginie, de Bernardin de Saint-Pierre
Paris, Bertrand-Lacoste, 1988

Le XXe siècle en littérature
(avec X. Darcos et B. Tartayre)
Paris, Hachette, 1989

Techniques du français : langages littéraires
(avec M. Mougenot)
Paris, Bertrand-Lacoste, 1990

Les Textes argumentatifs
Paris, Bertrand-Lacoste/CRDP Midi-Pyrénées, 1992,
rééd. 1996

Littérature et Histoire
Paris, Bertrand-Lacoste, 1998

Le Français au collège et au lycée
(avec A. Armand et J. Jordy)
Paris, Hachette, 2001

Perspectives actuelles de l'enseignement du français (dir.)
CRDP de Versailles, 2001

Table

TROISIÈME PÉRIODE
De l'humanisme à la Révolution
Vers une éducation nationale

QUATRIÈME PÉRIODE
L'époque contemporaine
L'âge de la démocratisation

Collection dirigée
par Dominique Simonnet

DANS LA MÊME COLLECTION

Aux Éditions du Seuil

La Plus Belle Histoire du monde
(Les secrets de nos origines)
Hubert Reeves, Joël de Rosnay,
Yves Coppens et Dominique Simonnet
Seuil, 1996, et Points, n° P897

La Plus Belle Histoire de Dieu
(Qui est le Dieu de la Bible ?)
Jean Bottéro, Marc-Alain Ouaknin et Joseph Moingt
Seuil, 1997, et Points, n° P684

La Plus Belle Histoire de l'homme
(Comment la Terre devint humaine)
Jean Clottes, André Langagney,
Jean Guilaine et Dominique Simonnet
Seuil, 1998, et Points, n° P779

La Plus Belle Histoire des plantes
(Les racines de notre vie)
Jean-Marie Pelt, Marcel Mazoyer,
Théodore Monod et Jacques Girardon
Seuil, 1999, et Points, n° P999

La Plus Belle Histoire des animaux
Pascal Picq, Jean-Pierre Digard,
Boris Cyrulnik et Karine Lou Matignon
Seuil, 2000, et Points, n° P997

La Plus Belle Histoire de la Terre
André Brahic, Paul Taponnier,
Lester R. Brown et Jacques Girardon
Seuil, 2001, et Points, n° P998

La Plus Belle Histoire de l'amour
Dominique Simonnet et Jean Courtin, Paul Veyne,
Jacques Le Goff, Jacques Solé, Mona Ozouf, Alain Corbin,
Anne-Marie Sohn, Pascal Bruckner et Alice Ferney
Seuil, 2003, et Points, n° P1790

La Plus Belle Histoire du bonheur
André Comte-Sponville, Jean Delumeau et Arlette Farge
Seuil, 2004 et Points, n° P1427

La Plus Belle Histoire du langage
Pascal Picq, Laurent Sagart, Ghislaine Dehaene et
Cécile Lestienne
Seuil, 2008

La Plus Belle Histoire de la liberté
André Glucksmann, Nicole Bacharan et Abdelwahab Meddeb
Postface de Vaclav Havel
Seuil, 2009 et Points, n° P2664

La Plus Belle Histoire des femmes
Françoise Héritier, Michelle Perrot,
Sylviane Agacinski et Nicole Bacharan
Seuil, 2011 et Points, n° P3346

Aux Éditions Robert Laffont

La Plus Belle Histoire de la naissance
René Frydman, Henri Atlan et Jacques Gellis
Robert Laffont, 2012

La Plus Belle Histoire de la philosophie
Luc Ferry (avec Claude Capelier)
Robert Laffont, 2014 et Points, 2015, n° P4077

La photocomposition de cet ouvrage
a été réalisée par
GRAPHIC HAINAUT
30, rue Pierre Mathieu
59410 Anzin

Imprimé en France par CPI
en août 2017

N° d'édition : 56193/01
N° d'impression : 141779